Office 365 & Office 2016

Andreas Erle

Digitale Welt für Einsteiger

Office 365 & Office 2016

30 praktische Anwendungen

Stiftung Warentest

Inhaltsverzeichnis

140

In Word nach ungenauen Begriffen suchen per Platzhaltersuche.

156

Kalkulationen in Excel für die Einkaufsliste verwenden.

174

Die Präsentation der eigenen Urlaubsfotos in PowerPoint – mit eigenen Folienlayouts.

Einrichten der Office-Varianten

Vom Schreibpult zum Desktop: Mit dem Einzug des PCs ist das Büro – englisch: office – leistungsfähig und mobil geworden. Aus der reinen Textverarbeitung entwickelten sich ganze Programmpakete, die Kalkulationen, Präsentationen und mehr beherrschen. Aber welche der vielen Funktionen sind für Sie im Alltag hilfreich und arbeitserleichternd? Lernen Sie Ihr Office anhand 30 praktischer Anwendungen spielerisch neu kennen.

30 praktische Anwendungen

Das Microsoft Office-Paket kann nicht nur den Büro-, sondern vor allem auch den Lebensalltag erleichtern. Aber obwohl Word, Excel, PowerPoint & Co. für viele Anwender eine vertraute Umgebung sind, verwenden sie nur einen Bruchteil der möglichen Funktionen. Sicher, manches ist nur für Profis sinnvoll, aber viele Möglichkeiten bleiben unausgeschöpft, weil kaum jemand weiß, was alles möglich ist. Denn über die Jahre hat sich die Bedienoberfläche sehr verändert: eine tiefgreifende Änderung waren beispielsweise die in Office 2007 eingeführten, registerkartenähnlichen Bänder („Ribbons"), die viele der bekannten Funktionen völlig neu anordneten. Und natürlich erweiterte sich mit der gestiegenen Leistungsfähigkeit der Computer auch immer wieder der Funktionsumfang der Office-Programme.
Heute, in Zeiten von Windows 10, bietet Microsoft verschiedene seiner Office-Varianten in einer zunächst kostenlosen Testversion für einen Monat an (siehe „Office 365 Home, Office 365 Personal", S. 14). Sie können so zuerst testen, ohne sich gleich festzulegen.
Dieses Buch zeigt Ihnen, wie Sie in Word mehr als Fettungen, in Excel mehr als simple Addition und in PowerPoint mehr als nur einfache Animationen verwenden. Die dadurch wie von selbst erlernte Praxis können Sie dann sofort bei Ihren eigenen Projekten anwenden. Zuerst aber ein paar allgemeine Worte zu den verschiedenen Paketen und Versionen von Microsoft Office.

Office-Pakete und ihr Umfang

Microsoft Office gibt es seit 1989 für Apple und seit 1990 für Windows. Über die Jahre kamen weitere Anbieter hinzu, die vieles ähnlich und einiges sicherlich besser machten als Microsoft.
Klassischerweise beinhaltet ein Office-Paket folgende Komponenten:

- **Textverarbeitung** (bei Microsoft „Word“ genannt): um Briefe, Texte, Geschichten, Gedichte, Rezepte und andere Dokumente zu erstellen.
- **Tabellenkalkulation** (bei Microsoft „Excel“ genannt): um Daten in Tabellen zu organisieren und diese Werte miteinander zu verrechnen sowie Diagramme daraus zu erstellen und vieles mehr.
- **Präsentationsprogramm** (bei Microsoft „PowerPoint“ genannt): für das Erstellen von Folien, um einem geneigten Publikum Ergebnisse, Urlaubsbilder oder einen Vortrag per Beamer oder Fernseher vorzuführen.
- **Hinzu kommen** weitere Programme, die Sonderfunktionen erfüllen, wie das Erstellen von Webseiten, Aufzeichnung und Organisation von Notizen, Hilfe bei der Verwaltung großer Datenmengen in Datenbanken und einiges mehr.

Warum überhaupt Pakete?

Denken wir uns eine Tabelle: Eine Adressliste oder eine Aufstellung von Zutaten lässt sich schnell in Word erstellen und verwalten. Soll aber neben den Mengen der Zutaten und den zugehörigen Preisen auch noch eine Gesamtsumme berechnet werden, bietet es sich an, das gleich in der Tabellenkalkulation auszuführen – denn diese berechnet bei veränderten Werten in der Tabelle die Summen dann nach jeder Änderung automatisch neu.
Hier kommt der Vorteil eines Softwarepaketes ins Spiel: Es ist gar kein Problem, eine Tabelle in der Tabellenkalkulation zu erstellen

und dann in ein Dokument oder eine Präsentation hineinzukopieren – oder andersherum. Inhalte zwischen den einzelnen Programmen sind quasi beliebig austauschbar, was der Arbeit eine deutlich höhere Flexibilität verleiht.

Alternative Pakete

Das bekannteste Office-Paket ist sicherlich das von Microsoft. Es ist allerdings nicht das einzige. FreeOffice und OpenOffice beispielsweise bieten ebenfalls ein Gesamtpaket, das die Anforderungen an die Erstellung von Dokumenten ganz allgemein abdecken soll. Der Leistungsumfang mag sich an der einen oder anderen Stelle unterscheiden, die Absicht hinter diesen Paketen ist dieselbe: in einer weitestgehend einheitlichen Oberfläche möglichst komfortabel Informationen präsentieren zu können. Damit es Umsteigern leicht gemacht wird, orientieren sich diese Pakete sehr stark an Microsoft Office (siehe „4. Alternativen zum Office-Abo finden“, S. 38).

Stationär oder mobil arbeiten? Die Cloud von Microsoft

Unabhängig davon, für welche der aktuellen Versionen von Microsoft Office Sie sich entscheiden: Ein wichtiger Teil der Arbeit ist die Verwendung der Cloud – also die Möglichkeit, von verschiedenen Geräten zentral auf Ihre Daten über das Internet zugreifen zu können. Der Kontrollverlust über die eigenen Daten wird für viele Nutzer durch die Möglichkeit des permanenten Zugriffs aufgewogen. Damit das funktioniert, benötigen Sie ein Konto bei Microsoft. In diesem werden alle Dienste und Daten zusammengefasst (siehe „1. Microsoft-Konto und Geschäftskonto einrichten“, S. 15).

Brauche ich die Cloud?

Sie mögen auf den ersten Blick skeptisch sein. Bedenken Sie aber: Im Gegensatz zu früher, wo Sie sowieso nur stationär an Ihrem PC oder Notebook arbeiteten, haben Sie heute die Möglichkeit, auch unterwegs auf Ihrem Smartphone oder Tablet in Office zu arbeiten – auch wenn dort Android oder iOS läuft statt Windows. Nicht immer können Sie an diesen ohne Weiteres einen USB-Stick anschließen.

Dies hat unsere Arbeitsweise deutlich verändert, funktioniert aber natürlich nur dann, wenn die Daten eben nicht auf einer lokalen Festplatte liegen, sondern zentral in der Cloud.

Im Vergleich zum „alten" Microsoft Office ist Office 365 weitaus mehr als nur ein Softwarepaket: Microsoft hat über die Jahre hinweg konsequent alle Softwareprodukte so angepasst, dass sie die Daten in der Cloud speichern können, und Dienste und weitere Programme darum herum entwickelt, damit Sie Ihre Daten möglichst effektiv von überall her nutzen können. Dazu gehören eine eigene E-Mail-Verwaltung, mit der sich alle Ihre mobilen und stationären Geräte abgleichen können, ein großer Speicher in der Cloud, der zur Ablage Ihrer Dokumente, Bilder und anderer Dateien genutzt werden kann, eine komfortable Wissensdatenbank, die Sie zur Zusammenarbeit mit anderen Anwendern nutzen können, und vieles mehr (siehe „3. In der Cloud und doch lokal", S. 28).

Microsoft Office ohne Cloud

Selbst wenn Sie noch immer darauf verzichten möchten und nur die klassischen Office-Programme nutzen wollen, eignet sich Office 365 bestens: Word, Excel, PowerPoint und die anderen Programme sind integrale Bestandteile des Office-Pakets und bilden die zentralen Anlaufstellen, wenn Sie mit Ihren Daten einen Brief, eine Tabelle, eine Präsentation oder ein anderes Dokument erstellen wollen.

Abo oder Kauf? Die unterschiedlichen Bezahlmodelle

Um mit Microsoft Office arbeiten zu können, benötigen Sie natürlich auf die eine oder andere Art und Weise Zugang zu den Programmen. Hier werden inzwischen verschiedene Bezahlmodelle angeboten, und wie so oft stellt sich die Frage: Kaufen oder mieten?

Kauf der Software und lokale Installation

Es mag nicht mehr so stark beworben werden, aber Sie können noch immer die ganz klassische Variante wählen: den einmaligen Kauf des Programms – derzeit Microsoft Office 2016 –, das Ihnen dann als DVD oder als Download für immer gehört. Abhängig von den Bedingungen können Sie Office so auf einem oder mehreren PCs installieren. Diese Variante ist im gut sortierten Fachhandel oder bei den diversen Onlinehändlern erhältlich.
Auch die lokal installierte Version von Microsoft Office erlaubt den Zugang zu OneDrive als Onlinespeicher und die damit einhergehende Möglichkeit, von einem mobilen Gerät wie einem Smartphone oder Tablet auf die Dokumente zuzugreifen und sie unterwegs zu bearbeiten. Die vollwertige Nutzung der mobilen Apps kostet im Normalfall allerdings extra.

Das Abo-Modell

Die stärker beworbene und auch genutzte Variante besteht im Abschluss eines Abonnements, in dem sowohl die Office-Dienste als auch die Nutzung der Office-Apps auf PC, Tablet und Smartphone integriert sind. Microsoft nennt diese Version Office 365. Hier gibt es verschiedene Varianten, aus denen Sie sich – abhängig von Ihrer Anwendungsart, der Zahl der Geräte, auf denen Sie Office 365 installieren wollen (etwa nur für sich oder für Ihre ganze Familie), und den Anforderungen an die Dienste – die für Sie am besten geeignete Version heraussuchen können. Vorteil: Solange Sie das Abo haben, erhalten Sie alle neuen Updates und Versionen. Die Beträge belaufen sich auf wenige Euro im Monat. Nachteil: Sollten Sie irgendwann einmal kündigen, steht Ihnen trotz Ihres zurückliegenden Abos ab sofort keine Office-Version mehr zur Verfügung.

Übersicht über die Office-Versionen

Nun zu den Office-Versionen im Detail. Denn bevor Sie überhaupt mit der Arbeit mit Microsoft Office beginnen, sollten Sie sich Gedanken über die Wahl der richtigen Version machen. „Richtig“ im Sinne von „für Sie passend“, denn eine pauschale Antwort auf diese Frage gibt es nicht, zu unterschiedlich sind die Anforderungen.
Die meisten der in diesem Buch vorgestellten Projekte lassen sich sowohl mit einem Microsoft Office 2013 oder 2016, das im Einzelhandel gekauft wurde, als auch mit einem Office 365 Personal oder Business durchführen. Die Unterschiede der Versionen sind nicht riesig, im einen oder anderen Fall aber durchaus relevant.

Microsoft Office 2016

Die klassische Variante des Office-Pakets, die es unter verschiedenen Versionsnummern bereits seit Jahren gibt: Sie bekommen eine DVD mit einer Lizenznummer bzw. laden sich die Version von den Microsoft-Servern herunter und aktivieren sie mit der Lizenznummer. Auf vielen neuen Rechnern liegt eine dreißigtägige Testversion bei, mit der Sie Office ausprobieren und dann später kaufen können.

Der Vorteil dieser Variante: Sie haben einmalige Kosten, statt eine monatliche Abonnementgebühr zu zahlen. Updates innerhalb der Version sind enthalten – wenn eine ganz neue Version der Office-Software auf den Markt kommt, müssen Sie gegebenenfalls erneut eine Gebühr für das Update zahlen.
Die Desktop-Version erlaubt die Nutzung des Cloud-Speichers OneDrive über ein Microsoft-Konto, wie Sie es beispielsweise für Windows 10 sowieso benötigen.

Office 365 Business

Die geläufigere Variante von Office 365 ist die Business-Version, die sich vor allem an Firmen und Unternehmen richtet. Sie sollten das aber nicht allzu wörtlich nehmen. Auch wenn Sie keine Firma haben, liegen Sie gegebenenfalls trotzdem in der Zielgruppe dieser Version. Auch wenn sich die genauen Leistungsmerkmale der einzelnen Office-Pläne kontinuierlich ändern: Die Business-Versionen sind vor allem darauf ausgelegt, dass Sie die Möglichkeit haben, mit mehreren Benutzern in einer eigenen Umgebung zu arbeiten und diese komfortabel administrieren zu können. Das kann schon der Fall sein, wenn Sie in der Familie mehrere Nutzer haben, die Office (365) anwenden und mit einem Smartphone und anderen Geräten bequem auf eigene wie auch gemeinsame Daten zugreifen wollen.
In einigen der Business-Versionen findet sich neben dem Onlinespeicher OneDrive for Business und Lizenzen für die Programme des Office-Pakets (Word, Excel, PowerPoint etc.) unter anderem auch der Zugang zu einem eigenen Exchange-Server, mit dem Sie zentral alle Ihre E-Mail-Kontakte, Termine etc. verwalten und auf allen stationären wie auch mobilen Geräten synchron halten können. Bezahlt wird Office 365 Business immer mittels eines Abonnement-Modells, dem sogenannten „Plan“: Entweder monatlich oder – leicht günstiger – jährlich bezahlen Sie für das Abonnement, nicht für die Software. Diese ist aber eben je nach Plan in

unterschiedlichen Lizenzzahlen enthalten und kann immer in der aktuellen Version installiert werden. Durch diese wiederkehrende Zahlung sparen Sie sich den Neukauf der aktuellen Versionen.
Für die Business-Version ist ein eigenes Konto, das Geschäftskonto nötig, das parallel zum normalen Microsoft-Konto betrieben wird (siehe „Anlegen eines Geschäftskontos", S. 19). Die Anmeldung zu Office 365 Business findet unter http://portal.office365.com statt.

Office 365 Home sowie Office 365 Personal

In den vergangenen Monaten sind diese Varianten für Privatanwender immer stärker beworben worden. Interessant ist hier das derzeit gültige Angebot von Microsoft, Office 365 einen Monat lang kostenlos testen zu können.
Home bzw. Personal richten sich vor allem an Einzelanwender und lassen sich an das von Windows 8/10 bekannte und benötigte Microsoft-Konto koppeln. Auch hier ist ein großer Cloud-Speicher integriert und ebenfalls die wichtigsten Office-Anwendungen sind enthalten, sowohl für den PC als auch für Smartphones und Tablets.
Für den Anwender, der wirklich ausschließlich unterwegs mit Office arbeiten und die Möglichkeit der Speicherung von Inhalten in der Cloud nutzen möchte, ist diese Version von Office 365 die am besten geeignete.
Eines sollten Sie allerdings wissen: Die umfangreiche Konfigurierbarkeit von Office 365 und die Möglichkeit der Zusammenfassung mehrerer Benutzer zu einem Konto (siehe „6. Gruppen bilden und gemeinsam arbeiten", S. 51) ist mit den Versionen Office 365 Home beziehungsweise Personal nicht möglich.
Ein Wechsel zwischen einer dieser Versionen auf eine der Business-Varianten ist bislang noch nicht möglich, was gegebenenfalls einen gewissen Aufwand bedeutet.
Die Anmeldung zu Office 365 Home findet unter www.office.com/myaccount statt.

1. Microsoft-Konto und Geschäftskonto einrichten

Lassen Sie sich nicht verunsichern: Für den Zugang zu den Microsoft-Diensten gibt es zwei Möglichkeiten. Den meisten Anwendern ist das Microsoft-Konto schon von Windows 10 oder Windows 10 Mobile eine vertraute Größe. Dieses ist sowohl für die Office-Anwendungen, als auch für die Privatanwender-Versionen von Office 365 verwendbar.
Wenn Sie eine der Office 365 Business-Versionen verwenden möchten, müssen Sie noch eine zweite Kontovariante anlegen. Das Geschäftskonto existiert parallel zum Microsoft-Konto und kann beispielsweise nicht zur Anwendung in Windows 10 oder einem Windows 10 Mobile-Smartphone verwendet werden.

Die Vorteile und Aufgaben des Microsoft-Kontos

Mit dem Microsoft-Konto eng verbunden ist der Begriff der „Cloud", also der Speicherung Ihrer Daten im Internet. Dies bedeutet nicht, dass Sie die Kontrolle über Ihre Daten verlieren, denn Microsoft als Anbieter unterliegt strengen Vorgaben an die Sicherheit und die Verwendung der Daten, die Sie im Microsoft-Konto speichern. Eines muss Ihnen aber klar sein: Ohne ein Microsoft-Konto können Sie ein Gerät mit Windows 10 kaum sinnvoll betreiben, ein Windows-10-Smartphone gleich gar nicht, denn die meisten Funktionen Ihres Gerätes benötigen dieses.
Zum Microsoft-Konto gehört der Dienst Outlook.com, der eine komfortable Verwaltung Ihrer E-Mails, Kontakte und Termine darstellt. Dies hindert Sie allerdings nicht daran, auch andere Anbieter wie Google, Yahoo, GMX etc. zu nutzen, allerdings gibt es auch keine lokale Speicherung dieser Elemente auf Ihrem Windows 10 Mobile.

Wenn Sie Skype als Nachrichten- oder (Video-)Telefonie-Dienst nutzen, dann werden Ihre dort gespeicherten Kontakte automatisch in das Microsoft-Konto übertragen.

Tipp

Es soll nur eines geben: Der eine oder andere Anwender kommt auf den Gedanken, für unterschiedliche Geräte auch unterschiedliche Microsoft-Konten anzulegen. Das sollte man tunlichst vermeiden: Das Microsoft-Konto dient vor allem der Verbindung all Ihrer Geräte mit dem Microsoft-Betriebssystem und soll Ihnen den möglichst nahtlosen Zugriff auf Ihre Daten ermöglichen. Das funktioniert natürlich nur, wenn die Informationen aus den verschiedenen Geräten in einem zentralen Microsoft-Konto gebündelt sind.

Um in der Lage zu sein, Dokumente und Einstellungen auf verschiedenen Geräten parallel nutzen zu können, bedarf es eines zentralen Speichers, auf den alle diese Geräte zugreifen können. Zu Ihrem Microsoft Account gehört das sogenannte OneDrive (früher: SkyDrive), das einen kostenlosen Speicher von mehreren Gigabyte (GB) mitbringt. Dort werden automatisch alle Gerätesicherungen abgelegt, auf Wunsch die Bilder, die Sie mit der Kamera Ihres Windows 10 Mobiles gemacht haben, Dokumente, die Sie mit Word oder Excel erstellen, und vieles mehr. Natürlich ist auch dieser Speicher von allen Geräten aus zugreifbar.

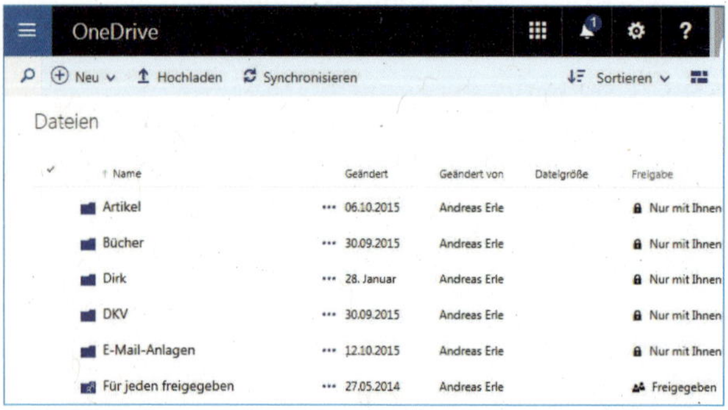

Skype ist vor allem bekannt als Programm, mit dem man kostenlos über das Internet telefonieren kann. Neben dieser Funktion hat es nach der Übernahme durch Microsoft noch eine weitere, wichtige Funktion im (Phone-)Umfeld von Windows bekommen: Es wird im Hintergrund verwendet, um mit Kontakten Nachrichten austauschen zu können (und diese bei Bedarf auch direkt anrufen zu können). Auch hierfür müssen Sie sich über Ihr Microsoft-Konto identifizieren.

Windows 10 (Mobile) bietet Ihnen die Möglichkeit, Ihr Gerät bei Verlust oder Diebstahl suchen, orten und im schlimmsten Fall die darauf befindlichen Daten löschen zu können. Die Identifikation Ihres Gerätes funktioniert einmal mehr über das Microsoft-Konto. Um die Sicherheitsfunktionen nutzen zu können, müssen Sie sich mit Ihrem Microsoft-Konto anmelden.

Anlegen eines neuen Microsoft-Kontos

Wenn Sie bereits ein Gerät mit Windows 8 bzw. 10 einsetzen, ist die Wahrscheinlichkeit hoch, dass Sie bereits ein Microsoft-Konto in Gebrauch haben, und wenn dies der Fall ist, können Sie direkt zum nächsten Abschnitt springen.

1 Ein neues Microsoft-Konto anzulegen gelingt am bequemsten an Ihrem PC, indem Sie über den Internetbrowser die Webseite www.outlook.de aufrufen.

2 Dort klicken Sie ganz unten *Dann erstellen Sie jetzt eines*.

3 Auf der sich nun öffnenden Internetseite geben Sie Ihre Daten wie Name, Postleitzahl, Telefonnummer etc. ein. Diese Daten sind nötig, damit Sie eindeutig identifiziert und bei Problemen mit Ihrem Konto erreicht werden können. Sie erhalten aber keine Werbung, nur weil Sie diese Angaben gemacht haben, es sei denn, Sie setzen ganz unten auf der Seite das Häkchen bei

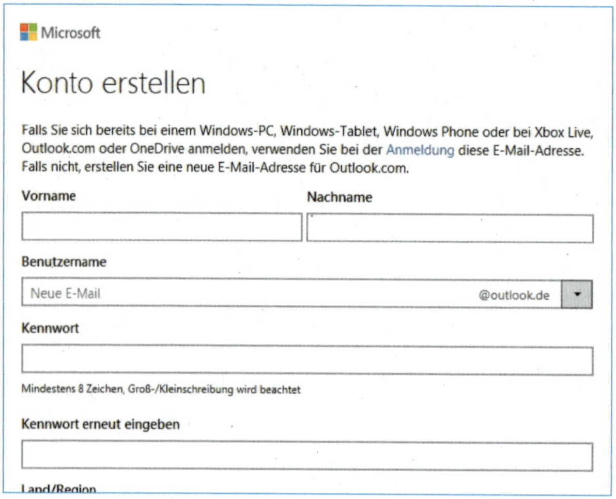

Ich möchte E-Mails mit Werbeangeboten von Microsoft erhalten.

4 Sie können sich Ihre E-Mail-Adresse (die auch als Anmeldename für Ihr Microsoft-Konto fungiert) frei auswählen, natürlich nur so lange, wie diese noch nicht existiert. Sollte das der Fall sein, dann bekommen Sie eine Meldung und gleichzeitig auch Alternativen angeboten. Probieren Sie ein wenig mit dem Benutzernamen und der Domäne (dem Teil nach dem „@", also outlook.de, outlook.com, hotmail.com) herum, bis Sie eine Kombination finden, die Ihnen gefällt und die noch frei ist.

5 Besonders wichtig ist in diesem Zusammenhang, dass Sie Ihr Geburtsdatum richtig eingeben. Ein falsches Geburtsjahr kann dazu führen, dass Sie bei Diensten als noch nicht volljährig einordnet werden und verlangt wird, dass Ihre Eltern Ihnen Rechte für das Herunterladen von Apps einrichten – was im Zweifel schon ein wenig sonderbar anmuten kann. Eine nachträgliche Änderung des Geburtsdatums ist mit einigem Aufwand verbunden!

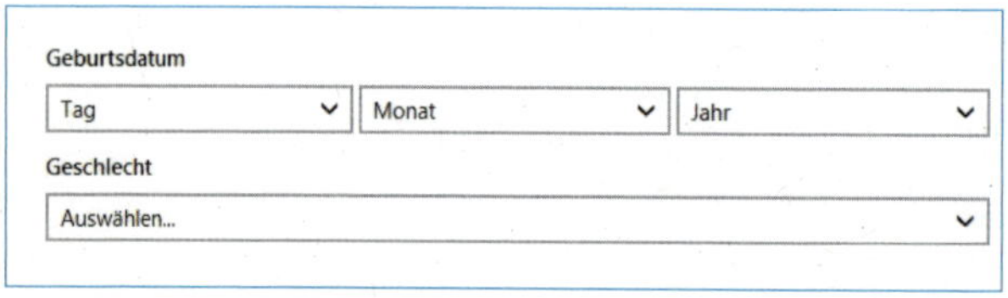

6 Wenn Sie alle Daten eingegeben haben, schließen Sie die Einrichtung des Kontos durch einen Klick auf *Konto erstellen* ab. Herzlichen Glückwunsch: Jetzt haben Sie ein Microsoft-Konto und können anfangen, Office und die diversen Dienste von Microsoft auf Ihrem PC, Tablet und Notebook oder Smartphone zu nutzen!

Anlegen eines Geschäftskontos

Sie müssen keine Firma haben, um in den Kreis der potenziellen Anwender zu kommen. Speicherangebot, inbegriffene Anwendungen und die Möglichkeit, Office für die gesamte Familie einmal zu kaufen, so eine einheitliche Umgebung zu schaffen und erst damit alle Vorteile von Synchronisation bis terminlicher Abstimmung ausschöpfen zu können, machen diese Versionen auch für viele Privatanwender interessant. Wenn Sie Interesse haben, gehen Sie wie folgt vor:

1 Anlegen können Sie das Geschäftskonto bei der Buchung des für Sie passenden Office 365-Pakets unter www.office365.com, wenn Sie auf *Für Unternehmen* gehen.

2 Wählen Sie anschließend *Pläne und Preise anzeigen* und klicken dann auf das für Sie zutreffende Paket.

3 Die Registrierung läuft anschließend ähnlich wie beim „einfachen" Microsoft-Konto.

Tipp

Geschäfts- und Microsoft-Konto: Im Gegensatz zum Microsoft-Konto muss das Geschäftskonto nicht allein auf Ihrem Rechner bleiben: Es kann völlig problemlos neben Ihrem Microsoft-Konto bestehen.
Es können auch mehrere Geschäftskonten angelegt werden, beispielsweise für die Familie, die Firma oder den Verein. Diese können nebeneinander verwendet werden, ohne einander zu stören.

2. Einrichten des Office 365-Kontos auf mehreren Geräten

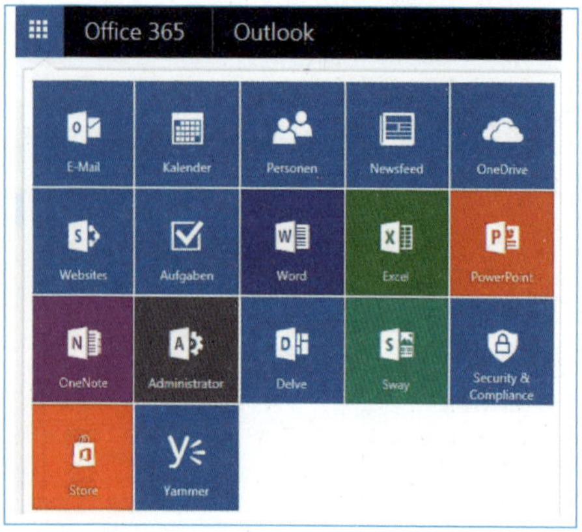

Nachdem Sie sich ein Office 365-Konto angelegt haben, müssen Sie es natürlich auch auf all Ihren Endgeräte einrichten – PC, Tablet und auf dem Smartphone. Dabei spielt das Betriebssystem nur eine untergeordnete Rolle: Die Vorgänge unterscheiden sich leicht, Office läuft aber überall.

Die Einrichtung selbst geht einfach und problemlos von der Hand – allerdings bleibt Ihnen nichts anderes übrig, als sie bei jedem einzelnen Gerät separat durchzuführen.

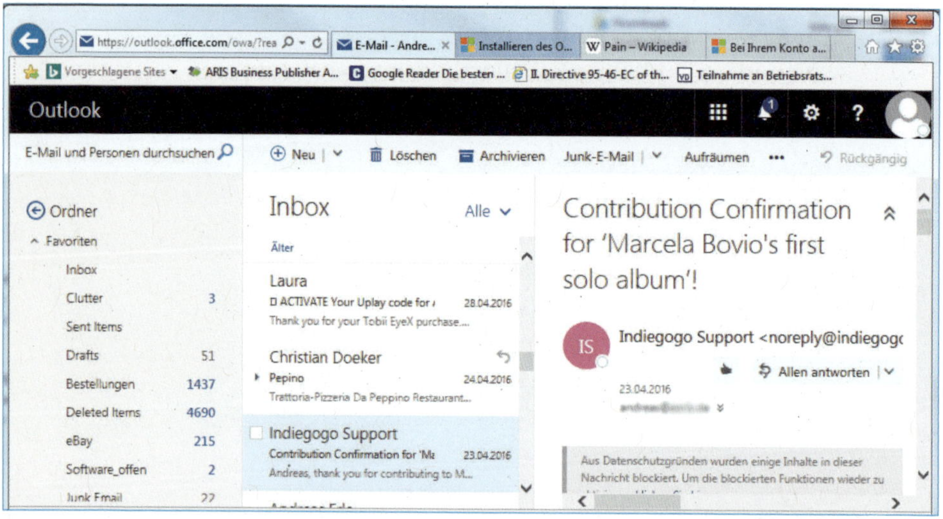

Die Office-Weboberfläche – Office 365 in der Cloud

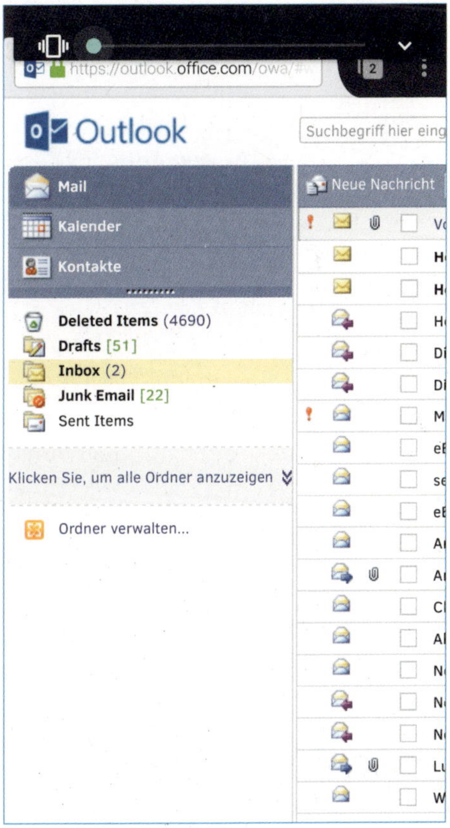

Der einfachste und effektivste Weg, mit Office 365 zu arbeiten, ist derjenige über die Weboberfläche, die Sie unter http://www.office.com/myaccount (Personal oder Home) beziehungsweise http://portal.office365.com erreichen. Nachdem Sie sich dort mit Ihren Zugangsdaten angemeldet haben, erhalten Sie über die kleine Schaltfläche oben rechts am Bildschirm Zugang auf alle relevanten Apps und Daten.

Einrichten müssen Sie selbst an dieser Stelle nichts: Melden Sie sich nach Anlegen des Kontos einmal an, dann übernimmt Office 365 dies ganz von allein und im Hintergrund.

▶ **Pflicht:** Diese erste Anmeldung ist übrigens nicht optional, sondern verpflichtend notwendig – erst wenn diese durchgeführt wurde, können sich auch Programme und Geräte einwandfrei damit verbinden.

▶ **Der große Vorteil der Weboberfläche:** Sie steht Ihnen an jedem internetfähigen Gerät zur Verfügung. Alle Daten werden in der Cloud gespeichert, Sie benötigen also keine lokale Festplatte oder Ähnliches.

Und das Schöne dabei ist, dass sie sich auch auf einem Smartphone bedienen lässt, ohne das Konto an diesem selbst eingerichtet zu haben.

Einrichtung am PC

Unter Windows 10 gibt es zwei nahezu unabhängige, einander aber ergänzende Einrichtungen des Office 365-Kontos: Zum einen muss dieses neben dem für die Windows-Anmeldung und die Installation von Apps aus dem Store eingerichteten Microsoft-Konto separat installiert werden, damit zum Beispiel die Office 365-Apps, die aus dem Store installierbar sind, voll funktionsfähig werden.

Dazu gehen Sie in Windows 10 in die *Einstellungen*, anschließend auf *Konten*.

Unten am Bildschirm können Sie nun durch einen Klick auf *Konto hinzufügen* die Konfiguration des Office 365-Kontos starten. Windows 10 erkennt anhand der eingegebenen Benutzerkennung automatisch, um was für ein Konto es sich handelt und fordert nach der ersten Kontaktaufnahme mit dem Dienst Ihr Passwort an. Danach wird das Konto automatisch eingerichtet und steht Ihnen zur Verfügung.

Das Anlegen des Kontos an sich bringt Sie aber noch nicht dazu, dass Ihre E-Mails, Termine und Kontakte über die von Ihnen verwendeten Programme auf den Rechner gelangen, beispielsweise über Outlook. Dazu starten Sie Outlook am PC und klicken auf *Datei, Konto hinzufügen*.

Geben Sie im sich nun öffnenden Fenster Ihren Namen, Ihre E-Mail-Adresse (die als Anmeldename für Ihr Office 365-Konto verwendet wird) und Ihr Kennwort ein. Über die E-Mail-Adresse erkennt Outlook automatisch, dass es sich um ein Office 365-Konto handelt, und findet selbstständig alle nötigen Einstellungen. Nachdem der erste Kontakt erfolgreich aufgenommen wurde, werden die E-Mails, Kontakte und Termine automatisch zwischen Ihrem Outlook und Office 365 synchronisiert.

Einrichtung unter Apples iOS

Egal, ob Sie ein iPhone oder ein iPad Ihr Eigen nennen: Die Einrichtung des Office 365-Kontos ist natürlich auf allen Geräten ein Muss. Sinnvoll ist die Einrichtung des Kontos generell für iOS als auch die der kostenlosen Outlook-App.

Um das Office 365-Konto im System zu hinterlegen, tippen Sie auf *Einstellungen* > *Mail* > *Kontakte* > *Kalender* und schließlich auf *Account hinzufügen*. Sie erhalten nun eine Übersicht der verfügbaren Kontoanbieter. Hier sollten Sie nicht auf Outlook.com, sondern auf Exchange tippen.

Wie bei Outlook müssen Sie für Office 365-Konto nur Ihre E-Mail-Adresse und das Kennwort eingeben und das neue Konto benennen, schon wird Office 365 mit Ihrem iOS-Gerät synchronisiert.

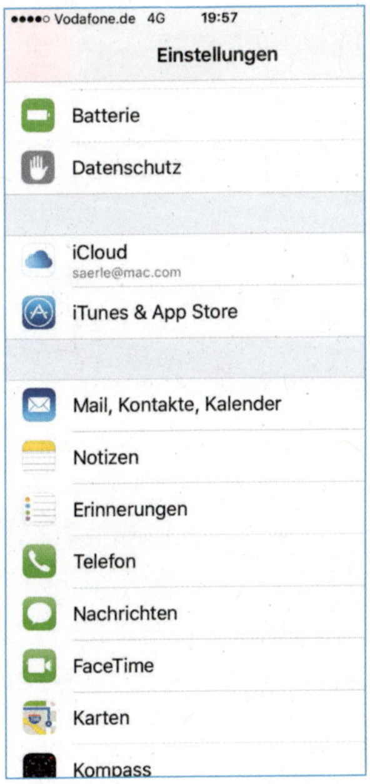

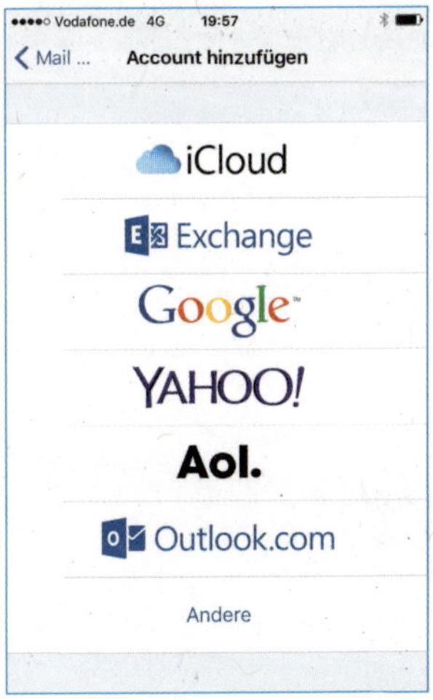

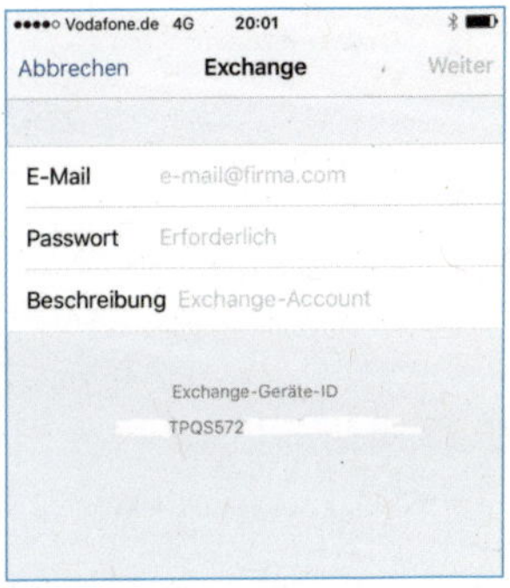

Einrichtung unter Android

Auch bei einem Android-Smartphone oder -Tablet ist die Einrichtung des Office 365-Kontos ein Kinderspiel. Der hier beschriebene Weg bezieht sich auf Android 6, ist aber auch für ältere Versionen ähnlich.

1 Gehen Sie in die Systemeinstellungen Ihres Gerätes und tippen Sie auf *Konten & Synchronisierung*.

2 Tippen Sie nun auf das kleine + am oberen rechten Bildschirmrand, um ein neues Konto anzulegen, wählen Sie danach *Exchange* (bei einem HTC-Gerät kann es auch *Exchange für HTC Sense* heißen).

3 Auch hier müssen Sie nur die E-Mail-Adresse Ihres Office 365-Kontos eingeben. Das Passwort fordert die Mail-App noch nicht ein, sondern versucht erst, Ihr Konto zu identifizieren. Ist dies als Office 365-Konto erkannt, bleibt nur noch die Eingabe des Kennworts.

4 Nach der ersten Synchronisation beginnt Ihr Android-Gerät, die Daten aus der Cloud herunterzuladen und Kontakte, Termine und E-Mails aufzubauen.

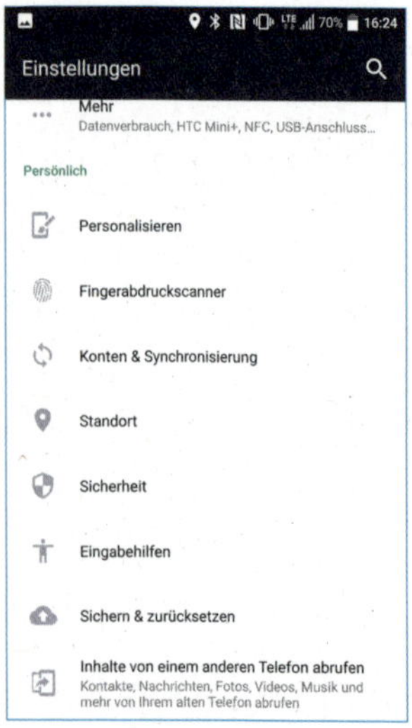

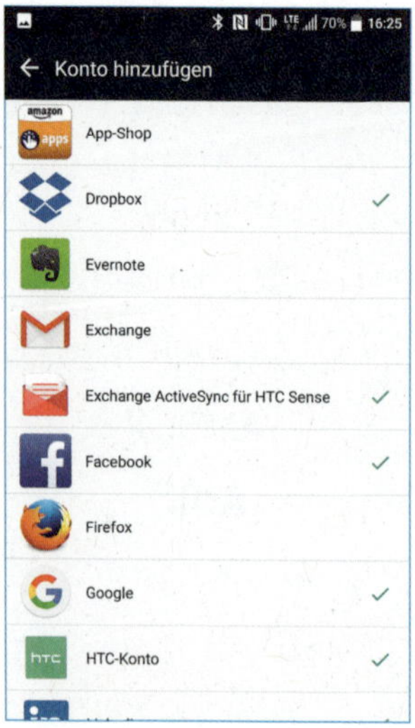

Einrichtung unter Windows 10 Mobile und Windows Phone

Windows 10 Mobile (und Windows Phone) als Microsoft-Systeme haben selbstredend auch die Möglichkeit, ein Office 365-Konto zu verwenden. In diesem speziellen Fall wird die Unterscheidung von Microsoft-Account und Office 365-Konto wichtig: Auch wenn Sie Office 365 verwenden, müssen Sie das Windows-Smartphone trotzdem zuerst mit einem Microsoft-Account einrichten, denn dieser ist für eine Vielzahl von Funktionen die Voraussetzung. Erst dann richten Sie das Office 365-Konto ein:

1 Wechseln Sie in die Einstellungen und gehen Sie auf *E-Mail & App-Konten*.

2 Dort klicken Sie auf *Konto hinzufügen*. Die richtige Option ist hier einmal mehr *Exchange* (und nicht Outlook.com).

3 Geben Sie die zu Ihrem Office 365-Konto gehörige E-Mail-Adresse ein, klicken sie auf *Weiter* und geben Sie auf Nachfrage Ihr zugehöriges Kennwort ein.

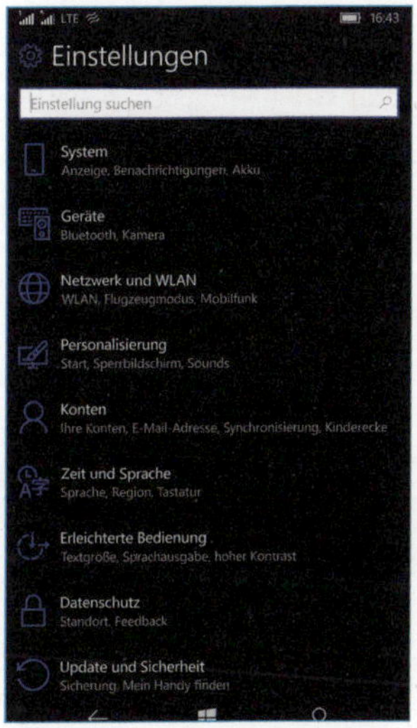

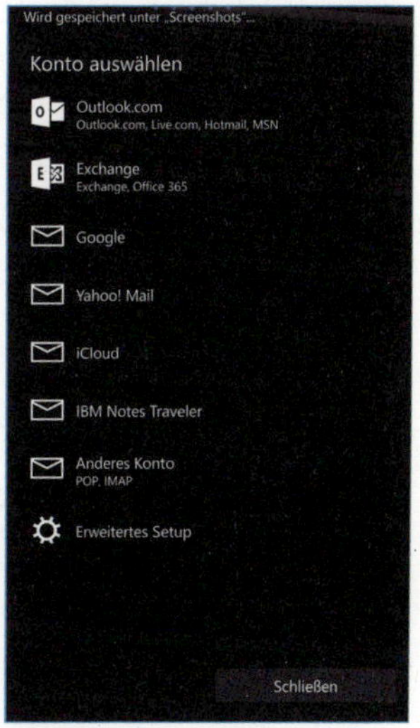

4 Windows 10 Mobile baut die Verbindung zu Office 365 auf, lädt die dort vorhandenen Termine, Kontakte und E-Mails herunter und stellt sie Ihnen über die Outlook-App auf dem Gerät zur Verfügung.

Über weitere Optionen können Sie die Synchronisation noch feiner einrichten (siehe „Abgleich zwischen Geräten“, S. 79).

Mobile Apps für Smartphones und Office 365

Einer der Ansprüche von Office 365 ist es, die Arbeit wirklich nahtlos zu machen. Dazu gehört nun einmal auch die Möglichkeit, auf einem mobilen Gerät zu arbeiten. Und so bietet Microsoft für Android, iOS und Windows Phone/Windows 10 Mobile die wichtigsten Apps in den jeweiligen Stores an, die meist kostenlos heruntergeladen werden können.
Auch wenn jedes Smartphone einen eigenen E-Mail-Client mitbringt, so ist die Verwendung der Outlook-App sehr empfehlenswert: Diese verbindet alle Elementtypen (E-Mails, Kontakte, Termine und Dateien des OneDrive) in einer separaten App. Je nach Plattform kann diese sogar noch einmal separat über einen Fingerabdruck gesichert werden.
Wer Office kennt, der kann die neuen, Touch-optimierten Oberflächen ohne weitere Anleitung bedienen. Auch komplexere Dokumente lassen sich in Word, Excel und PowerPoint bearbeiten. Wird bereits eine normale Microsoft-Account-ID verwendet, kann diese als Konto hinzugefügt werden, sodass die Office-Apps direkt auf den zugehörigen OneDrive zugreifen können. Selbiges gilt auch für ein Office 365-Konto.
Auf dem Smartphone eher eine Nischenanwendung, auf dem PC mittlerweile Standard: die schnelle Eingabe und Bearbeitung von Notizen. Nun nutzt das schönste Notizbuch unterwegs nichts, wenn man es nicht dabeihat – und da ist es sinnvoll, auch vom Smartphone auf die Daten zugreifen zu können. OneNote in der mobilen Version ist da eine unverzichtbare Hilfe: Auch wenn Dinge

wie Freihandnotizen, die auf einem Tablet gemacht werden, nicht auf dem Smartphone vorgenommen werden können, verfügbar sind sie dort, und die meisten Bearbeitungsschritte können ebenfalls ausgeführt werden. Sowohl freigegebene Dokumente stehen zur Verfügung als auch die Möglichkeit, selbst welche freizugeben und damit unterwegs auf dem Weg zu einem Termin schnell noch einmal eine Abstimmung mit Kollegen vorzunehmen. Das alles natürlich unter Einbindung von OneDrive und OneDrive Business, für die es eigene Apps gibt.
Wenn Sie unterwegs wissen wollen, ob Ihr Office 365 vernünftig läuft und Sie eine der Business-Versionen von Office 365 einsetzen, dann ist die Office 365-Admin-App die richtige. Statt sich mühsam durch die überladene Web-Administrationsoberfläche zu hangeln, können Sie den Systemzustand auf Ihrem Smartphone anschauen, Benutzer administrieren und vieles mehr.

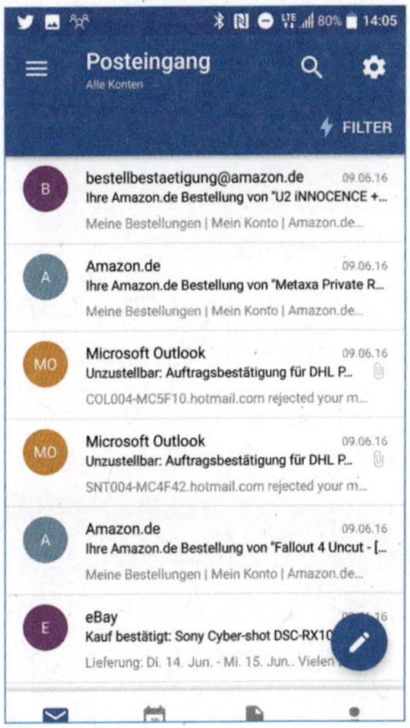

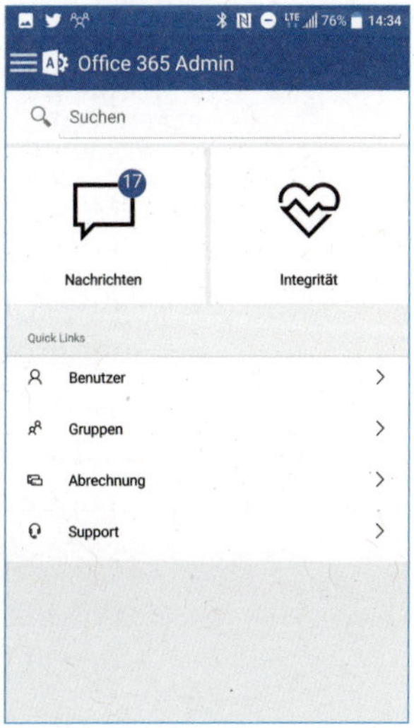

3. In der Cloud und doch lokal: OneDrive einrichten

Dateien sind das Salz in der Suppe Ihrer Arbeit mit Windows. Ob Sie nun einen Brief schreiben, Kochrezepte notieren, Ihre Finanzen tabellarisch verwalten, Bilder malen oder bearbeiten – neben dem Programm oder der App, die Sie dafür verwenden, ist das strukturierte Ablegen der Daten in Dateien auf der Festplatte oder einem anderen Datenträger wesentlich.
Das Ablegen an sich wird immer über das gerade in der Anwendung befindliche Programm selbst durchgeführt. Allerdings werden Sie schnell feststellen, dass Sie im Eifer des Gefechts schnell mal eine Datei an einem falschen Ort ablegen, sich beim Benennen vertippen oder einfach eine Sicherheitskopie machen möchten.

Grundsätzliches zur Struktur

Das Arbeiten mit Dateien auf einem PC kann auf den ersten Blick schon ein wenig verwirrend sein. Da hilft es, wenn Sie sich eine einfache Analogie zu Hilfe nehmen:
Stellen Sie sich eine Datei wie ein Blatt oder mehrere zusammenhängende Blätter Papier vor, die Sie mit Inhalt – einem Text, Bildern, Tabellen und einer Vielzahl anderer Elemente – füllen. Was auf diesem Papier steht, gehört zusammen und kann auch nur als zusammenhängendes Dokument bewegt, kopiert oder abgeheftet werden.
Haben Sie nun mehrere Dateien, die irgendwie zusammengehören (zum Beispiel Rechnungen, Briefe an Ihre bessere Hälfte, Rezepte, ...), würden Sie die im normalen Leben ja auch zusammen ablegen, und zwar in einem Ordner. Und genau das gibt es bei Windows auch, die Ordner oder Verzeichnisse. In diese können Sie Dateien

hineinlegen, zur besseren Sortierung noch weiter unterteilen und vieles mehr.
Wenn Sie nun viele Ordner haben, dann werden Sie versuchen, diese an unterschiedliche Orte zu stellen: die privaten Dinge in einen Schrank im Wohnzimmer, die Firmenunterlagen in einen Schrank im Arbeitszimmer und die nicht mehr benötigten, aber noch aufzubewahrenden Dokumente vielleicht in den Keller. Diese Aktenschränke werden auf dem PC durch Laufwerke abgebildet. Im Normalfall sind dies Festplatten (eingebaut, extern, USB-Sticks und andere Datenträger).

Info

Elemente von Dateinamen: Das Benennen einer Datei ist eine relativ einfache Sache: Auch eine Datei hat sozusagen einen Vor- und einen Nachnamen. Der „Nachname" ist der Typ der Datei, die sogenannte „Dateierweiterung". Dieser ist nicht von Ihnen selbst zu vergeben, sondern wird vom Programm/der App, mit der Sie die Daten eingeben, vergeben und dient der Zuordnung: Trägt eine Datei beispielsweise die Erweiterung „.docx", weiß Windows, dass es sich um ein Word-Dokument handelt und kann für die Bearbeitung einer solchen Datei automatisch das richtige Programm öffnen.
Den für Sie wichtigeren Teil bildet der Name, der durch einen Punkt getrennt vor der Dateierweiterung steht: Diesen können Sie selbst bestimmen, wobei Sie darauf achten sollten, dass er sinnvoll ist: Der Name der Datei ist Ihr einziges Identifikationskriterium, wenn Sie eine Datei suchen! Statt „Brief125" ist „Peter_Einladung_Geburtstag" deutlich sinnvoller. Im Beispiel lautete der komplette Dateiname dann „Peter_Einladung_Geburtstag.docx".

Das Einrichten von OneDrive

Keine Sorge: Sie können Ihre Dateien auch weiterhin auf der lokalen Festplatte Ihres PCs behalten. Dennoch bietet es sich an, den zu Ihrem Office 365-Konto gehörenden Onlinespeicher OneDrive einzurichten, denn dieser hat eine Vielzahl von Funktionen. Die folgende Beschreibung bezieht sich auf den „normalen" OneDrive, der beim normalen Microsoft-Account und bei den Home- und Personal-Office 365-Plänen integriert ist. Die (wenigen) Besonderheiten des OneDrive for Business finden Sie in einem separaten Abschnitt (siehe „OneDrive for Business", S. 36).

Eine der wichtigsten Funktionen von OneDrive kommt zum Tragen, wenn Sie zwischen verschiedenen Geräten wechseln: Der Desktop-PC zu Hause, das Tablet auf der Couch, das Notebook unterwegs und das Phone zu jeder Zeit – alle Geräte laufen mit Windows 10. Warum sollten Sie also jedes neu einrichten und jede Änderung wieder auf jedem dieser Geräte neu vornehmen müssen? OneDrive dient unter anderem als zentraler Speicher für die Einstellungen: Änderungen werden dort gesichert, und auf Wunsch bedient sich jedes ebenfalls mit Ihrem Microsoft-Account gekoppelte Gerät dieser Quelle. Im Klartext: Sie führen eine Änderung auf einem Gerät durch, alle anderen bemerken dies innerhalb kürzester Zeit und vollziehen sie nach.

Wechseln Sie in die Einstellungen, klicken Sie auf *Konten*, und in dem kleinen Menü auf der rechten Seite auf *Einstellungen synchronisieren*.

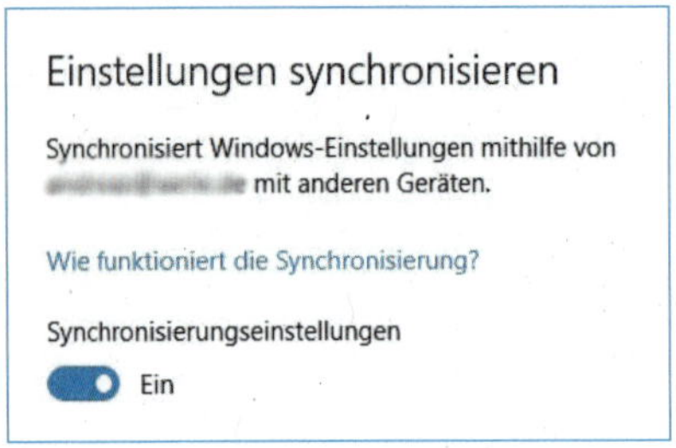

Wenn Sie die Synchronisation komplett ausschalten möchten, weil Sie etwa keine oder möglichst wenige Daten in der Cloud ablegen wollen, dann können Sie sie unter *Synchronisationseinstellungen* ausschalten.

Ist die Synchronisation eingeschaltet, können Sie ganz fein durch Ein- und Ausschalten einzelner Bereiche festlegen, welche Einstellungen übertragen werden sollen.

Design überträgt Ihre aktuelle Auswahl (Hintergrundbild, Farben der Kacheln und Elemente und weitere optische Einstellungen) auf die anderen Geräte. Das Ausschalten dieser Einstellung kann wichtig werden, wenn Sie beispielsweise Geräte mit unterschiedlich farbigen Gehäusen haben und Sie die Kachelfarbe individuell darauf abstimmen möchten.

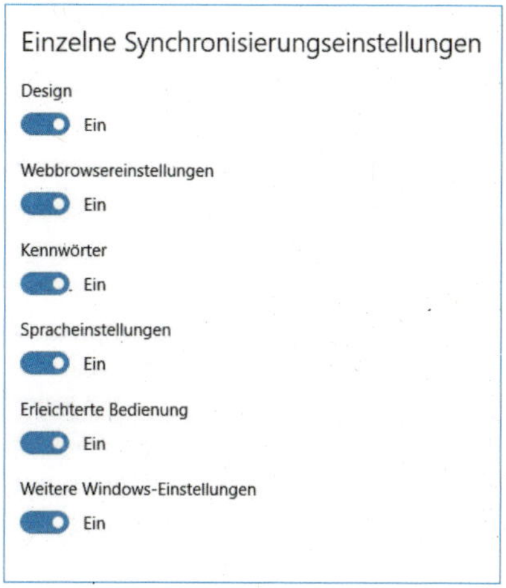

Die Webbrowsereinstellungen werden Sie im Normalfall synchronisieren, denn Ihre Webseiten-Favoriten und der Browserverlauf (also die zuletzt aufgerufenen Webseiten) werden Sie auf jedem Gerät benötigen. Das Ausschalten kann auch hier sinnvoll sein, wenn Sie in Ihrem Rechnerverbund einen Rechner haben, der zwar mit Ihrem Konto eingerichtet ist, aber auch von anderen Personen genutzt wird und Sie nicht möchten, dass diese sehen, welche Seiten Sie aufgerufen haben.

Diese Warnung gilt auch bei der nächsten Einstellung, der Synchronisation der Kennwörter. An vielen Stellen im System können Sie festlegen, dass Ihr Kennwort – wenn Sie es einmal eingegeben haben – gespeichert bleibt, sodass Sie es nicht erneut eingeben müssen. Das nimmt Arbeit ab, stellt aber ein potenzielles Risiko bei gemeinsam genutzten Rechnern dar.

Allerdings müssen Sie sich nicht sorgen, dass Ihre Kennwörter über den OneDrive abgegriffen werden können: Diese werden verschlüsselt gespeichert, sodass nur Sie mit Ihrem Microsoft-Account damit etwas anfangen können.

Die Spracheinstellungen, die Einstellungen für die erleichterte Bedienung und die weiteren Windows-Einstellungen sind ein buntes Sammelsurium, das ruhigen Gewissens synchronisiert werden kann.

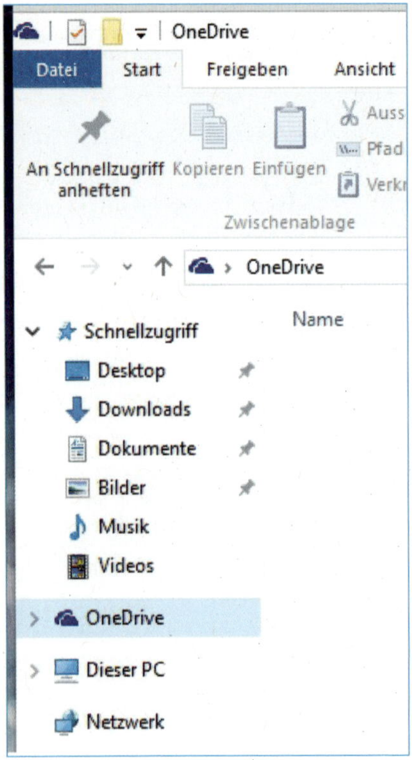

Die Synchronisation von Dateien mit OneDrive

Office 365 hat den Vorteil, dass Sie nahezu nahtlos zwischen Ihren Geräten wechseln können und alle wichtigen Daten immer zugänglich halten.

Damit dies der Fall ist, können Dateien mit dem Onlinecloudspeicher OneDrive synchronisiert werden. Dieser dient so als zentrale Onlinefestplatte und Speicher für alle Geräte.

1 Starten Sie den Windows Explorer, indem Sie ihn über die Appliste heraussuchen und antippen oder anklicken, oder verwenden Sie als Tastenkombination *[Windows] + E*. In der Liste links klicken Sie auf *OneDrive* (eine detaillierte Beschreibung der Bedienung des Explorers erhalten Sie im kommenden Abschnitt).

2 OneDrive begrüßt Sie beim allerersten Start mit einem Konfigurationsbildschirm, in dem Sie schlicht und einfach auf *Starten* klicken.

3 Als Erstes müssen Sie sich nun abermals an Ihrem Microsoft-Konto anmelden. Dies dient zum einen der Sicherheit, zum anderen gibt es Ihnen die Möglichkeit, für den PC das eine Konto zu verwenden, trotzdem aber auf den OneDrive eines ganz anderen Kontos zuzugreifen und dessen Dateien zu verwenden.

4 Nach der Anmeldung zeigt Ihnen Windows den standardmäßig eingerichteten Ordner von OneDrive an. Wenn Sie diesen ändern möchten, klicken Sie auf *Ändern* und wählen den gewünschten Ordner aus. Im Normalfall ist aber der Standardordner, der unter Ihrem Benutzerprofil liegt und so auch bei Rechnern, die von mehreren Anwendern mit eigener Anmeldung verwendet werden, nur von Ihnen zugreifbar.

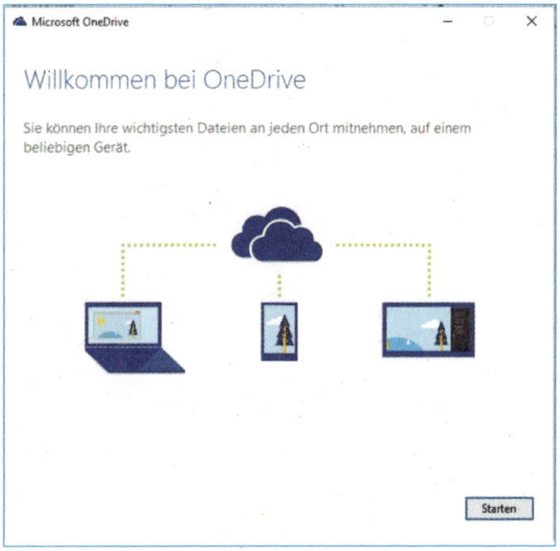

5 Nun können Sie auswählen, welche Ordner von Ihrem OneDrive auf Ihrem PC synchronisiert werden sollen. Diese Einstellung ist von zwei Faktoren abhängig: zum einen sicherlich vom auf Ihrem PC zur Verfügung stehenden Speicherplatz – je mehr Dateien Sie vom OneDrive auf Ihrer Festplatte synchronisieren (und damit auch physisch dort als Kopie speichern), desto mehr tatsächlicher Speicherplatz wird dort auch belegt. Der Vorteil aber: Synchronisierte Dateien stehen Ihnen nun selbst dann zur Verfügung, wenn Sie keinerlei Internetverbindung haben.

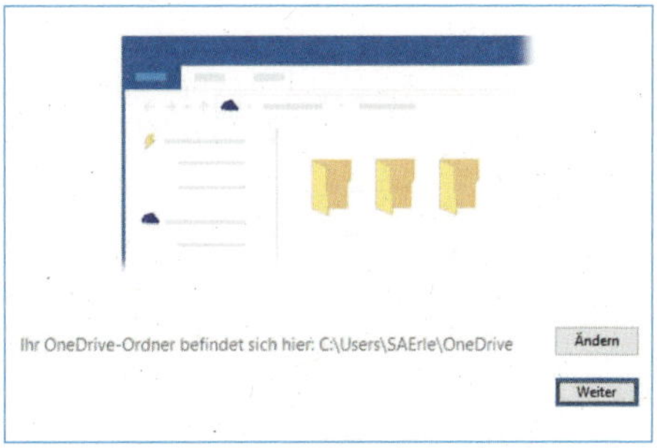

6 Zum anderen werden Sie sicherlich nicht alle Dateien immer und überall greifbar halten wollen. Die „Skydrive-Kamerarolle" beispielsweise, die automa-

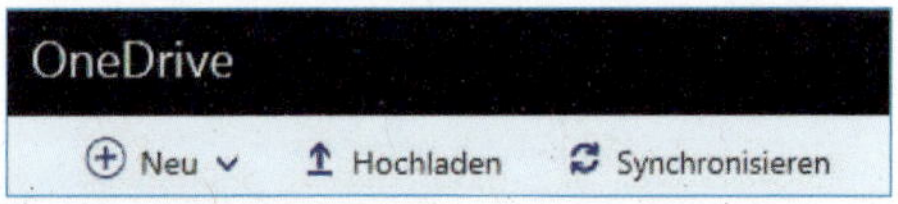

tisch alle Bilder enthält, die Sie mit der Kamera eines Windows-Tablets oder Windows Smartphones (oder eines Android- oder iOS-Geräts mit der OneDrive-App) gemacht haben, muss nicht notwendigerweise offline verfügbar sein.

7 Und so können Sie durch Setzen oder Entfernen von Häkchen neben einem jeden Ordner des OneDrives festlegen, ob dieser synchronisiert werden soll oder nicht.

8 Im unteren Teil des Fensters können Sie sehen, wie viel Platz ihre aktuelle Auswahl einnähme und wie viel Platz aktuell noch auf der Festplatte zur Verfügung steht.

9 Nachdem Sie mit Ihrer Auswahl zufrieden sind, klicken oder tippen Sie auf *Weiter*.

10 Die letzte Einstellung, die Sie noch vornehmen können, ist ein wenig darauf ausgelegt, Ihre potenzielle Vergesslichkeit weniger folgenschwer werden zu lassen: Wenn Sie Dateien Ihres PCs nicht auf den OneDrive hochgeladen haben, stehen diese natürlich auch auf anderen Rechnern nicht nicht zur Verfügung. Um dies zu vermeiden, können Sie OneDrive ermächtigen, auf Dateien Ihres PCs zuzugreifen und diese über Ihren OneDrive verfügbar zu machen. Wenn Sie dies nicht möchten, dann entfernen Sie einfach das Häkchen.

11 Nachdem Sie die Synchronisation mit OneDrive eingerichtet haben, beginnt Ihr Rechner zu arbeiten – immer eine Internetverbindung vorausgesetzt. Klicken Sie auf das kleine *OneDrive-Symbol* unten rechts auf dem Bildschirm und Sie erhalten jederzeit einen aktuellen Statusbericht und sehen, ob alle Dateien bereits synchronisiert sind oder ob OneDrive noch arbeitet.

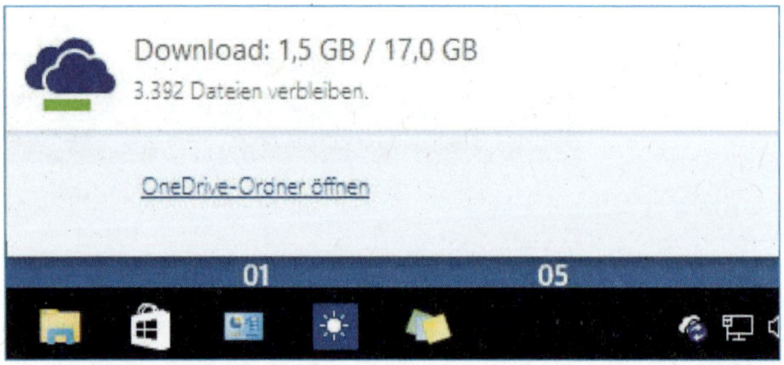

Info

Phantomdateien von OneDrive: Auch wenn Sie die Synchronisation von Dateien Ihres OneDrives so einschränken, dass alle Verzeichnisse abgewählt sind: Sie sehen trotzdem alle Dateien und Ordner, wenn Sie im Explorer auf den OneDrive wechseln. Microsoft nennt dies „On-Demand Sync". Dies liegt daran, dass Windows sicherstellen möchte, dass Sie den Inhalt des OneDrives auch ohne Internetverbindung vor Augen haben. Öffnen Sie eine Datei, wird sie – so eine Internetverbindung besteht – auf Ihren Rechner heruntergeladen und geöffnet. Ohne Internetverbindung geht dies natürlich nicht.
Ein Fehler, der das eine oder andere Mal für eine Menge Arbeit und Aufregung gesorgt hat: Wenn Sie diese Platzhalterdateien löschen, weil Sie denken, dass Sie damit Speicherplatz auf Ihrer Festplatte frei machen, ist das nur die halbe Wahrheit. Denn bei der nächsten Synchronisation werden die „echten" Dateien auch vom OneDrive gelöscht und stehen Ihnen nicht mehr zur Verfügung.

Abhängig von der Menge und Größe Ihrer Daten, die Sie synchronisieren wollen, der Geschwindigkeit Ihres Rechners und dem Breitbandangebot Ihrer Internetverbindung kann dieser Vorgang gut und gerne ein paar Stunden dauern.
Es spricht nichts dagegen, ihn einfach über Nacht durchlaufen zu lassen, da Sie während der Verarbeitung der Daten nicht eingreifen oder Entscheidungen zu treffen brauchen.

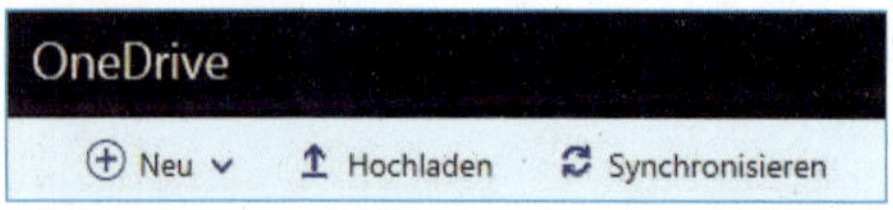

OneDrive for Business

Wenn Sie eine der Business-Versionen von Office 365 verwenden, steht Ihnen auch der OneDrive for Business zur Verfügung.

Dieser ist ein vom Microsoft-Konto unabhängiger Cloud-Speicher, der auch eine separate Installation erfordert.

Gehen Sie dazu folgendermaßen vor:

1 Melden Sie sich unter http://portal.office365.com an, klicken Sie auf das Feld oben rechts und anschließend auf *OneDrive*.

2 Sie erhalten nun wieder eine Ansicht Ihrer Dateien auf dem OneDrive. Klicken Sie darüber auf die Schaltfläche *Synchronisieren*.

3 Klicken Sie nun mit der Maus auf *Jetzt Synchronisieren* und folgen Sie den Anweisungen auf dem Bildschirm. Die Synchronisation wird nun für Sie eingerichtet.

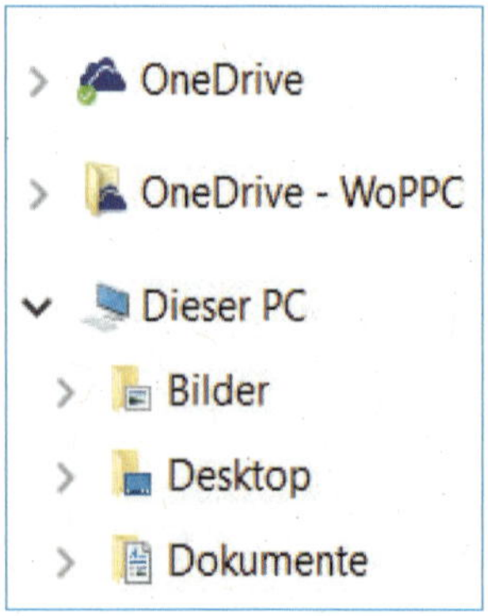

OneDrive for Business zusammen mit dem normalen OneDrive

Haben Sie neben Ihrem OneDrive for Business auch einen normalen OneDrive eingerichtet, finden Sie dementsprechend auch zwei Einträge in Ihrem Explorer. Die Symbole unterscheiden sich ein wenig – achten Sie darauf, wo Sie welche Daten speichern.

OneDrive auf dem Smartphone

Nun werden sie sich die bange Frage stellen: Wofür brauche ich OneDrive auf meinem Smartphone? Der Speicher reicht doch gar nicht aus? Grundsätzlich haben Sie recht, allerdings funktionieren die OneDrive-Apps auf den Smartphones (egal ob Windows 10 Mobile, Android oder iOS) ein wenig anders: Die Dateien werden nicht synchronisiert, sondern nur angezeigt. Wenn Sie eine der Dateien öffnen möchten, wird sie erst dann physisch in den Speicher des Smartphones geladen. Es ist also klug, die OneDrive- (für das OneDrive des Microsoft-Kontos) und/oder die OneDrive-for-Business-App installiert zu haben.

Viel schöner aber ist eine kleine Feinheit der mobilen Apps: Einer der wichtigsten, aber oft vernachlässigten Datentypen auf mobilen Geräten sind die Bilder, die Sie mit der Kamera des Gerätes machen. Ist das Gerät defekt oder geht verloren, dann sind auch diese unwiederbringlichen Momente endgültig verloren. Es sei denn, Sie verwenden die OneDrive-App auf dem Smartphone und aktivieren dort in den Einstellungen den automatischen Foto-Upload.

Je nach Konfiguration werden dann automatisch (oder immer dann, wenn das Gerät Zugang zu einem WLAN hat) die Fotos und auf Wunsch auch Videos in den Ordner „Skydrive-Kamerarolle" des normalen OneDrives hochgeladen.

Wenn Sie das Ganze noch weiter treiben möchten, dann lassen Sie diesen Ordner über die OneDrive-App auf Ihren PC synchronisieren, und Sie haben eine Sicherung der Bilder aller Ihrer mobilen Geräte kombiniert in einem Order auf der Festplatte!

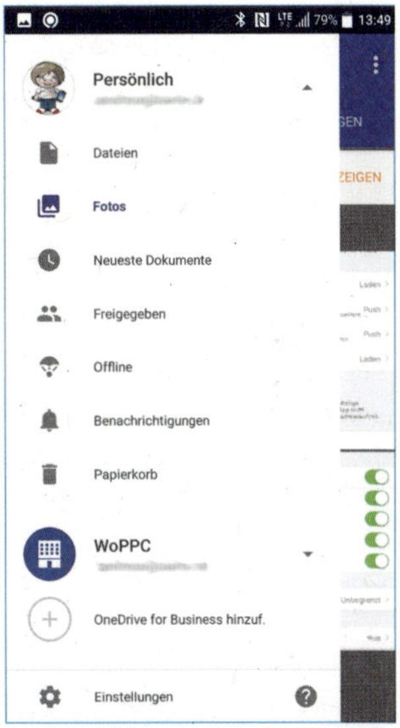

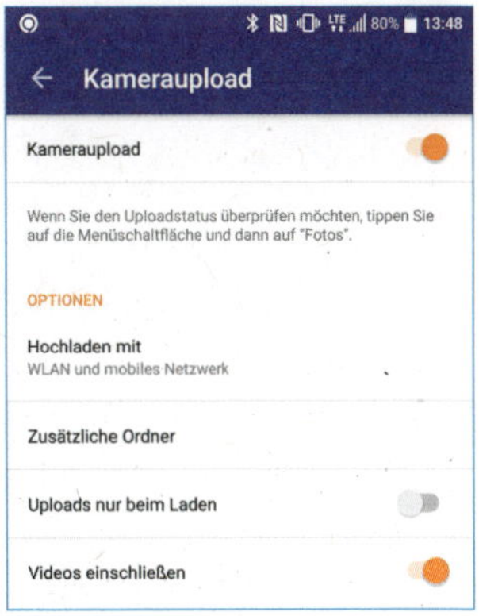

4. Alternativen zum Office-Abo finden

Der eine oder andere Anwender ist eher kritisch, wenn es darum geht, ein Abo abzuschließen, und letztendlich ist Office 365 ja nichts anderes. Auch wenn die minimale Laufzeit einen Monat (und damit einen überschaubaren Zeitraum) beträgt: Was, wenn man das Abo kündigt? Sind dann die Daten verloren oder nicht mehr nutzbar? Und welche Alternativen gibt es?
Die gute Nachricht: Nein, sind sie nicht – und ja, sie können Ihre Dateien weiter bearbeiten.

Alternative Cloud-Speicher

Mit dem Wegfall des Office 365-Abos fehlen Ihnen natürlich auch die komfortablen und großzügig bemessenen Gigabytes des OneDrives, die Ihre Dateien beherbergen. Nun sollte das nicht per se ein Problem sein, wenn Sie die Synchronisation des OneDrives/OneDrive for Business mit Ihrem PC eingerichtet haben, denn dann haben Sie immer eine Kopie der aktuellsten Dateiversionen auf der lokalen Festplatte. Wenn Sie diese Dateien nun wieder in die Cloud bekommen möchten, dann ist die Vielzahl der Möglichkeiten schier unbegrenzt: Dropbox (http://www.dropbox.com), Google Drive (https://drive.google.com), Amazon Drive (https://www.amazon.de/clouddrive/), iCloud (http://iCloud.com) und viele Anbieter mehr bieten Ihnen kostenlosen

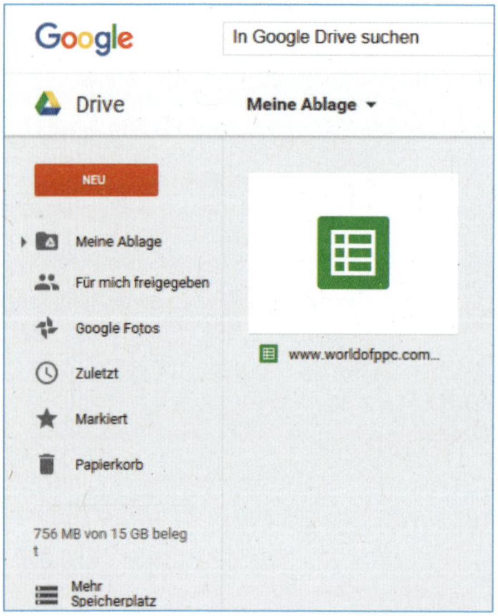

Speicher und dazu Pläne mit erweiterten Speicherkapazitäten, die kostenpflichtig sind.

Wenn Sie Windows 8 oder 10 verwenden, können Sie auch das normale OneDrive Ihres Microsoft-Kontos nutzen.

Um denselben Komfort zu haben wie bei den OneDrive-Synchronisations-Apps, nutzen Sie eine der vielen Synchronisations-Apps wie beispielsweise GoodSync (http://www.goodSync.com). Diese unterstützen auch die allermeisten Cloud-Speicher und erlauben es Ihnen, das Verzeichnis der ehemals mit OneDrive for Business synchronisierten Dateien mit dem neuen Cloud-Speicherort abzugleichen – vollautomatisch, ohne Benutzereingriff.

Weiterverwendung der Dateien

Microsoft Office ist eine Standardsoftware. Der Vorteil besteht unter anderem darin, dass alle alternativen Office-Produkte sich daran orientieren und von der Bedienung her ähnlich sind, sie schaffen es auch, die Office-Dateiformate (docx für Word-Dokumente, xlsx für Excel-Tabellen, pptx für PowerPoint-Präsentationen) zu lesen. Sind Sie sich hier unsicher, können Sie in den Office-Programmen auch das Dateiformat, das zum Speichern der Dateien automatisch verwendet wird, umstellen.

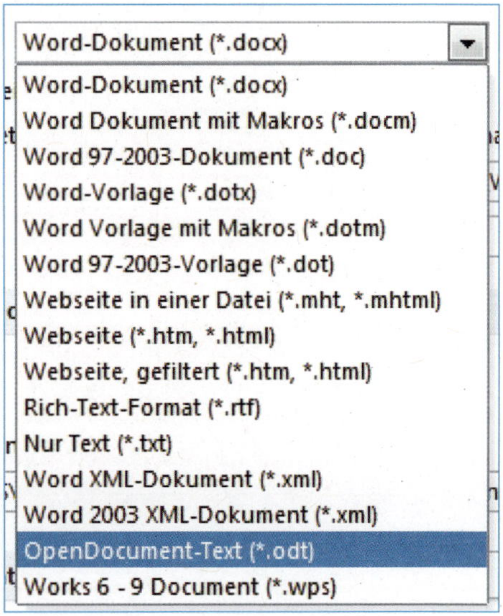

Dazu gehen Sie auf *Datei* > *Optionen* > *Speichern* und stellen das Format auf beispielsweise *OpenDocument ...* um. Die Inhalte bleiben gleich, allenfalls ein paar kleinere Formatierungsunterschiede können hier und da auftreten und eventuell ganz spezielle Word-Funktionen nicht korrekt übertragen werden. Für das Gros der Dokumente ist das aber keinerlei Problem.

Alternative Office-Produkte

Die allereinfachste Variante, von der Office 365-Anwendung wegzukommen und trotzdem alle Dokumente ohne Verluste weiterverarbeiten zu können, ist die Desktop-Version von Microsoft Office. Diese ist zwar in vielen Office 365-Plänen frei zum Herunterladen vorhanden, lässt sich aber im wohlsortierten Einzelhandel auch separat erwerben. Einmal installiert, können Sie Ihre Dateien von der Festplatte oder einem OneDrive öffnen, bearbeiten und verwalten.

Es muss aber gar keine kostenpflichtige Office-Software sein! Es gibt diverse kostenlose Alternativen, die für den normalen Anwender vollkommen ausreichen. Eine dieser Alternativen ist Softmakers FreeOffice 2016, die kostenlose Version von SoftMaker Office 2016. Sie finden das Paket unter http://www.freeoffice.com/.

Damit können Sie Word-, Excel- und PowerPoint-Dateien bis zur aktuellen Version 2016 öffnen, erstellen, bearbeiten und speichern.

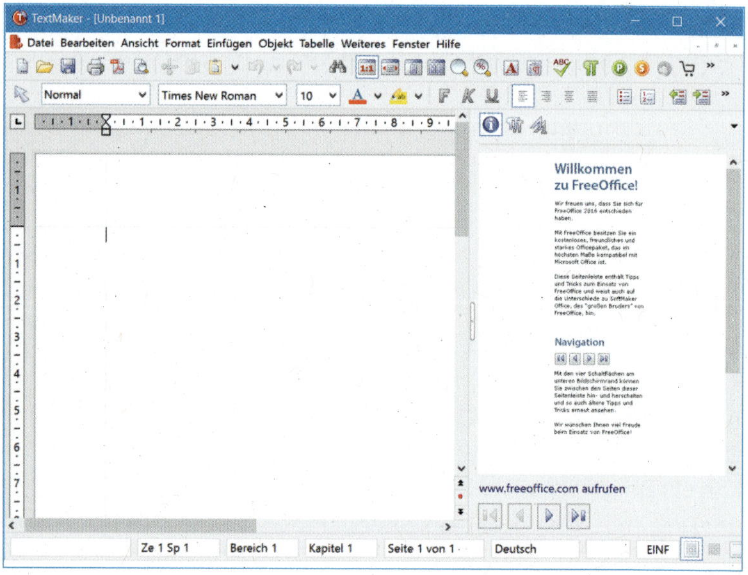

Noch ein wenig umfangreichere Funktionen bietet OpenOffice, das aber ebenso kostenlos ist und Sie unter https://www.openoffice.org/de/ herunterladen können. Neben den Standardfunktionen wie Textverarbeitung (Writer), Tabellenkalkulation (Calc), Präsentationserstellung (Impress) können Sie hiermit auch Datenbanken erstellen und bearbeiten (Base), also quasi die Funktionalität von Microsofts Access nutzen und komplexe mathematische Formeln mit einer grafischen Benutzeroberfläche erstellen (Math).
Egal, für welche Alternative Sie sich entscheiden – für die Nutzung Ihrer bisherigen Office-Dateien ist keine weitere Tätigkeit nötig: Laden Sie auf der entsprechenden Webseite das Programm herunter, und nach der Installation können Sie Ihre vorhandenen Dateien ganz normal von der Festplatte öffnen und neue anlegen.

5. Office 365 für die Familie einrichten

Sobald Sie sich an die diversen Vorteile von Office 365 gewöhnt haben und Ihr Umfeld mitbekommt, wie viel besser organisiert Sie plötzlich sind, werden Sie sich kaum noch davor retten können, auch die Familie mit ins virtuelle Boot zu holen.

Vorteile der virtuellen Familienoberfläche

Dateien sind teilbar, Kalender können freigegeben werden, sie können schnell mal eben „privat" miteinander chatten und vieles mehr. Und seien Sie ehrlich: Fühlen Sie sich nicht ohnehin manchmal sowieso wie der Administrator eines kleinen Unternehmens namens Familie? Da ist es vernünftig, eine einheitliche Oberfläche zu haben, in der Sie die Verwaltung zentral und somit viel effizienter vornehmen können. Diese Möglichkeit wird Ihnen ausschließlich in Gestalt der Business-Versionen von Office 365 angeboten.

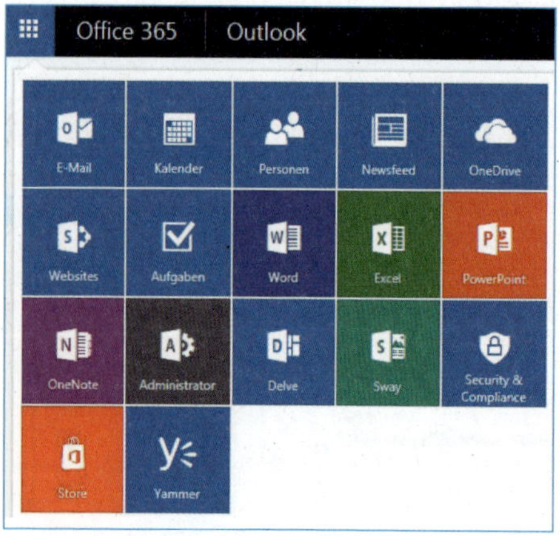

Hinzufügen einer eigenen Domäne

Die Nutzung von Office 365 wird über personalisierte Lizenzen realisiert, die monatlich bzw. jährlich gebucht werden. Wenn Sie im Vorfeld schon wissen oder zumindest nicht ausschließen können, dass Sie später einmal mehrere Benutzer gemeinsam verwalten wollen, dann empfiehlt sich eine der Business-Versionen von Office 365, auf die sich auch die folgende Beschreibung bezieht.

Und ein weiterer Gedanke kann interessant sein: Statt eine Vielzahl unterschiedlicher E-Mail-Adressen zu verwenden, können Sie Office 365 auch so einrichten, dass Sie für alle Benutzer eine einheitliche Domain verwenden (statt gmx.de, web.de, freenet.de für die einzelnen Benutzer beispielsweise familieerle.de). Dies ist in Office 365 sehr einfach möglich: Microsoft arbeitet hier mit GoDaddy, einem Unternehmen, das Internetadressen verwaltet und verkauft.

Hinzufügen der Familienmitglieder als Benutzer

Nachdem Sie jetzt eine gemeinsame Heimat für Ihre Benutzer geschaffen haben, fügen Sie doch einfach weitere Familienmitglieder als neue Benutzer zu Office 365 hinzu.

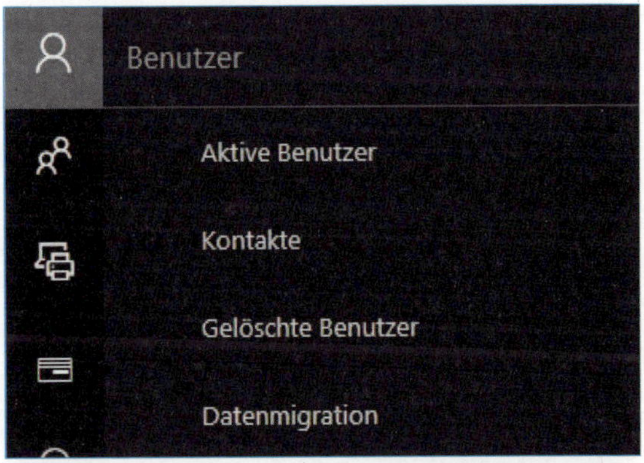

1 Das geht ebenfalls wieder über die Administrationsoberfläche unter *Benutzer* > *Aktive Benutzer*.

2 Klicken Sie nun auf *Neuer Benutzer*, können Sie die neuen Benutzer einen nach dem anderen anlegen. Wichtig dabei: Wählen Sie direkt die richtige Domäne aus, nämlich die soeben von Ihnen angelegte. Die Kombination aus Benutzername (im Beispiel tochtererle) und Domäne ergibt dann später auch die E-Mail-Adresse, vor allem aber auch die Anmeldedaten, mit denen der neue Benutzer sich dann bei Office 365 anmelden kann.

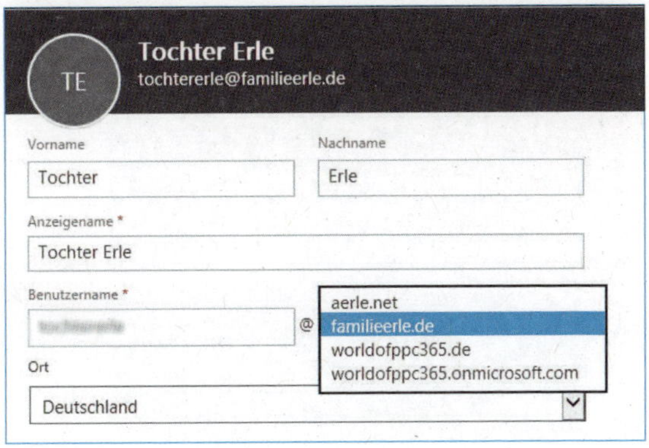

Info

Was ist eine Domain? Eine Domain im Internet ist erst einmal nichts anderes als eine Adresse, im Beispiel oben familieerle.de. Diese kann unterschiedlich genutzt werden: Weist man sie einem Speicher im Internet (dem sogenannten WebSpace) zu, dann kann man darüber die zugehörige Internetseite (im Beispiel also http://www.familieerle.de) erreichen.
Parallel dazu kann man die Domain aber auch für E-Mail-Adressen verwenden: Damit lässt sich beispielsweise andreas@familieerle.de einrichten und für die E-Mail-Kommunikation verwenden.
Wenn Sie sich Ihre Domain unter http://www.godaddy.com bestellen, lässt sich diese automatisiert zu Office 365 hinzufügen und alle nötigen Einstellungen werden vorgenommen, ohne dass Sie sich im Wirrwarr der nötigen Daten verirren. Natürlich können Sie jede beliebige Adresse eines beliebigen Anbieters verwenden, dann allerdings müssen Sie viele Angaben manuell eingeben.

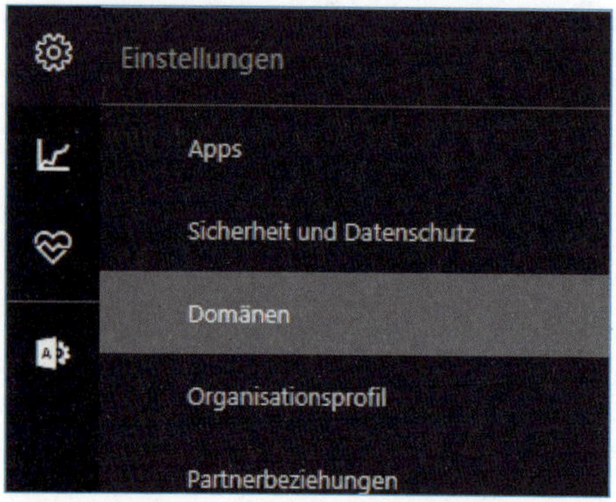

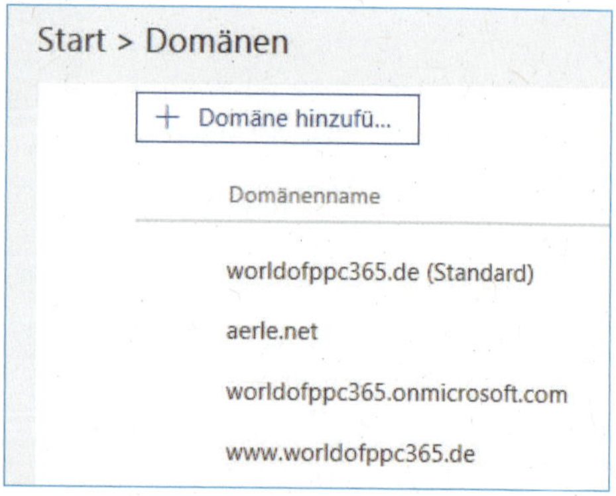

Melden Sie sich unter http://portal.office365.com an oder klicken Sie im Webportal nach der Anmeldung mit Ihren Benutzerdaten auf *Administrator*, dort dann auf *Einstellungen* > *Domänen*. Sie sehen nun eine Übersicht der Ihrem Konto bisher zugeordneten Domänen. Ein Klick auf *Domäne hinzufügen* erlaubt es Ihnen, die neue Domäne einzugeben und hinzufügen zu lassen.
Im Idealfall war es das schon: Office 365 erkennt die GoDaddy-Domäne, bittet Sie, sich bei Ihrem Konto dort anzumelden und nimmt alle Einstellungen dort selbstständig vor. Bei einem anderen Anbieter bekommen Sie stattdessen alle Angaben präsentiert, die Sie dann auf dessen Webseite eingeben müssen, damit die Verbindung zwischen der neuen Domain und Office 365 funktioniert.
Voilà! Schon werkelt Office 365 im Hintergrund und hat nach wenigen Minuten alle Einstellungen vorgenommen, damit Sie Ihre neue Domain nutzen können.

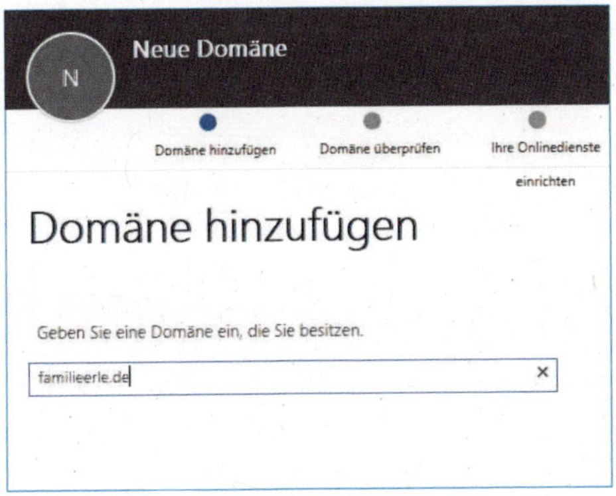

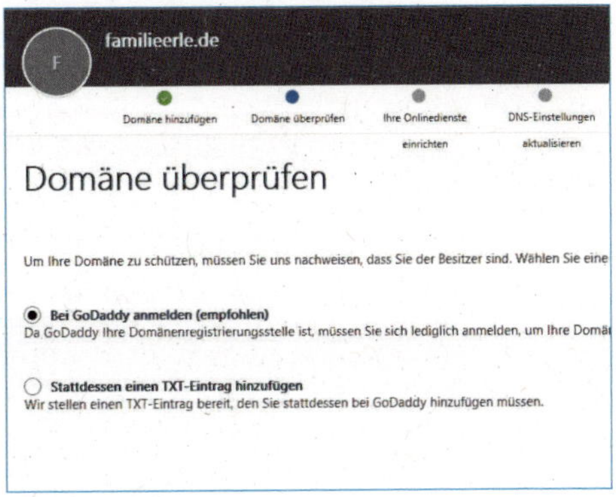

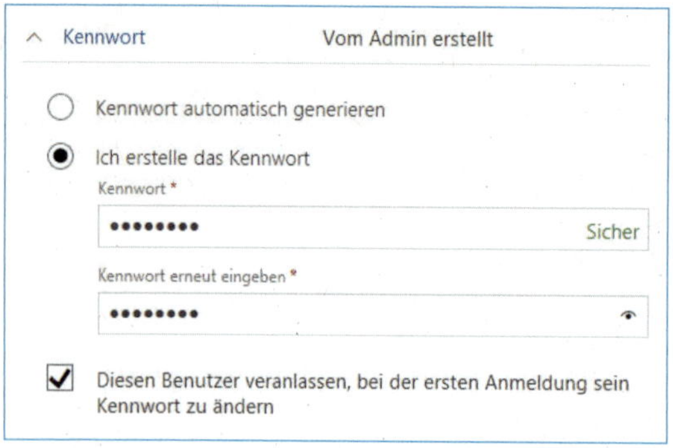

3 Beim Passwort sollten Sie aus Datenschutzgründen eines vergeben, dieses aber so einstellen, dass der Benutzer es dann nach der ersten Anmeldung zwingend ändern muss.

Dieser Schritt garantiert Sicherheit für beide Seiten. Nur so können Sie sicherstellen, dass Sie das anschließend vom Nutzer vergebene, neue Kennwort nicht kennen. Auf diese Art kann Ihnen niemand vorwerfen, dass Sie auf die Daten des Benutzers Zugriff gehabt hätten.

Der oder die Nutzer auf der anderen Seiten brauchen so nicht zu befürchten, dass Sie als Administrator ihnen – warum auch immer – heimlich bei der Arbeit in Office zuschauen oder gar Dinge verändern können.

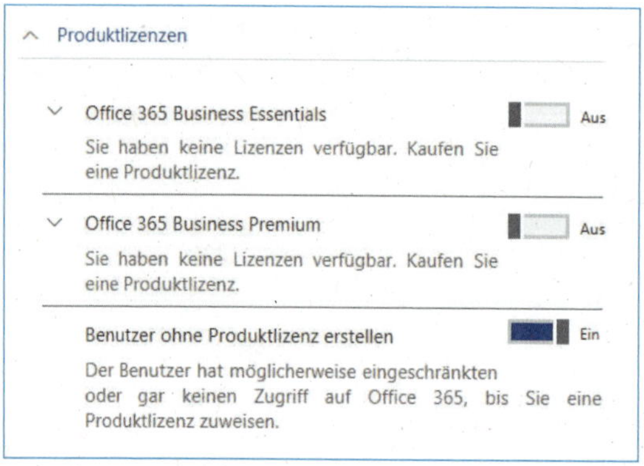

Zuweisen von Lizenzen

Office 365 ist zwar günstig, aber auch kein Schnäppchen. Daher werden Sie im Normalfall vermutlich immer nur so viele Lizenzen besitzen wollen, wie Sie tatsächlich auch zu einem bestimmten Zeitpunkt benötigen.

Sie können beispielsweise schon im Vorfeld Ihre komplette Familie als jeweils einzelne Benutzer anlegen, aber die Lizenz immer erst dann kaufen, wenn der jeweilige Benutzer tatsächlich eingesetzt werden soll.

1 In einem solchen Fall aktivieren Sie die Option *Benutzer ohne Produktlizenz erstellen*.

2 Eine zusätzliche Lizenz können Sie schnell direkt in der Administrationsoberfläche erwerben. Klicken Sie auf *Abrechnung* > *Dienste* kaufen, dann auf *die drei Punkte* unter der gewünschten Lizenz, dann auf *Lizenzmenge ändern*.

3 Nach dem Kauf können Sie dem Benutzer die freie Lizenz zuweisen und dieser kann alle Funktionen direkt nutzen.

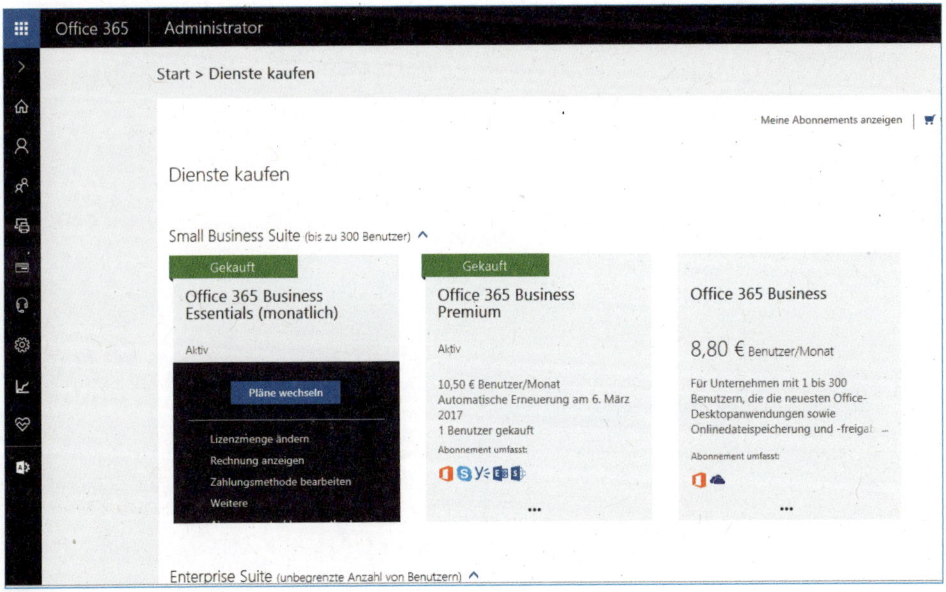

Per E-Mail erreichbar sein

Nun stellt sich natürlich die folgende Frage, die Ihre mit neuen Office 365-Konten beglückte Familie natürlich umgehend stellen wird: Was nützt die schönste Familien-E-Mail-Adresse, wenn niemand sie kennt? Und extra alle Bekannten anschreiben? Der einfachste Weg ist die E-Mail-Weiterleitung:

Melden Sie sich bei Ihrem bisherigen E-Mail-Anbieter mit Ihren Kontodaten an, am Beispiel von GMX also unter http://www.gmx.de. Wechseln Sie dort in die Einstellungen des E-Mail-Kontos und Sie werden – egal, welchen Anbieter Sie tatsächlich verwenden – eine Option *Weiterleitung* oder *Filterregeln* finden.

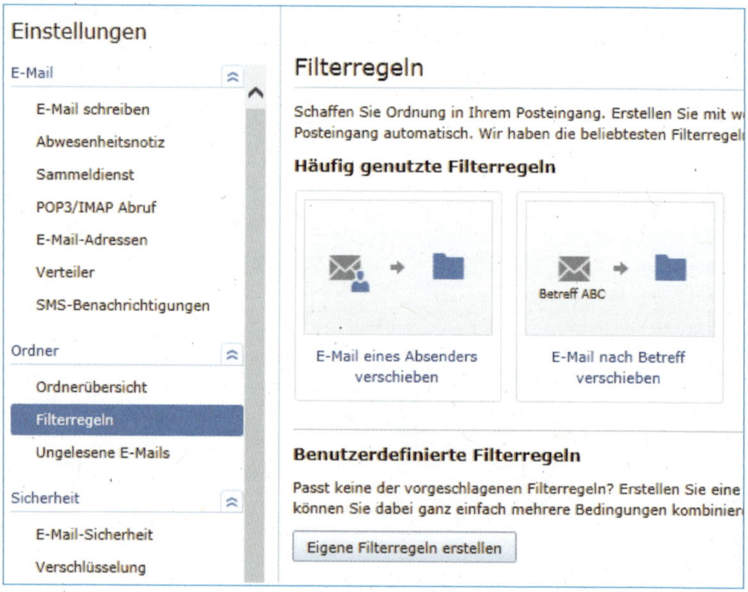

Dort können Sie ganz einfach die Einstellung vornehmen, dass alle eingehenden Mails an die ursprüngliche Adresse tochtererle@gmx.de an die neue Adresse tochtererle@familieerle.de weitergeleitet werden.

Der Absender verwendet immer noch die alte Adresse, die Mail aber wird automatisch an das neue Office 365-Postfach zugestellt. Wird auf eine E-Mail geantwortet, wird gleich die neue E-Mail-Adresse als Absender verwendet.

Den eigenen Kalender freigeben

Endlich ist ein Termin mit den Freunden gefunden, um einen zünftigen Zug durch die Gemeinde zu machen ... und zu Hause legt die Dame des Hauses ihr Veto ein: Da findet doch schon der Mädelsabend statt, der in Ihrem Kalender auch eingetragen ist. Nur haben Sie diesen natürlich nicht im Blick gehabt.

Warum eigentlich nicht? Über Office 365 können Sie wunderbar Kalender freigeben, sodass andere Benutzer Ihre Termine sehen können.

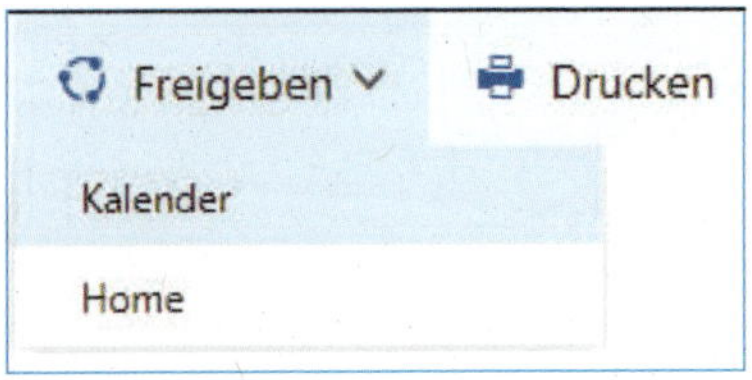

1 Melden Sie sich dazu unter http://outlook.office365.com mit dem Office 365-Konto desjenigen an, der seinen Kalender freigeben will.

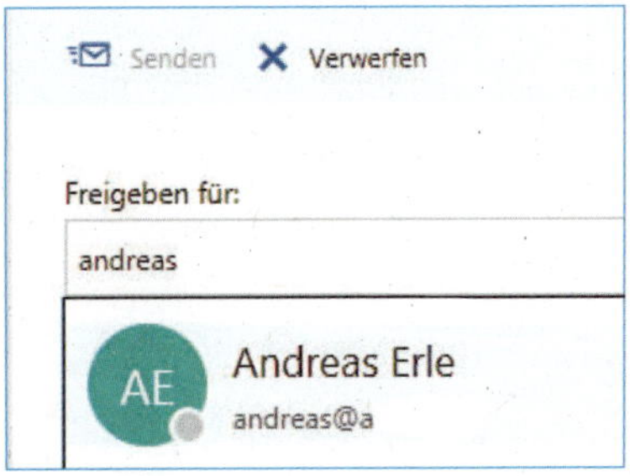

2 Wechseln Sie anschließend in den Kalender, klicken Sie auf *Freigeben* und wählen in der sich öffnenden Liste den Kalender aus, den Sie freigeben möchten. Geben Sie dann den Namen (wenn schon ein Kontakt existiert) oder die E-Mail-Adresse desjenigen ein, der Zugriff auf den Kalender bekommen soll.

3 Zusätzlich müssen Sie noch eine wichtige Einstellung vornehmen, die gut überlegt sein will: Welche Rechte soll derjenige auf Ihrem Kalender haben? In der Liste finden Sie fünf verschiedene Einstellungen, die von oben nach unten immer mehr Rechte enthalten: *Nur Verfügbarkeit* zeigt dem Empfänger dann nur farbige Balken an, aber keine Details, um was für

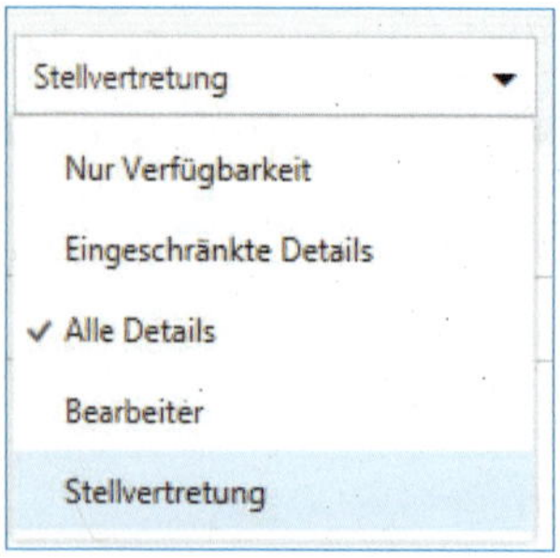

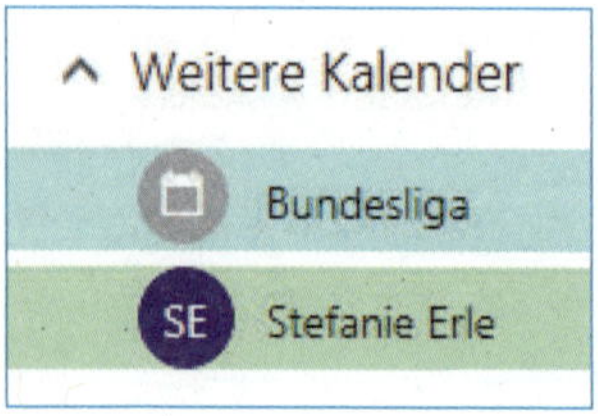

einen Termin es sich handelt, wo er ist und welche Teilnehmer dabei sind.

4 Die *Stellvertretung* macht dem Empfänger quasi zum zweiten Eigentümer.

5 Im Normalfall sollten für den Informationszweck *Eingeschränkte Details* vollkommen ausreichen: Damit ist der Termin mit seinem Titel und seiner Dauer sichtbar und der Mädelsabend als solcher einwandfrei identifizierbar.

Wenn Sie die Freigabe nun abschicken, erhält der Empfänger eine E-Mail mit einem Link. Klickt er auf diesen, wird der Kalender zu den externen Kalendern, die sich schon im Office 365-Konto befinden, hinzugefügt. Öffnet der Empfänger die Einladung hingegen mit Outlook, wird er darin einen Link vorfinden, mit dem er den Kalender unmittelbar in Outlook abonnieren kann.

Doch keine Sorge: Eine Kalenderfreigabe ist natürlich keine unumkehrbare Sache – wenn Sie die Freigabe aufheben möchten, dann klicken Sie in der Weboberfläche von Office mit der rechten Maustaste auf den Kalender, dann auf *Berechtigungen*. Sie bekommen alle Benutzer angezeigt, die Ihre Kalender sehen können und welche Berechtigungen diese haben. Klicken Sie auf das kleine *X*, um die Berechtigungen eines Benutzers wieder zu löschen.

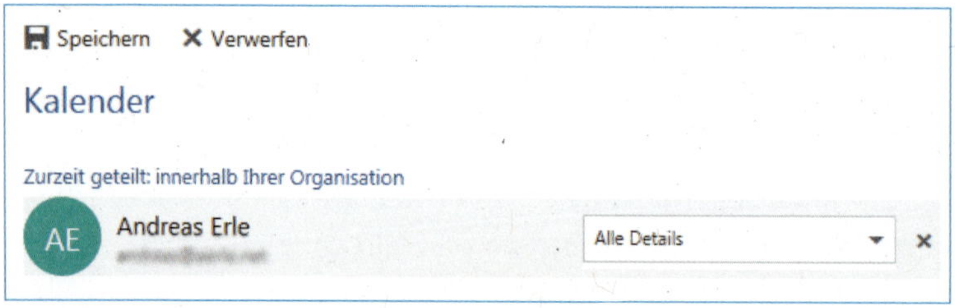

6. Gruppen bilden und gemeinsam arbeiten

Manchmal möchte man statt der Freigabe eines Kalenders die Familie gleich als eigene Gruppe definieren, in der die einzelnen Benutzer aufgenommen werden und die es erlaubt, Nachrichten auszutauschen und einen gemeinsamen Kalender für Familientermine zu führen. Office 365 bietet die Outlook-Gruppen, die sich leicht über die Weboberfläche von Office 365 einrichten lassen, gleichzeitig aber auch auf mobilen Geräten verfügbar sind.
Stellen Sie sich vor, Sie planen ein gemeinsames Projekt und möchten im Zuge dessen gemeinsam diskutieren und arbeiten. Bilden Sie aus allen Teilnehmern einfach eine Gruppe und nutzen Sie die diversen Möglichkeiten, die Ihnen allerdings nur die Business-Versionen von Office 365 bieten.

Einrichten einer Gruppe

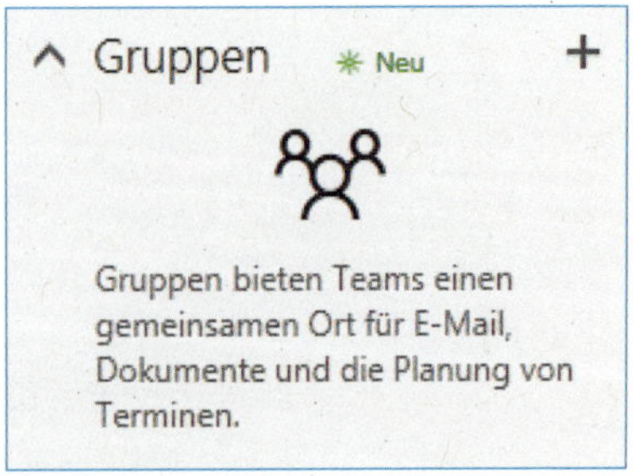

Nehmen wir an, Sie und Ihre Freunde vom Drachenfliegen wollen für kommendes Jahr einiges organisieren: die perfekte Anwendung für eine Outlook-Gruppe. Um diese einzurichten, melden Sie sich wieder an Ihrem Postfach unter http://outlook.office365.com an. Im Navigationsbereich finden Sie links in der Mitte einen Eintrag für die Verwaltung von Gruppen.
Um eine neue Gruppe anzulegen, klicken Sie auf das kleine + rechts. Nun erscheint am gegenüberliegenden Bildschirmrand eine Eingabemaske, in die Sie den Namen der Gruppe eingeben können. Office 365 prüft nun, ob der Name der Gruppe intern verfügbar ist. Der Hintergrund: Die Gruppe wird mit der eigenen Domain zusammen als Identifizierer verwendet, im Beispiel

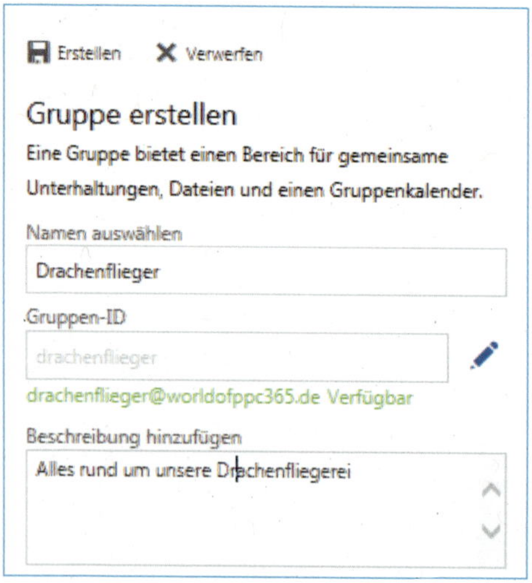

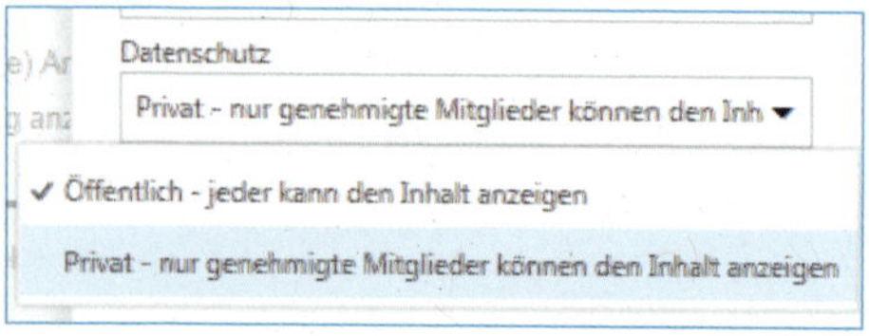

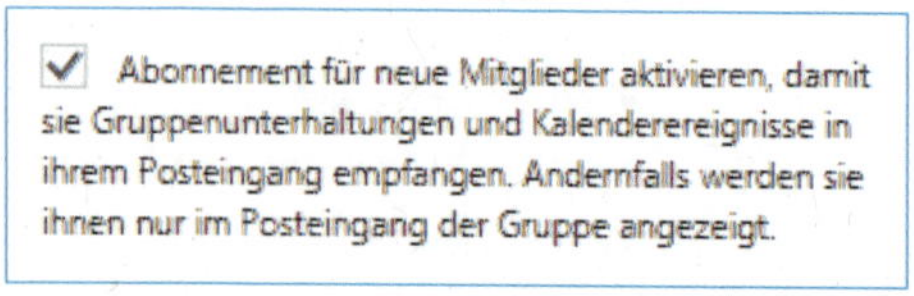

drachenflieger@worldofppc365.de. Damit Nachrichten an die Gruppe (und damit an die darin zusammengefassten Benutzer) richtig weitergeleitet werden können, muss jede Gruppe einen eigenen, einmaligen Namen haben.
Sollte der Name intern schon vergeben sein, können Sie diesen manuell ändern, bis Office 365 damit zufrieden ist.
Arbeiten in der Cloud ist immer auch ein Stück Vertrauensfrage: Inhalte sollen nur denen zugänglich sein, die auch wirklich dazu berechtigt sind. Aus diesem Grund können Sie unter den Datenschutzeinstellungen der Gruppe festlegen, dass nur genehmigte Mitglieder nach einer Bestätigung auf die Inhalte der Gruppe zugreifen können. Dies empfiehlt sich in jedem Fall.
Bei den Benachrichtigungen sollten Sie sehr genau überlegen, wie wichtig die Inhalte der Gruppe sind: Der am wenigsten störende, dadurch aber auch weniger direkte Weg ist der über den Posteingang der Gruppe. Hier müssen Sie nichts einstellen, wenn die Anwender in die Gruppe gehen, sehen sie neue Inhalte, erhalten aber keine Nachricht darüber.
Ist eine direktere Kommunikation gewünscht, setzen Sie das Häkchen bei *Abonnement für neue Mitglieder aktivieren*: Alle neuen Nachrichten und Ereignisse laufen dann in den Posteingang des jeweiligen Benutzers und werden – abhängig von den Benachrichtigungseinstellungen des jeweiligen Benutzers auf seinen Geräten – auch direkt gemeldet.

Hinzufügen von Benutzern in die Gruppe

Auf Wunsch können Sie der Gruppe gleich neue Benutzer hinzufügen, indem Sie deren Namen eingeben. Wichtig hierbei: Die Benutzer müssen bereits in Office 365 angelegt sein, eine Aufnahme neuer Benutzer allein anhand deren E-Mail-Adresse ist nicht möglich.

Alternativ wechseln Sie über die Weboberfläche durch Anklicken des Gruppennamens in diese hinein. Sie erhalten nun eine Übersicht über die Gruppe, in der Sie oben rechts durch einen Klick auf *die drei Punkte* auf *Mitglieder* klicken können.

Dort ist dann das Hinzufügen neuer Mitglieder nur einen Klick (auf die entsprechende Schaltfläche) entfernt. Geben Sie den Namen des neuen Teilnehmers in der Gruppe ein und wählen Sie den richtigen aus der Liste der gefundenen Benutzer aus. Durch einen Klick auf *Speichern* fügen Sie diesen der Gruppe hinzu.

Das neue Gruppenmitglied bekommt nun eine E-Mail mit der Nachricht, dass er der Gruppe hinzugefügt wurde, und findet die Gruppe in der Weboberfläche seines Outlooks oder aber in der entsprechenden Groups-App für seine Endgeräte (siehe „Unterwegs mit Apps auf die Gruppe zugreifen", S. 56).

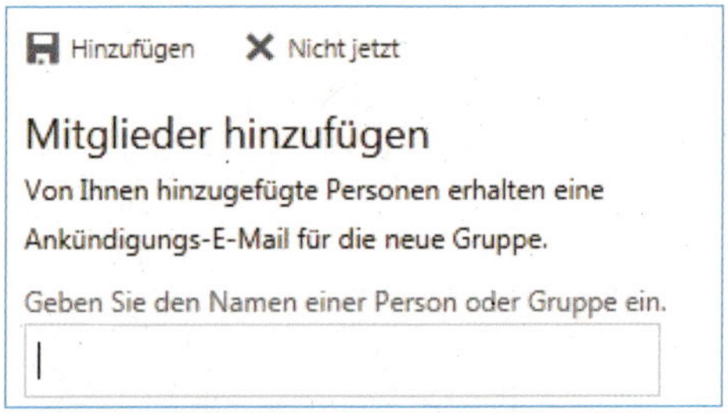

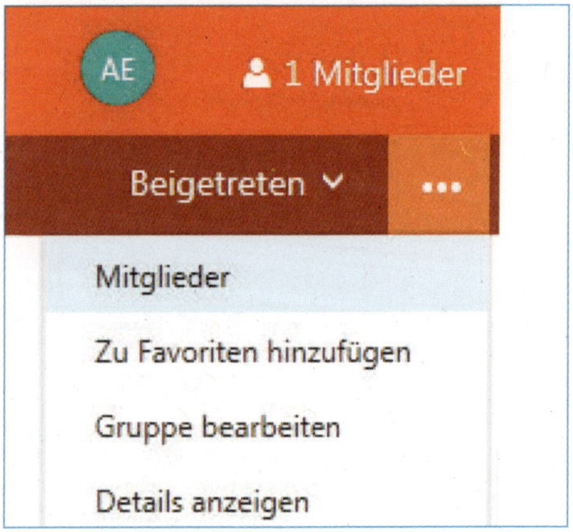

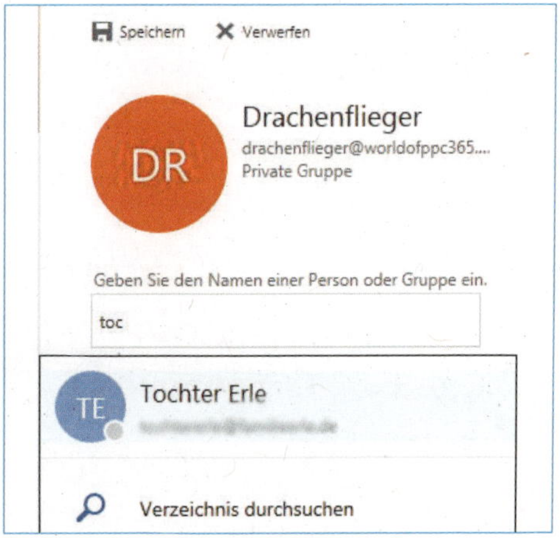

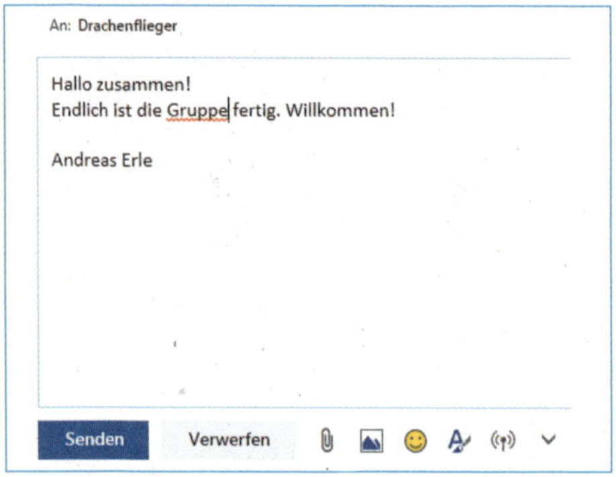

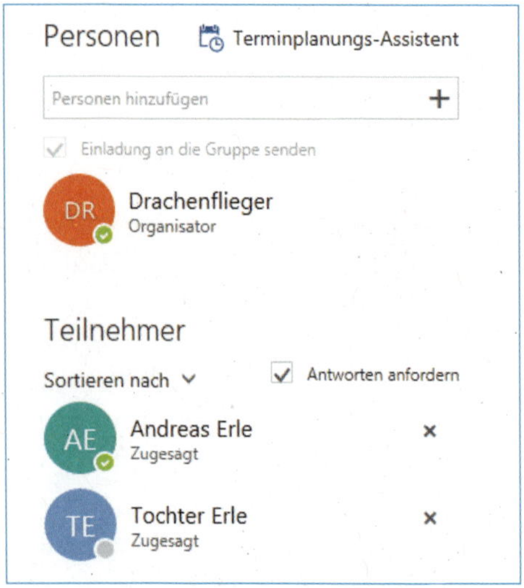

Kommunikation in der Gruppe

Eine Outlook-Gruppe ist vor allem eine Kommunikationsplattform. Klicken Sie in der Gruppe auf *Unterhaltungen*, dann auf *Neue Unterhaltung*, um einen Chat zwischen den Gruppenmitgliedern zu beginnen.

Diesen können Sie ganz normal wie eine E-Mail schreiben, mit Attributen und Bildern versehen und anschließend abschicken. Jeder Gruppenteilnehmer sieht die neue Nachricht und kann sie – wie Sie das beispielsweise von Facebook und anderen Chat-Diensten schon gewohnt sind – durch ein „Like" bestätigen oder kommentieren. Der komplette Verlauf der Unterhaltung ist jederzeit sichtbar.

Auch Termine können innerhalb der Gruppe angelegt werden. Alle Teilnehmer werden automatisch zu dem Termin hinzugefügt und empfangen eine Einladung. Angenommene Termine werden den eigenen, individuellen Kalendern hinzugefügt, sind aber parallel auch im Kalender der Gruppe sichtbar.

Auch das ist eine Möglichkeit, Termine, die die Familie betreffen, kollisionsfrei zu verwalten und sicherzustellen, dass der Mädelsabend der Dame des Hauses nicht mit dem Zug durch die Gemeinde kollidiert.

Dokumente für die Gruppe

Oft ist es ja so, dass zu einer gemeinsamen Arbeit auch Dateien gehören: die Prospekte für die Drachenflieger, die Wegbeschreibungen, Bilder und vieles mehr. Das Versenden dieser Dateien als Anhänge in Nachrichten wäre eine mögliche, aber die schlechteste aller Alternativen. Dafür bieten die Gruppen von Office 365 die Möglichkeit, Dateien zu hinterlegen.

Melden Sie sich unter http://outlook.office365.com mit Ihrem Office 365-Konto an, dann wechseln Sie in die Gruppe und klicken Sie auf *Dateien*. Das kommt Ihnen bekannt vor? Kein Wunder, am Ende ist der Dateibereich einer Gruppe nicht viel anderes als ein kleiner, gruppeneigener OneDrive.

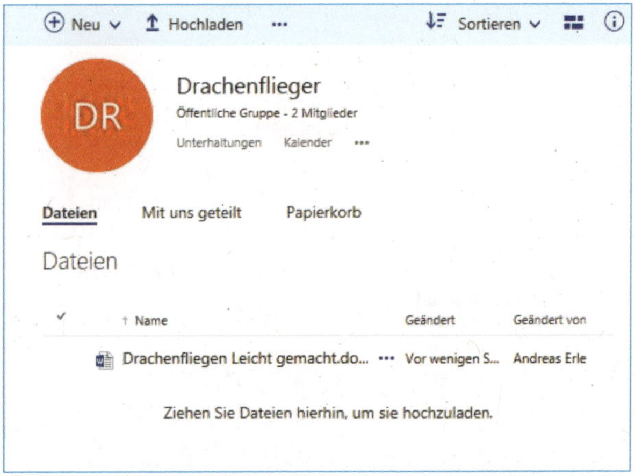

Ziehen Sie Dateien hinein, und alle Gruppenmitglieder können darauf zugreifen. Auch in den diversen Apps für Office 365 auf Smartphones und dem PC sind die Dateien sichtbar und so von überall her verfügbar.

Das Teilen von Dateien geht übrigens auch ohne eine Gruppe (und damit über die Grenzen der eigenen Office 365-Installation hinaus): Wenn Sie auf Ihrem OneDrive eine Datei anklicken, können Sie oben in der Symbolleiste *Teilen* anklicken.

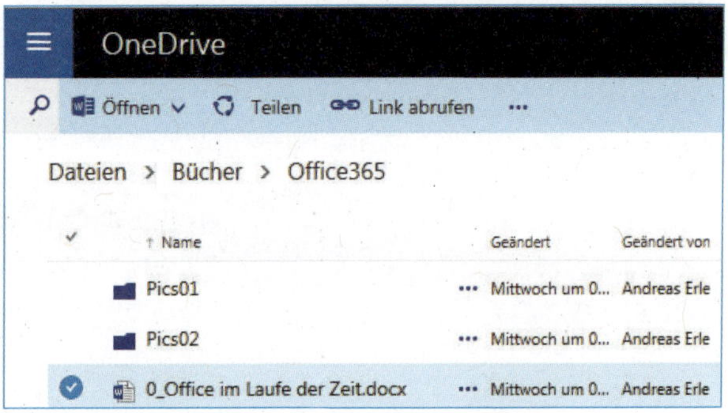

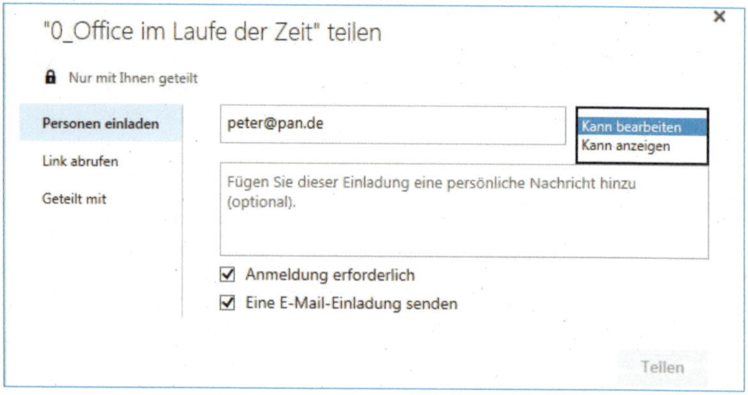

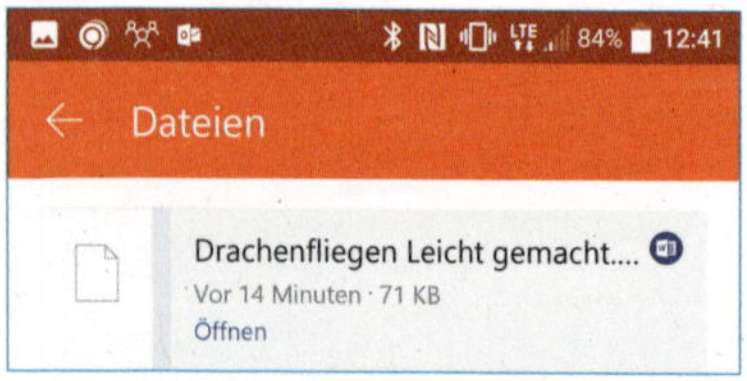

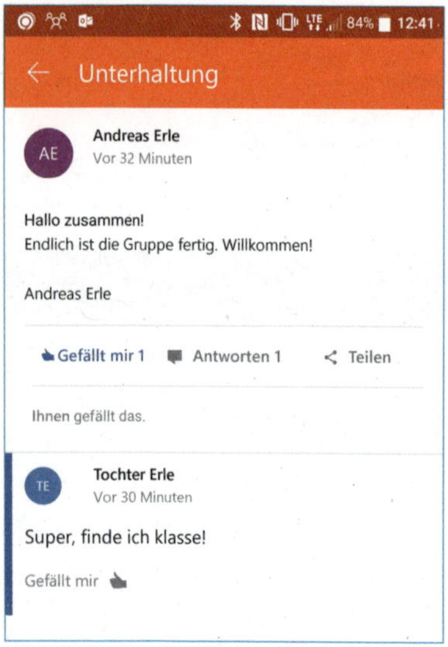

Geben Sie nun die E-Mail-Adresse derjenigen an, mit denen Sie die Datei teilen möchten, und legen Sie fest, ob diese die Datei nur lesen oder auch bearbeiten können. Der jeweilige Empfänger bekommt eine entsprechende E-Mail und kann danach mit der Datei arbeiten. Jede Änderung bekommen Sie natürlich mit, wenn Sie die Datei selbst öffnen! So lässt sich einfach gemeinsam an Dokumenten arbeiten, auch wenn Tausende von Kilometern zwischen Ihnen und Ihren Partnern liegen.

Unterwegs mit Apps auf die Gruppe zugreifen

Wäre der Zugriff auf Gruppen nur über die Weboberfläche möglich, wäre der Sinne der übergreifenden Arbeit ja nicht erfüllt. Wenig überraschend gibt es so für die wichtigen Plattformen Windows, iOS und Android eine App im jeweili-

gen Store, die den Zugriff auf die Gruppe und ihre Inhalte komfortabel auch ohne den Browser erlaubt.
Laden Sie sich die App auf Ihr Gerät herunter und melden Sie sich mit Ihrem Office 365-Konto dort an. Genau wie aus der Webversion gewohnt, können Sie Nachrichten schreiben, beantworten und den Verlauf verfolgen.
Auch die der Gruppe zur Verfügung gestellten Dateien sind in den mobilen Apps verfügbar und können geöffnet werden. Wenn Sie die mobilen Office-Apps installiert haben, werden diese entsprechend automatisch geöffnet und die Datei angezeigt.

7. Administration und Problemlösungen

Wer bisher einen normalen E-Mail-Dienst genutzt hat, der wird bei einigen der Funktionen von Office 365 fragen: „Braucht man das?" Wer seine Geräte allerdings einmal eingerichtet und die vielen Vorteile der Verfügbarkeit seiner Daten und Benachrichtigungen erlebt hat, der stellt diese Frage nicht mehr. Schnell hat man sich daran gewöhnt, und ebenso schnell wird man unleidlich, steht der gewohnte Service nicht mehr zur Verfügung.
Lassen Sie sich nicht ins Bockshorn jagen: In den allermeisten Fällen sind es ganz einfache Ursachen, die sich schnell beheben lassen. Bevor Sie an der Konfiguration Ihrer Endgeräte hantieren (und die Situation damit meist eher verschlimmern, als sie zu verbessern), überprüfen Sie zunächst eher grundlegende Dinge.

Status der Netzverbindung

Egal, um welches Gerät es sich handelt, das ist der Klassiker: Sie bekommen über eine gewisse Zeit keine Nachrichten mehr, obwohl Sie wissen, dass welche eingegangen sein müssen. Die Ursache ist hier nicht zwangsläufig in einer Störung des Dienstes zu suchen, oft ist einfach die Internetverbindung (für die Nutzung der Office 365-Dienste natürlich unabdingbar) unterbrochen.
Versuchen Sie, ob Sie http://portal.office365.com über einen beliebigen Browser aufrufen können. Ist das nicht der Fall und lassen sich auch keine anderen Webseiten aufrufen, dann liegt es daran, dass Sie keine Internetverbindung haben. Zu Hause empfiehlt es sich, den Router und den Rechner neu zu starten, prüfen Sie beim Smartphone, ob Sie Empfang haben und am oberen Bildschirm-

Dienst	Heute	9 JUN	8 JUN	7 JUN	6 JUN
Exchange Online ▲					
Anmeldung	✓	✓	✓	✓	✓
Verwaltung und Bereitstellung	✓	✓	✓	ⓘ	✓
Voicemail	✓	✓	✓	✓	✓
Zeitgerechte E-Mail-Übermittlung	✓	✓	✓	✓	✓
Zugriff auf E-Mail und Kalender	✓	✓	✓	✓	✓
Identitätsdienst ▼	✓	✓	✓	✓	✓
Lync Online ▲					
Alle Funktionen	✓	✓	✓	✓	✓
Anmeldung	✓	✓	✓	✓	✓
Anwesenheit	✓	✓	✓	✓	✓
Audio und Video	✓	✓	✓	ⓘ	✓
Cloud PBX	✓	✓	✓	✓	✓
Einwahlkonferenz	✓	✓	✓	✓	✓

rand die Signalstärkeanzeige mehr als zwei Balken hat und eine Datennetzanzeige (wie LTE oder 3G) vorhanden ist. Auch hier kann ein Neustart helfen.

Wenn Sie trotz eines Neustarts keine Verbindung bekommen, kontaktieren Sie Ihren Internetanbieter. In vielen Fällen bekommen Sie dann ein „Wissen wir ..." bzw. „Wir arbeiten daran!" zu hören. Nach Behebung der Störung funktioniert dann wieder alles einwandfrei.

Office 365-Status abfragen

Office 365 ist ein im Internet betriebenes Konstrukt verschiedener Dienste und Server. Es kann immer einmal vorkommen, dass auf der Seite des Dienstanbieters ein Problem auftaucht, das behoben werden muss, währenddessen Einschränkungen für die Anwender entstehen.

Unter https://portal.office.com/servicestatus/servicestatus.aspx erreichen Sie die aktuelle Statusanzeige von Office 365. Diese zeigt für alle Dienste und Komponenten von Office 365 sehr detailliert an, ob sie einwandfrei laufen (durch ein grünes Häkchen) oder gestört (gelber Pfeil nach rechts) oder gar unterbrochen (roter Pfeil nach unten) sind. Bei Beeinträchtigungen oder Unterbrechungen hilft nur, abzuwarten, bis Microsoft diese wieder hergestellt hat, was üblicherweise innerhalb weniger Stunden der Fall ist.

Unterwegs ist auch die Office 365-Admin-App hilfreich, die es für iOS, Android und Windows Phone/10 Mobile und die Business-Versionen von Office 365 gibt: Unter der Überschrift *Integrität* finden Sie dieselben Informationen über den Dienststatus, allerdings lesbar für das Display eines mobilen Gerätes aufbereitet.

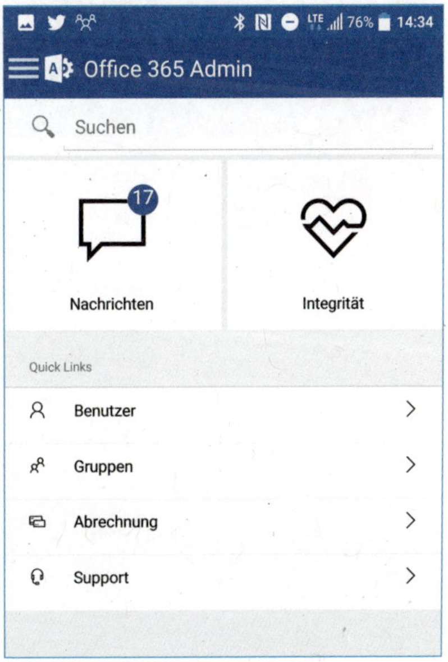

Die Administrationsoberfläche von Office 365

Wenn das alles nichts hilft, bleibt immer noch die Möglichkeit, dass tatsächlich in den Einstellungen Ihrer Dienste etwas schief steht. Um dies zu überprüfen und gegebenenfalls zu beheben, melden Sie sich unter http://outlook.office365.com an, wenn Sie eine der Business-Versionen von Office 365 einsetzen. Klicken Sie auf das Symbol oben links am Bildschirm und wählen Sie dann *Administrator*.

Auf der linken Seite des Bildschirms haben Sie eine Vielzahl von Einträgen zu den verschiedenen Bereichen der Verwaltung von Office 365. Zwei der Hauptursachen für Probleme mit den Diensten sind die Benutzer und die Abrechnung.

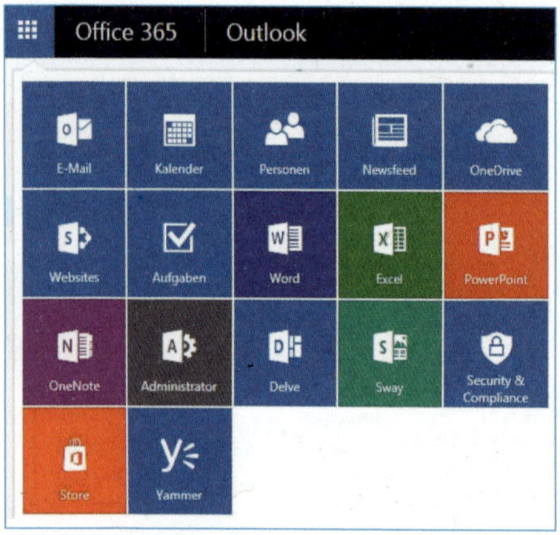

Unter *Benutzer* > *Aktive Benutzer* können Sie alle angelegten Benutzer sehen. Stellen Sie sicher, dass unter *Status* bei jedem Benutzer auch eine Office 365-Lizenz hinterlegt ist. Ist das nicht der Fall, dann holen Sie dies nach, indem Sie auf den Benutzer klicken und diesem eine Lizenz zuordnen.

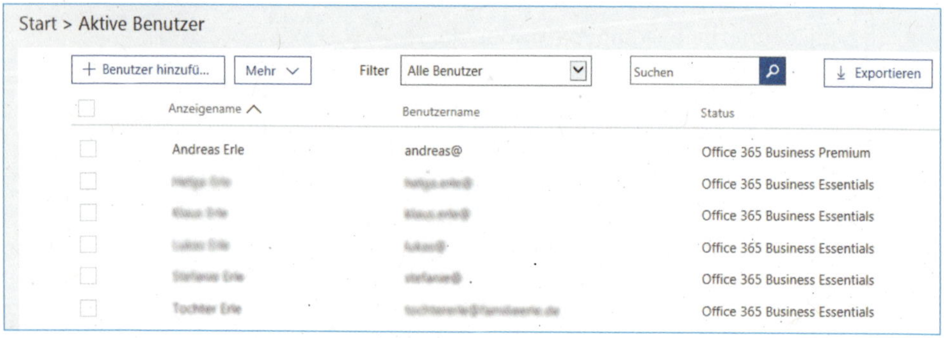

Sollte der Benutzer sein Kennwort vergessen haben, können Sie es auch an dieser Stelle neu vergeben.
Gerade beim Zugriff von Smartphones oder Tablets auf Office 365 kann es sein, dass für einen Benutzer die mobilen Zugriffe gesperrt sind. Das können Sie in der Detailansicht des Benutzers unter *E-Mail-Apps* korrigieren. Ist beispielsweise *Mobil (Exchange ActiveSync)* deaktiviert, dann verweigert Office 365 einfach die Synchronisation mit jedem Gerät, das dieses Protokoll verwendet ... und das sind leider die meisten Smartphones.
Unter *Berichte* können Sie sich anschauen, welche Aktivitäten in Ihrem Office 365 vonstatten gegangen sind. Hier lohnt sich ein regelmäßiger Blick: Wenn sich das Verhalten plötzlich ändert, also beispielsweise die Zahl der versendeten E-Mails sprunghaft in die Höhe steigt, kann das ein Hinweis auf ein Problem wie beispielsweise eine Schadsoftware auf einem Rechner des betroffenen Benutzers sein.

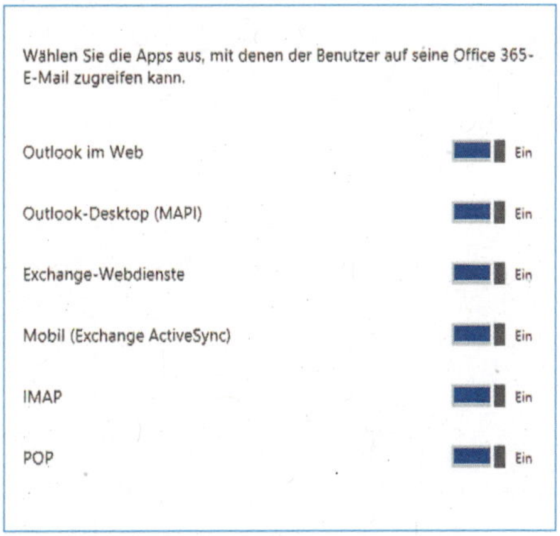

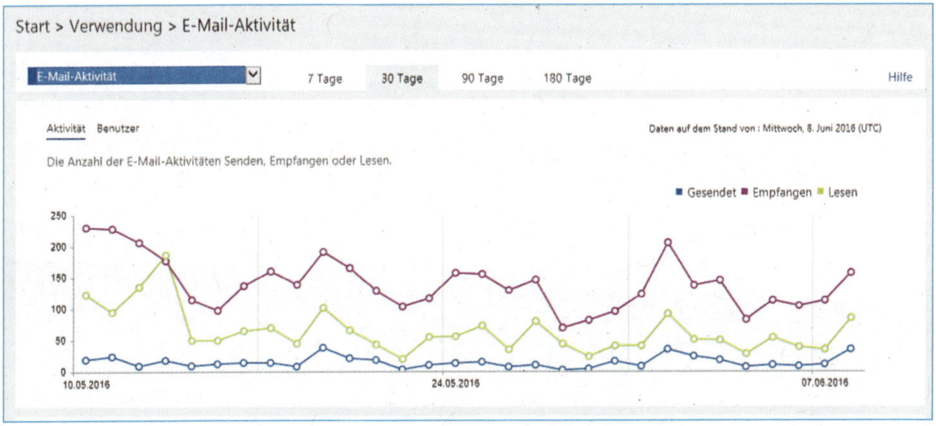

Online mit den Office-Apps

Seit die ersten Office-Versionen auf den Markt gekommen sind, hat sich die Arbeitswelt massiv geändert: Der stationäre Arbeitsplatz ist eher die Ausnahme, Mobilität ist die Voraussetzung für effektives Arbeiten. Die Konsequenz: Der stationäre PC ist nur noch ines von vielen Arbeitsgeräten und Office lässt sich über Plattformen hinweg nahezu überall nutzen – im Internet, auf dem Smartphone, Tablet, Notebook, bei Freunden um die Ecke oder im Internetcafé.

Nahtloses Arbeiten mit den Office-Apps

Zusammenarbeiten kann man nicht nur mit mehreren Personen (siehe „20. Office-Dokumente ändern und kommentieren", S. 132), sondern auch mit sich selbst – auf verschiedenen Geräten. Neben den „großen" Office-Apps für Windows gibt es daher inzwischen für Android, iOS und natürlich Windows 10 Mobile die sogenannten mobilen Apps.

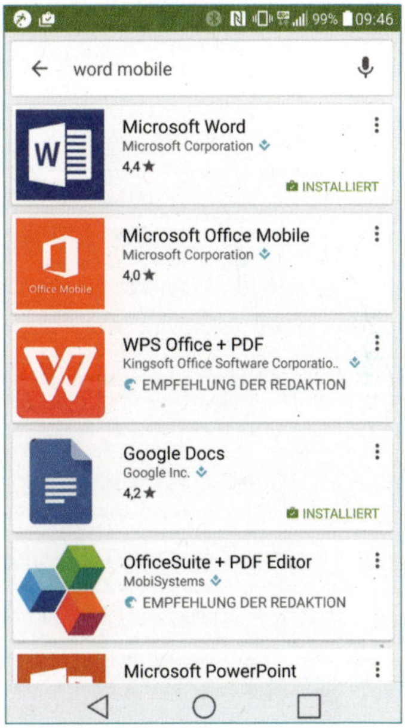

Office-Apps herunterladen und installieren

Um die Apps zu installieren, suchen Sie im zugehörigen App Store Ihres Gerätes nach „Word Mobile", „Excel Mobile" und „PowerPoint Mobile". Laden Sie die kostenlosen Apps herunter, die Installation erfolgt von allein.

Im Startmenü Ihres Geräts finden Sie dann Symbole für die einzelnen Apps, die Sie durch ein Antippen oder Anklicken starten können.

Allgemeines zu den Office-Apps

Beim ersten Start einer jeden Office-App wird Ihnen als Allererstes ein Infobildschirm angezeigt, der Ihnen die Grundlagen der jeweiligen Anwendung vor Augen führt. Wischen oder klicken Sie sich durch die Informationen, bis Sie sich im Start-Bildschirm befinden.

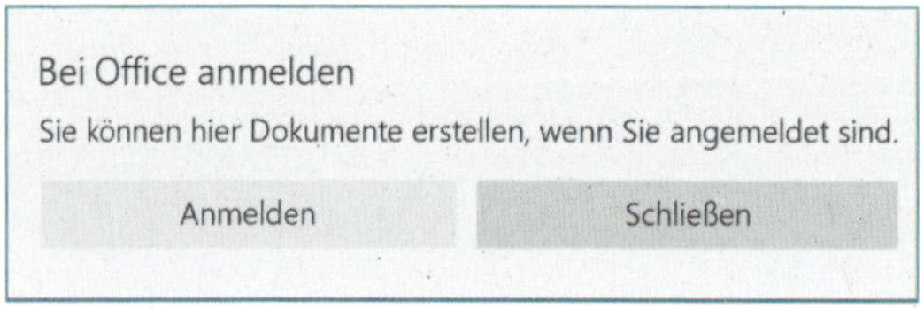

Wenn sie Office 365 nutzen und ein Microsoft-Konto oder ein Firmenkonto damit verknüpft haben, dann können Sie auch Dokumente bearbeiten. Sobald Sie das leere Dokument anklicken, fragt Word Sie nach Ihren Zugangsdaten. Geben Sie diese ein und folgen Sie den Anweisungen auf dem Bildschirm, um Ihr Office zu registrieren. Die folgenden Beschreibungen basieren auf der Annahme, dass Sie Dokumente bearbeiten können.

Anlegen eines neuen Dokuments

Möchten Sie ein neues Dokument anlegen, stellen Sie am besten sicher, dass Ihr Gerät mit dem Internet verbunden ist. Dann bietet es Ihnen nämlich eine Vielzahl von möglichen Vorlagen an, die Ihnen statt eines leeren Dokuments schon einen Rahmen vorgeben, in den Sie Ihre Daten lediglich noch eintragen müssen, ohne sich um die äußere Form kümmern zu müssen; so beispielsweise für Lebensläufe, Briefe, Listen und vieles mehr. Rollen Sie einfach durch die Liste der Vorlagen und wählen Sie die aus, die am besten zu dem von Ihnen zu verfassenden Dokument passt. Wenn Sie komplett auf der grünen Wiese starten möchten oder keine Internetverbindung haben, dann wählen Sie *Leeres Dokument*.

Vorher sollten Sie kontrollieren, ob die Angabe des Speicherortes neben *Neu* korrekt ist: Standardge-

mäß gehen die Office-Apps davon aus, dass Sie Ihre Dokumente in Ihrem OneDrive in der Cloud gespeichert haben möchten, um sie von jedem Gerät aus verfügbar zu haben. Wenn Sie dies nicht wünschen, klicken Sie auf den angegebenen Speicherort neben *Neu* und wählen das gewünschte Verzeichnis auf Ihrem PC durch Anklicken von *Einen anderen Speicherort anwählen*.
Haben Sie bereits ein Dokument per E-Mail oder auf einem Datenträger erhalten, können Sie sich natürlich den Vorgang der Neuanlage sparen: Öffnen Sie die Datei einfach, indem Sie im Explorer darauf doppelklicken, und schon wird die zugehörige Office-App gestartet und das Dokument darin geöffnet.
Wenn Sie als Speicherort für das neue Dokument den zugeordneten OneDrive ausgewählt haben oder das Dokument von einem Onlinespeicherort geöffnet wurde, wird es automatisch gespeichert. Möchten Sie es hingegen unter einem anderen Namen oder einfach auf der lokalen Festplatte Ihres Rechners speichern, tippen Sie auf *Datei*, dann auf *Speichern unter ...*, geben den Namen des Dokuments ein und wählen den gewünschten Speicherort. Abschließend speichern Sie die Datei durch einen Klick auf *OK*.

8. Office ohne den eigenen PC

Die Arbeit mit Office-Dokumenten an einem Smartphone ist eine Option für die einfachen Fälle, aufgrund der Größe des Displays und der fehlenden Tastatur allerdings keine bequeme Lösung. Und dann soll es auch vorkommen, dass Sie kein Smartphone dabeihaben und dringend ein Dokument erstellen oder verändern müssen. Solange Ihnen ein Rechner mit einer Internetverbindung zur Verfügung steht, haben Sie die Lösung Ihres Problems schon gefunden.

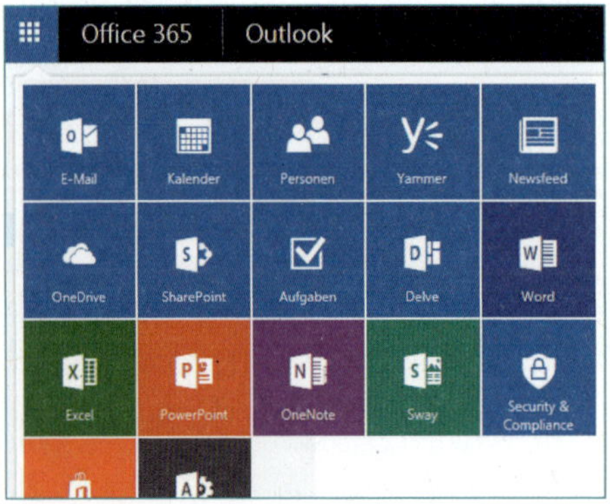

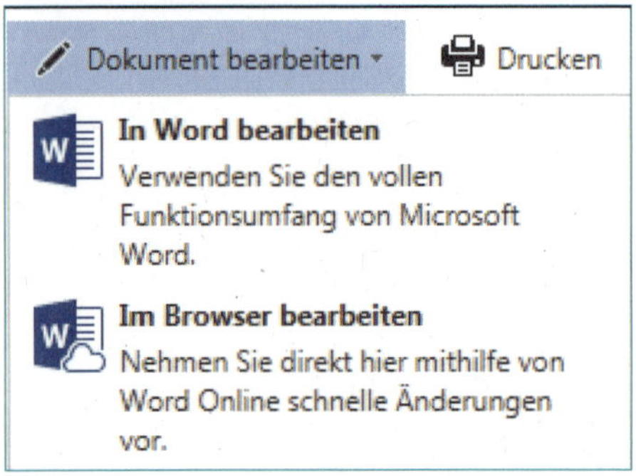

Nutzen der Web-Apps

Zum Starten der Webversionen der Office-Programme rufen Sie auf dem PC http://www.office.com/myaccount (Personal/Home/Business) bzw. http://portal.office365.com auf. Melden Sie sich dann mit Ihrem Benutzernamen und dem zugehörigen Kennwort an.

Wann immer Sie auf einem „fremden" Rechner arbeiten, stellen Sie sicher, dass das Häkchen neben „Angemeldet bleiben" nicht gesetzt ist bzw. Sie dieses entfernen. Andernfalls kann sich ein Fremder anmelden, ohne das Kennwort einzugeben. Mehr dazu finden Sie am Ende dieses Projektes.

Wenn Sie nun auf das *Symbol mit den Punkten* oben links am Bildschirm klicken, erhalten Sie eine Übersicht der zur Verfügung stehenden Programme. Sind in Ihrem Office 365-Abonnement auch die Office-Apps enthalten, finden Sie für Word, Excel und PowerPoint je eine eigene Schaltfläche. Ein Klick darauf und die entsprechende App wird im Browser geöffnet.

Alternativ können Sie es auch anders angehen: Wenn Sie ein Dokument von Ihrem OneDrive oder OneDrive for Business öffnen müssen, klicken Sie im Menü oben auf *OneDrive*, dann suchen Sie das Dokument heraus und klicken es an. Standardisiert wird ein geöffnetes Dokument im Webbrowser nur angezeigt. Um dessen Inhalte zu bearbeiten, klicken Sie auf *Dokument bearbeiten*, dann können Sie auswählen, ob Sie es im Browser oder auf einem auf dem Rechner installierten Microsoft Office bearbeiten wollen.

Bearbeiten von Dokumenten in den Web-Apps

Wenn Sie für die Bearbeitung *Im Browser bearbeiten* gewählt haben, schaltet die Web-App in den Bearbeitungsmodus. Dieser unterscheidet sich nicht sonderlich von dem der mobilen oder Desktop-Office-Apps. So finden Sie die Bearbeitungsleiste, mit der Sie die Texte formatieren können, direkt mitten auf dem Bildschirm.

Auch die Menüleiste mit ihren verschiedenen Optionen ist wie gewohnt vorhanden, Sie können die allermeisten Funktionen von Word, Excel und PowerPoint unterwegs nutzen. Die Web-Apps werden zusehends erweitert, und weil Sie online aufgerufen werden, kommen ohne weitere Installationen für den Benutzer immer mehr Funktionen der „großen“ Office-Apps hinzu. Ob nun im Urlaub im Internetcafé in Arrecife oder auf dem Rechner eines Kollegen, bei dem Sie gerade sind – Sie können Ihre Office-Dokumente von jedem Rechner aus bearbeiten.

Gleichzeitiges Bearbeiten von Dokumenten

Oft ist es so, dass Sie mit mehreren Leuten an einem Projekt arbeiten und damit auch mehrere Personen parallel die Möglichkeit nutzen, an einem Dokument von unterwegs Änderungen vorzunehmen. Was bei einer lokal auf der Festplatte gespeicherten Datei eine Herausforderung wäre, ist bei den Web-Apps überhaupt kein

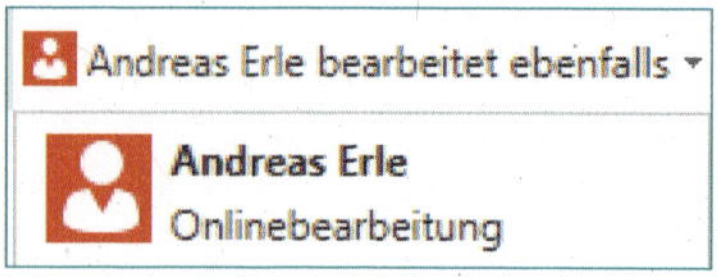

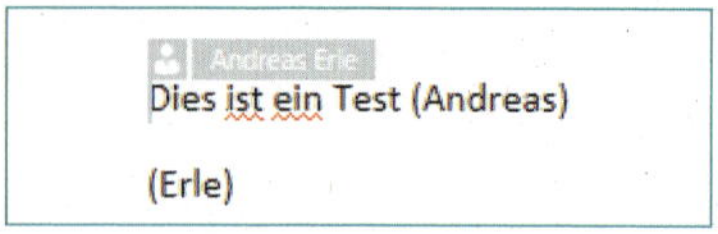

Problem: In einem solchen Fall finden Sie rechts oben am Bildschirmrand einen Hinweis, dass auch ein anderer Benutzer gerade im Bearbeitungsmodus auf die Datei zugreift.
Dies ist eine reine Information: Sie können parallel sogar in derselben Zeile und demselben Wort Änderungen vornehmen wie der andere Bearbeiter. Die von beiden vorgenommenen Änderungen werden automatisch zusammengeführt, die Darstellung des Dokumentes aktualisiert und kleine Markierungen mit dem Namen der ändernden Person zeigen dann an, wo gerade eine Änderung in das eigene Dokument eingefügt wurde.

Speichern von Dokumenten in den Web-Apps

Änderungen wollen auch in der Datei gespeichert werden. Allerdings werden Sie im Menü unter *Datei* vergeblich die Option *Speichern* suchen: Alle Änderungen werden automatisch gespeichert. Das ist vor allem zurückzuführen auf das Risiko, dass Sie schnell von fremden Rechnern aufbrechen müssen und das Speichern gegebenenfalls vergessen könnten.
Wollen Sie die Datei unter einem anderen Namen speichern, können Sie wie gewohnt *Speichern unter ...* wählen. Gegebenenfalls ist das auch klug, wenn Sie vermeiden möchten, dass die aktuelle Version des Dokuments durch die automatische Speicherung überschrieben wird: Öffnen Sie das Dokument im Bearbeitungsmodus, klicken Sie auf *Datei* > *Speichern unter ...* und speichern Sie es unter einem neuen Na-

men. Eine gute Idee ist dabei die Aufnahme des aktuellen Datums in den Dateinamen, zum Beispiel „Antrag_Förderung_16102016".

Löschen temporärer Daten

Bei der Arbeit in den Web-Apps arbeiten Sie zwar formal nicht lokal, sondern im Internet (und damit in Ihrem geschützten Bereich), technisch aber werden trotzdem Daten auf der Festplatte des PCs, an dem Sie sitzen, abgelegt. Diese sollten Sie nach Abschluss der Arbeit tunlichst löschen, damit niemand sonst darauf zugreifen kann. Im Internet Explorer, der auf älteren Rechnern und damit oft in Internetcafés noch verbreitet ist, klicken Sie im Browser auf das *Zahnrad* > *Internetoptionen* > *Allgemein* und dort auf *Löschen*. Damit werden die temporären Dateien, der Verlauf der aufgerufenen Webseiten, Cookies und eingegebene Kennwörter gelöscht.

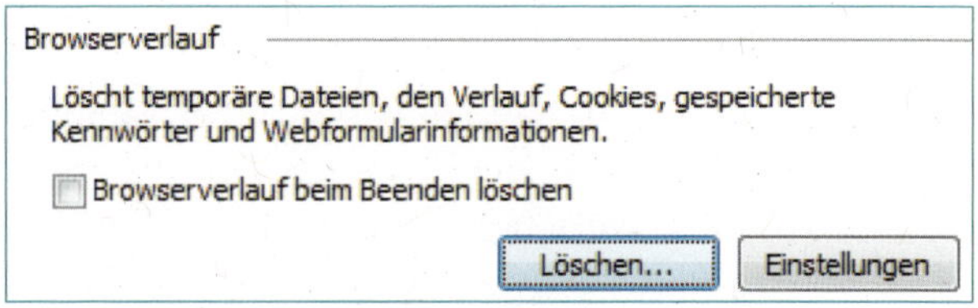

9. Dokumente sammeln: Helfer bei der Steuererklärung

Fast so beliebt wie der Zahnarztbesuch und ähnlich regelmäßig durchzuführen: die Steuererklärung. Jahr für Jahr nehmen Sie sich vor, die nötigen Belege direkt ordentlich abzuheften, und Jahr für Jahr stellen Sie aufs Neue fest, dass es beim Vorsatz geblieben ist. Die Konsequenz ist stundenlanges Suchen. Daran sind Sie eigentlich gar nicht selbst schuld, sondern die Tatsache, dass Ordner und Ablage nicht mobil sind, sondern immer nicht da, wo Sie die Unterlagen entgegennehmen. Das können Sie mit Office ändern.

Microsoft Office Lens verwenden

Die Lösung all Ihrer Sorgen liegt in einem hilfreichen kleinen Programm namens Office Lens, das Sie für Smartphones mit Android, iOS und Windows Phone/10 Mobile bekommen. Sie können es kostenlos im entsprechenden Software-Store für Ihr Gerät herunterladen.

Grob gesprochen nutzt dieses die Kamera Ihres Smartphones als Scanner, um die Rechnungen aufzunehmen, und speichert diese dann an einem von Ihnen festzulegenden Speicherort ab, wo Sie sie dann zentral finden und weiterverwenden können.

Starten Sie Office Lens auf Ihrem Smartphone, dann sehen Sie schon das Kamerabild Ihres Smartphones. Wenn Sie nun auf das kleine *Scanner-Symbol* auf dem Bildschirm tippen, können Sie auswählen, ob Sie ein Dokument, ein Whiteboard (die in Büros oft verwendeten abwischbaren Tafeln), ein Foto oder eine Visitenkarte scannen möchten. Diese Unterscheidung erlaubt Office Lens, die Aufnahmeeinstellungen der Kamera für die jeweilige Vorlage automatisch optimal zu wählen.

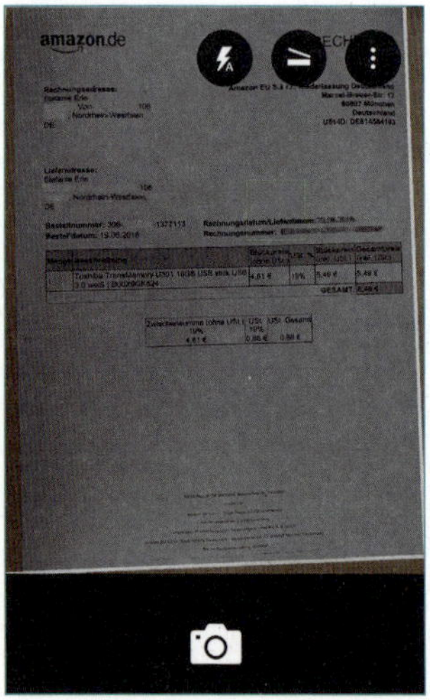

Über die *Blitz-Taste* können Sie festlegen, ob der Blitz automatisch ausgelöst werden soll oder ausgeschaltet wird. Gerade bei glänzenden Vorlagen empfiehlt es sich, ihn ausgeschaltet zu lassen.
Die App kennt Ihre Benutzer: Mit einem Smartphone ein Blatt genau gerade zu scannen ist nahezu unmöglich und würde viel zu viel Zeit in Anspruch nehmen. Aus diesem Grund versucht sie schon bei der Aufnahme das Dokument im Kamerabild zu erkennen und zeigt auf dem Bildschirm einen Rahmen um das erkannte Dokument an. Sobald dieser richtig steht, können Sie getrost die *Kamera-Tasten* unten auf dem Bildschirm als Auslöser drücken.
Die App begradigt das aufgenommene Dokument nun automatisch. Wenn Ihnen die Auswahl so nicht gefällt, können Sie durch Antippen des *Zuschneiden-Symbols* diesen Rahmen um das Dokument erneut aufrufen. Jeden der Kreise in den vier Ecken des Dokumentes können Sie nun mit dem Finger bewegen und so den Ausschnitt anpassen, der das Dokument begrenzt.

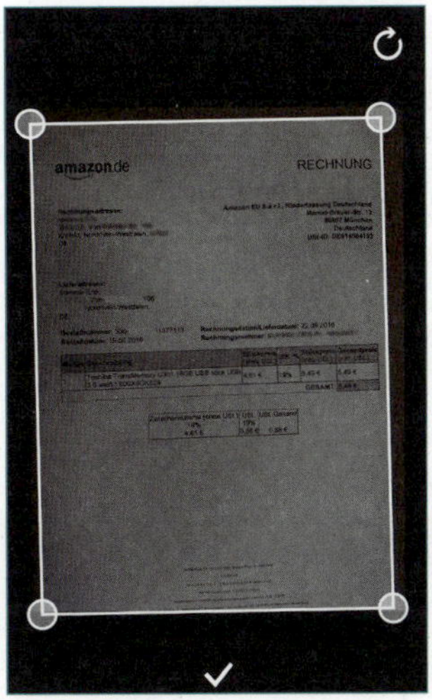

OneNote für Office Lens einrichten

Office Lens erlaubt das Speichern der gescannten Dokumente an verschiedenen Ablageorten. Für eine strukturierte Ablage bietet sich OneNote an, der mit dem Microsoft-Konto mitgelieferte Notizspeicher. Auch hierfür gibt es eine App für alle mobilen Betriebssysteme, die Sie in den zugehörigen Software-Stores herunterladen können.

Nun ist es empfehlenswert, in OneNote ein eigenes Notizbuch für die Steuerunterlagen einzurichten, damit Sie diese alle an einem Ort finden. Starten Sie dazu OneNote auf Ihrem mobilen Gerät, tippen Sie in der Leiste links auf *+ Notizbuch* und fügen Sie ein neues Notizbuch mit dem Namen „Steuerunterlagen" hinzu.

Sie haben nun neben Ihren bereits bestehenden Notizbüchern in OneNote ein eigenes Notizbuch, in das die Steuerunterlagen gespeichert werden können. Wenn Sie mögen, können Sie dieses Notizbuch noch in einzelne Abschnitte (beispielsweise für die Händler, von denen Rechnungen kommen) unterteilen.

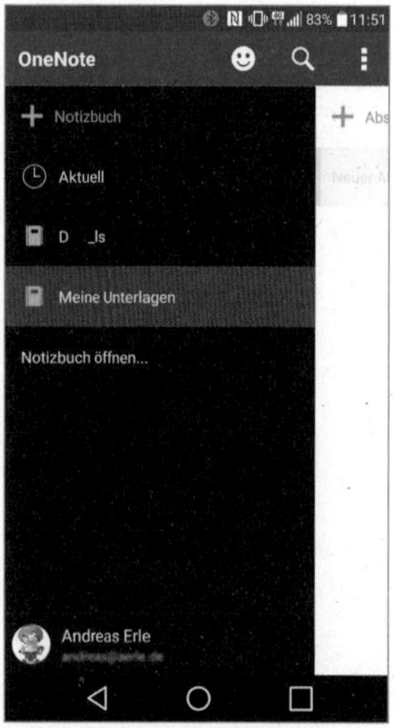

Keine Sorge, Sie können Office Lens auch parallel für andere Anwendungen als die Steuer verwenden: Beim Speichern der Dokumente in Office Lens können Sie für jeden Scan einzeln wählen, wohin dieser gespeichert werden soll.

Speichern der Scans

Nachdem Sie nun mit der Ausrichtung Ihres Dokumentes fertig sind, können Sie es speichern, indem Sie auf das kleine *Disketten-Symbol* unten auf dem Bildschirm tippen.

Als Erstes müssen Sie den Namen des Dokuments vergeben. In der Vorgabe finden Sie bereits das aktuelle Datum und einen Platzhalter für den Namen. In der Anwendung als Dokumentsammler für die Steuerunterlagen ist angeraten, das Datum auf das der Rech-

nung zu ändern. Wenn Sie stattdessen ein Whiteboard als Protokoll einer Sitzung fotografiert haben, sollte eher das Tagesdatum verwendet werden. Als Namen wählen Sie einen, der das Dokument beziehungsweise die Rechnung eindeutig identifiziert.
Sie können nun verschiedene Speicherorte auswählen. Unter OneNote finden Sie die Option OneNote-Speicherort, mit der Sie das Notizbuch und den Abschnitt, in das das Dokument eingefügt werden soll, festlegen können.
Parallel dazu können Sie es noch direkt auf Ihrem OneDrive (unter Bilder), in Word, PowerPoint, als PDF-Datei und in der Foto-Bibliothek Ihres Smartphones speichern. Dazu müssen Sie nur die entsprechenden Häkchen im Speichern-Bildschirm in Office Lens setzen.
Um nun später die Unterlagen für die Steuer zusammenzusammeln, öffnen Sie OneNote, wechseln in das Notizbuch Steuerunterlagen und drucken die einzelnen Belege aus. Keine Suche mehr in irgendwelchen Ablagen: Die Zeit, die Sie damit sparen, ist unbezahlbar.

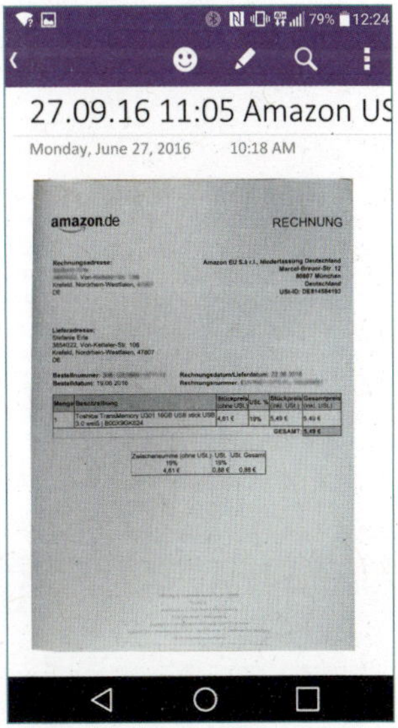

10. Visitenkarten und weitere Vorlagen aus dem Internet nutzen

Das Erstellen von Dokumenten ist eine Aufgabe, die nach kurzer Einarbeitung schnell von der Hand geht. Dokumente, die man regelmäßig erstellt (siehe „17. Dokumentvorlagen: Mein privates Briefpapier“, S. 119), werden Sie bald als Dokumentvorlage erstellen. Für viele andere Anwendungen finden Sie vorgefertigte Dokumentvorlagen direkt auf Office Online im Internet. Darauf können Sie mit Ihrem Word zugreifen – und zwar unabhängig davon, ob Sie die Web-Version oder die auf Ihrem PC installierte verwenden.

Visitenkarten entwerfen

Ein einfaches Beispiel hierzu sind Visitenkarten: Diese offiziell drucken zu lassen birgt ein gewisses Risiko: Schnell ändern sich die

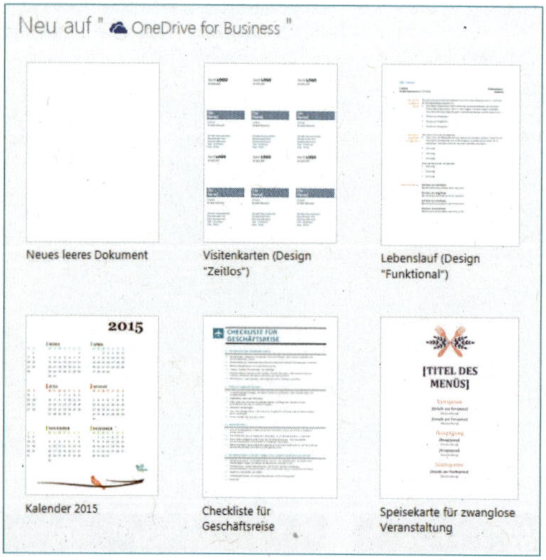

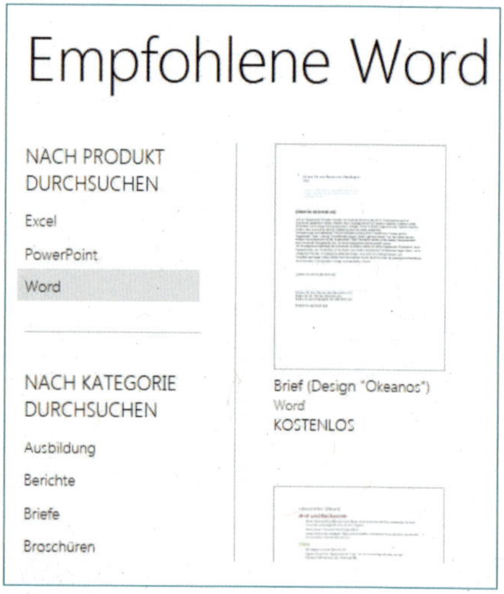

Adresse, eine Mobilnummer, ein Titel – und da der Druck von Visitenkarten meist eine relativ große Mindestabnahmemenge hat, kann es bei seltener Nutzung von Visitenkarten sehr angebracht sein, selbst welche zu entwerfen und zu drucken.

Gehen Sie dazu wie folgt vor:

1 Starten Sie die Office Web-App, um direkt einen Auswahlbildschirm mit verschiedenen Vorlagen zu erhalten. Finden Sie die gewünschte Vorlage noch nicht unmittelbar, klicken Sie auf *Weitere Vorlagen* unten am Bildschirmrand, wodurch Ihnen die von Microsoft im Internet bereitgestellten vorhandenen Vorlagen angezeigt werden. Hier können Sie bequem entsprechend der Anwendung (Word, Excel, PowerPoint) und Kategorie nach Vorlagen suchen.

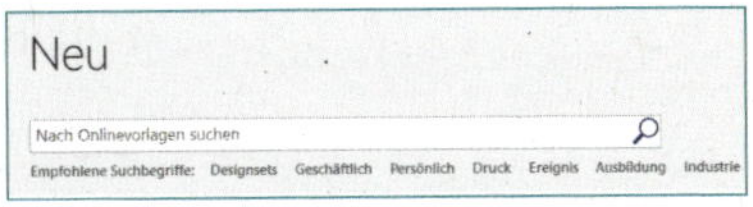

2 Auch in den Desktop-Versionen von Office können Sie direkt auf die Onlinevorlagen zugreifen. Klicken Sie dazu auf *Datei* > *Neu* und geben im Suchfeld ein, was für eine Art von Vorlage Sie benötigen. Klicken Sie danach auf die Lupe.

3 Eine Internetverbindung vorausgesetzt, sucht das Office-Programm nun in der riesigen Menge der im Internet verfügbaren Vorlagen und zeigt Ihnen die gefundenen als kleine Voransichtsbilder an. Klicken Sie doppelt auf die von Ihnen gewünschte, dann wird diese geöffnet und Sie können Ihre Daten eingeben.

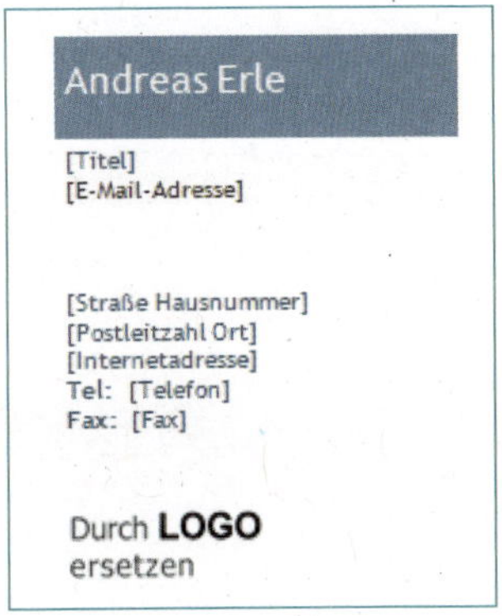

Erstellen der Visitenkarte

Die vorgefertigten Visitenkarten auf Office.com, die Sie durch die Office-Programme aufrufen und verwenden können, enthalten bereits die wichtigsten Elemente am richtigen Platz. Sie müssen also nur noch die Daten eintragen, die Sie darin sehen wollen:

- **Ihren Namen**
- **Adresse**
- **Telefonnummern**
- **E-Mail-Adressen** und so weiter.

Ist die Visitenkarte fertig, können Sie sie in die anderen Karten kopieren.

Spezifikationen am Drucker beachten

Schauen Sie im Handbuch Ihres Druckers nach, welche Papierdicken dieser verarbeiten kann. Normales Kopierpapier hat 80 Gramm/m^2. Für Visitenkarten wäre dieses arg dünn, hier verwenden Sie besser Papier mit 120 Gramm/m^2 oder dicker.

Da Ihr Drucker das Blatt meist einmal um eine Rolle führen muss, was mit zunehmender Dicke des Papiers schwieriger wird, ist die Angabe der maximalen Papierdicke immer ein Teil der technischen Spezifikationen des Druckers und beim Händler, im Handbuch oder im Internet zu erfragen.

Drucken Sie das Blatt mit den Visitenkarten schließlich aus, um die einzelnen Karten im Anschluss leicht mit einem Papierschneider oder klassisch mit der Schere auszuschneiden.

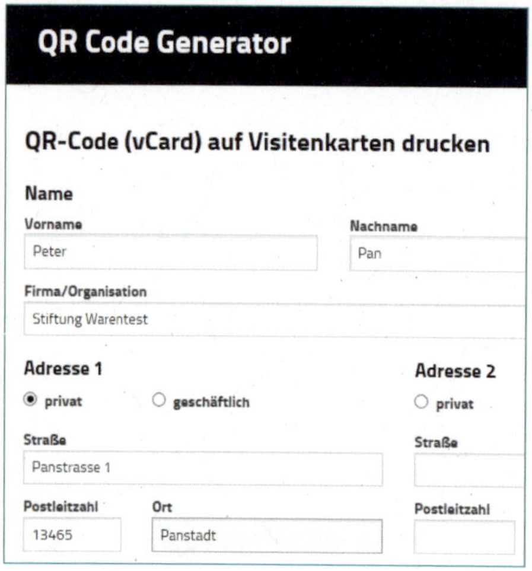

Die elektronische Visitenkarte auf der Visitenkarte

Die Frage ist berechtigt: Warum muss man noch Visitenkarten drucken, wenn doch alles automatisiert und technisch unterstützt ist? Aus dem gleichen Grund, wie es immer noch Papierverträge, gedruckte Einladungen und anderes gibt: Es hat sich eingebürgert und einen „persönlichen" Aspekt. Das Überreichen einer Visitenkarte ist viel eindrucksvoller, als würde man mit seinen Smartphones voreinander herwedeln und versuchen, die Daten elektronisch auszutauschen.

Allerdings gibt es durchaus eine Lösung, die beiden Ansprüchen genügt: Informationen lassen sich in sogenannten QR-Codes verschlüsseln. Das sind sozusagen zweidimensionale Barcodes, wie sie mittlerweile immer wieder auf Plakaten und in Magazinen zu finden sind.

Darin lassen sich nicht nur Internetadressen, sondern unter anderem auch vCards verschlüsseln – die standardisierten elektronischen Visitenkarten. Smartphones können diese Informationen mit entsprechenden Apps über die Kamera aufnehmen, umwandeln und als Kontakt direkt speichern.

Unter http://goqr.me/de/qr-code-visitenkarte-vcard/ finden Sie einen kostenlosen Service, in dem Sie Ihre Kontaktdaten eingeben können, woraus ein QR-Code mit diesen Daten erstellt wird. Dieser lässt sich dann als Bild herunterladen und in Ihre Visitenkarte einfügen. Dies können Sie in Word wie auch in PowerPoint unter *Einfügen* > *Bild ...* wie gewohnt durchführen.

Einmal ausgedruckt, bekommt Ihr Gegenüber dann eine papierne Visitenkarte und damit den klassischen Kontakt, kann ihn aber direkt oder später mit seinem Smartphone über den Barcode direkt speichern, ohne die Daten manuell abtippen zu müssen.

Termine und E-Mails in Outlook

Terminkalender und Adressbuch sind der Dreh- und Angelpunkt für Planung und Organisation. Benutzt man mehrere Geräte oder will sich mit den Terminen von Freunden, Familie und Fußball abgleichen, hilft die Synchronisation. Office 365 bietet dafür Outlook, Ihr privates Postamt, das zentral für alle Geräte verfügbar ist. Dabei ist es egal, ob diese stationär oder mobil sind.

Abgleich zwischen Geräten

Je mehr Sie Ihren PC, Ihr Tablet und Smartphone nutzen, desto mehr haben Sie sich vermutlich daran gewöhnt, gar nicht mehr darauf achten müssen, auf welchem Gerät Sie gerade welchen Termin oder welchen Kontakt angelegt der verändert haben. Denn idealerweise gleichen sich die Geräte ab und übernehme die Änderung zentral. Diese hilfreiche Option muss allerdings zunächst aktiviert werden.

Bei Dokumenten haben Sie dazu den OneDrive als Cloud-Speicher zur Verfügung, auf den Sie Ihre Dateien wie auf einer externen Festplatte ablegen können. Bei E-Mails, Kontakten und Terminen ist das Ganze ein wenig komplexer, denn diese sind ja eben nicht als einzelne Elemente verfügbar, sondern werden zentral in einem elektronischen Organizer (technisch: in der Outlook-Datendatei) gespeichert. Diese Datei aber lässt sich nicht auf dem OneDrive speichern und von dort aus von mehreren Geräten nutzen. Die Lösung dieser Aufgabe: die Exchange-Funktionalität von Office 365, die je nach Plan bei den Personal-, Home- und Business-Versionen zur Verfügung steht.

Wo im professionellen Firmenumfeld ein physischer Server im Rechenzentrum steht, stellt Microsoft Office 365-Nutzern einen solchen virtuell zur Verfügung. Nachdem Sie das Office 365-Konto auf Ihrem Gerät eingerichtet haben (siehe „2. Einrichten des Office 365-Kontos", S. 20), steht Ihnen der Server automatisch zur Verfügung.

11. Synchronisation einrichten

Zuallererst werden Sie Ihr Konto auf dem PC oder Notebook verwenden, das ist die klassische Anwendungsplattform für Outlook. Wenn Sie von einem normalen E-Mail-Postfach kommen, kennen Sie sicherlich noch die Einstellungen für die Abrufhäufigkeit: Diese finden Sie bei einem Exchange-Konto wie dem von Office 365 nicht mehr: Dieser Kontotyp wird automatisch synchronisiert – und dies gilt nicht nur für die E-Mails, sondern auch für die Kontakte und Termine.

Einfach veranschaulicht: Der Exchange-Server ist ein zentrales Postamt, bei dem Ihre Post liegt. Jedes eingehende Schreiben geht dort ein, und Sie holen sich nur eine Kopie davon ab. Sobald Sie diese Kopie löschen, wird sie auch im Postamt vernichtet. Wenn Sie eine Antwort schreiben, dann senden Sie diese ans Postamt, wo sie zum einen als „gesendet“ gespeichert, zum anderen von dort aus versendet wird. Wenn Sie nun von Ihrer Ferienwohnung und damit einem anderen Rechner aus an Ihre E-Mails wollen, dann greift auch dieser auf das Postamt zu, hat also alle Änderungen jeweils wieder aktuell. Ein aus der Ferienwohnung gelöschtes Schreiben wird dann automatisch auch in ihrem Hauptwohnsitz (der sich mit dem Postamt abgleicht) gelöscht.

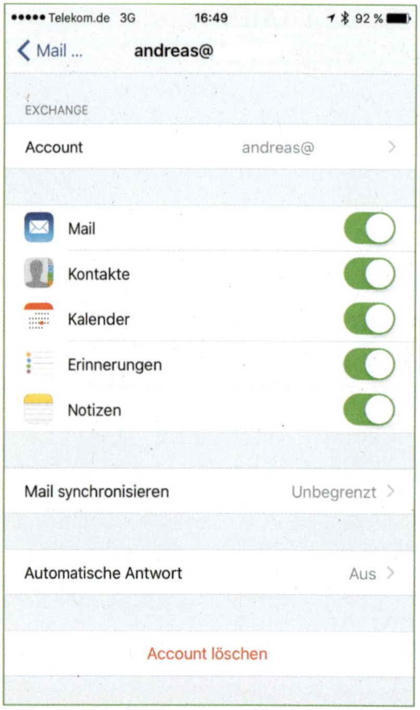

Lange Rede, kurzer Sinn: Alle Geräte, auf denen Ihr Office 365-Konto eingerichtet ist, haben – eine Datenverbindung vorausgesetzt – immer den aktuellen Stand. Am Ende gewinnt immer der aktuellste Datensatz.

Synchronisation mit einem mobilen Gerät

Während Sie im Normalfall nur einen PC und vielleicht ein Notebook haben, so ist die Zahl der mobilen Geräte deutlich größer. Und natürlich sollen auch die immer über die aktuellen Daten verfügen. Bei diesen Geräten kommt allerdings ein wichtiger Faktor hinzu: Sie werden mobil und damit meist im Batteriebetrieb und Mobilfunknetz betrieben.

Jeder Synchronisationsvorgang kostet Energie und Datenvolumen, weshalb Sie einige Einschränkungen vornehmen können:

- ▶ **Push:** Als Erstes können sie festlegen, ob die Synchronisation kontinuierlich durchgeführt werden soll. Diese Einstellung heißt auch „Push", weil der Server die geänderten Elemente direkt beim Eintreffen an das Gerät herausschiebt.
- ▶ **Intervall:** Dafür ist aber eine dauerhafte Datenverbindung nötig. Wer das nicht möchte, der kann ein festes Zeitintervall setzen, nach dem das mobile Gerät selbstständig nach neuen oder aktualisierten Elementen sucht, beispielsweise alle 15 oder 30 Minuten. Damit wird zwar kein Datenvolumen gespart, aber der Akku geschont.
- ▶ **Zeitraum einschränken:** Wollen Sie Datenvolumen und Speicherplatz sparen, können Sie etwa für die Termine den synchronisierten Zeitraum einschränken: Statt alle Ereignisse zu synchronisieren, können Sie die „alten", bereits vergangenen Elemente einschränken, etwa auf zwei Wochen, einen oder mehrere Monate. Die alten Daten werden dann vom mobilen Gerät gelöscht, bleiben auf dem Server aber selbstverständlich gespeichert, sind also nicht verloren.

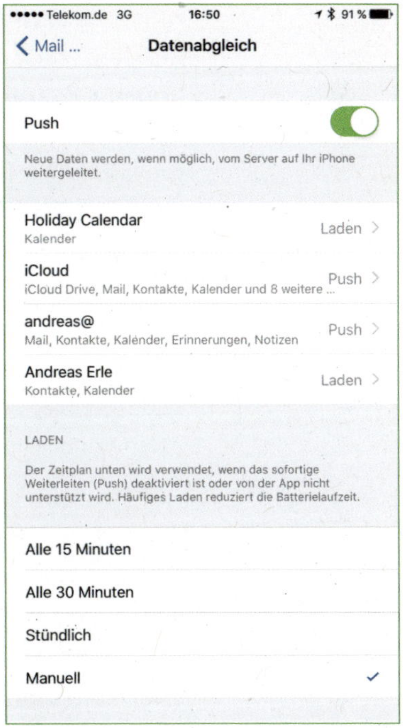

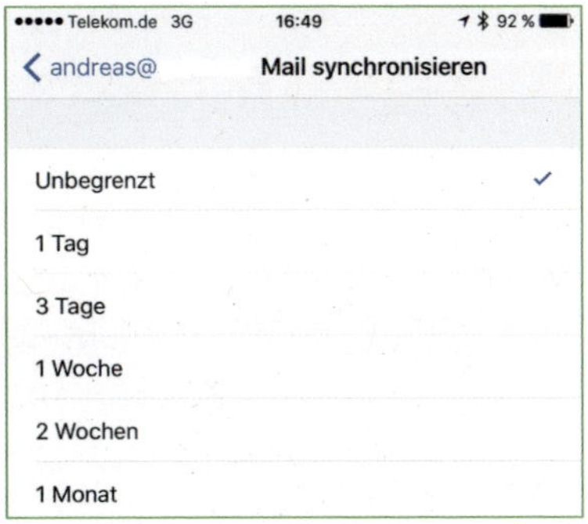

Einrichten der Benachrichtigungen auf dem PC

Nun bekommen Sie die neuen E-Mails schon gleichzeitig auf allen Geräten, die mit Ihrem Office 365-Konto gekoppelt sind, und haben diese damit überall dabei. Da ist es sinnvoll, sich benachrichtigen zu lassen, wenn eine neue E-Mail eingeht.

Auf dem PC ist der Weg relativ einfach: In Outlook unter *Datei >Optionen > E-Mail* können Sie in der Mitte der dort angezeigten Optionen unter *Nachrichteneingang* festlegen, ob ein Ton abgespielt werden soll, eine Meldung auf dem Desktop angezeigt wird, der klassische Briefumschlag unten am Bildschirmrand erscheint und anderes mehr. Die Einstellungen sind vielfältig und vor allem subjektiv: Probieren Sie einfach ein wenig aus, welche Ihnen den meisten Informationsgewinn bei möglichst geringer Störung der Arbeit geben.

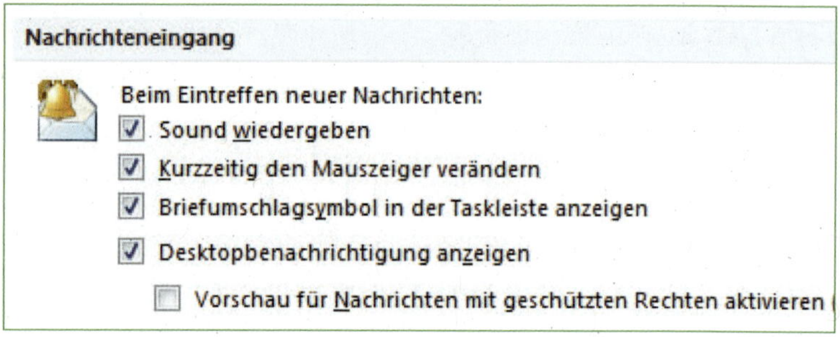

Einrichten der Benachrichtigungen auf dem Smartphone

Auf Ihrem Smartphone haben Sie einige weitere Optionen: Hier kommt es ebenfalls darauf an, wie vordringlich die Benachrichtigung auf sich aufmerksam machen soll. Nehmen Sie dabei immer die Umgebung, in der Sie sich gerade befinden, als Richtschnur: Sind Sie allein, kann durchaus auch ein Ton abgespielt werden, sitzen Sie hingegen in einem Raum mit mehreren Menschen, dann wird dies eher als störend empfunden und Sie sollten sich auf eine

Meldung am Bildschirm und gegebenenfalls eine Vibration beschränken. Je nach Betriebssystem Ihres Smartphones finden sich die Einstellungen an unterschiedlichen Stellen.

- **Android:** Unter *Einstellungen > Ton & Benachrichtigungen*
- **iOS:** Unter *Einstellungen > Töne*
- **Windows 10 Mobile:** Im Benachrichtigungscenter

Bei allen Systemen haben Sie die Möglichkeit, für die Signaltöne (eingehende Benachrichtigungen für Mails, Nachrichten etc.) und für eingehende Anrufe separate Hinweistöne auszuwählen. Ebenso können Sie festlegen, ob das Gerät bei einem Hinweis auch vibrieren soll oder nicht. Dies ist besonders hilfreich, wenn Sie es in der

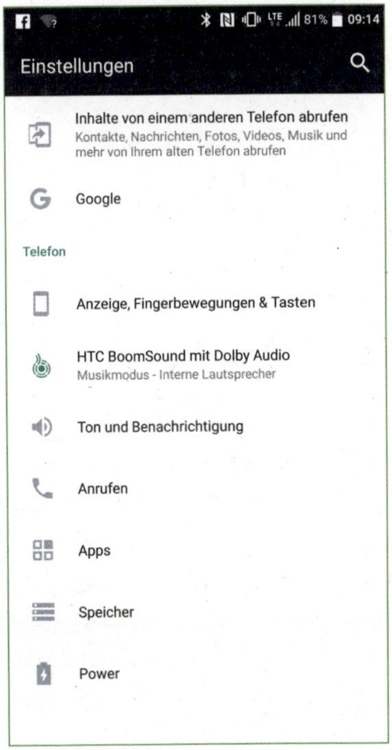

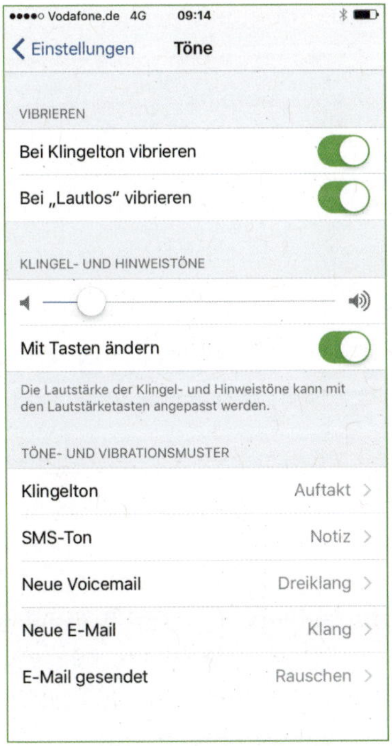

Hosentasche tragen und Hinweistöne gedämpft werden: Die Vibration spüren sie meist trotzdem. Auch hier gilt: Finden Sie die für Sie und Ihre Umgebung optimale Einstellung.

Tipp

Hinweistöne: Kurz und gut. Es ist schön, wenn man einen eigenen Klingelton vergeben kann: Raus aus dem langweiligen, eintönigen Einerlei, hin zu einer persönlichen Klanglandschaft, die Ihnen ohne Aufwand erlaubt, Ihr eigenes Telefon zu identifizieren, das sich da gerade meldet.

Das mag beim Klingelton der Fall sein, bei einem Hinweiston sollten Sie allerdings eines beachten: Beim Eingehen einer Nachricht soll dieser Ton kurz darauf hinweisen, dass Ihr Gerät Ihre Aufmerksamkeit verlangt. Der Ton dafür aber wird einmal komplett abgespielt. Nun stellen Sie sich vor, bei jeder eingehenden SMS spielt Ihr Telefon die komplette „Ode an die Freude" und lässt sich auch nicht unterbrechen! Wählen Sie also am besten kurze Töne.

12. Termine organisieren

Der Kalender ist für viele Anwender eine der wichtigsten Funktionen eines „Bürogeräts". Was früher an Papierkalendern, Taschenkalendern, einzelnen Notizzettelchen mühsam zusammengesetzt werden musste, ist jetzt wunderbar vereint. Und noch viel wichtiger: Alle Betroffenen, zum Beispiel die Familie, die Kollegen, Freunde, können bei richtigem Einsatz alle zusammen auf einen Kalender zugreifen!

Auswahl und Anzeigen des Kalenders

Je mehr Sie Ihr Windows-Gerät benutzen, desto mehr Kalender werden Ihnen über den Weg laufen und auf Ihrem Gerät verfügbar sein: Fast jedes Ihrer Konten (seien es die von Office 365, Microsoft, Google oder andere) bringt einen eigenen Kalender mit, und gegebenenfalls ist es wenig sinnvoll, alle Kalender auch anzeigen zu lassen. Und die, die angezeigt werden, sollten zumindest auch unterscheidbar sein.

Die Kalender-App von Windows beispielsweise verwendet eine kombinierte Sicht auf die Termine aller Kalender, die für die Anzeige ausgewählt sind (mehr dazu später). Dieser gemeinsame Kalender kann durch ein Tippen bzw. Klicken auf die Kalender-Kachel auf der Startseite oder auf *Kalender* in der Programmliste geöffnet werden.

Im Standard wird der aktuelle Tag (*Heute*) angezeigt. Durch ein Wischen mit dem Finger nach links über den Bildschirm kann tageweise nach vorn, durch ein Wischen nach rechts (oder die entsprechenden Klicks mit der Maus) in die Vergangenheit gerollt werden. Outlook als separate App wie auch Programme anderer Plattformen sind ähnlich zu bedienen.

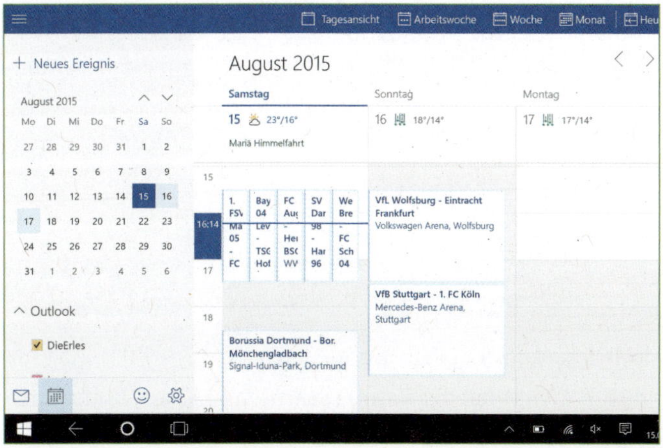

Um nun festzulegen, welche Kalender auf Ihrem Gerät angezeigt werden sollen, schauen Sie sich die linke untere Ecke des Kalender-Fensters an: Dort finden Sie die Liste der Konten, die auf Ihrem PC sind und einen Kalender integriert haben, und darunter die einzelnen Kalender dieses Kontos. Für jeden Kalender können Sie manuell durch Setzen oder Entfernen des Häkchens festlegen, ob dieser angelegt werden soll oder nicht.

Info

Das Wetter im Kalender? Im Standard finden Sie in den Kalendereinträgen neben dem Tag einen kleinen Eintrag für das Wetter. Neben dem Piktogramm, das Ihnen Sonne, Wolken oder Regen anzeigt, finden Sie auch die Mindest- und Höchsttemperatur.
Diese Informationen sind allerdings nur dann verfügbar, wenn Sie in den Datenschutzeinstellungen von Windows angewählt haben, dass die App Kalender die Position verwenden darf!

Verschiedene Ansichten des Kalenders

Neben der Sicht auf einen einzelnen Tag bietet die Kalender-App auch noch andere Ansichten. Diese finden Sie am oberen Bildschirmrand und können sie durch Antippen auswählen. Zur Verfügung stehen die Tagesansicht, die Arbeitswoche (ohne das Wochenende), die Woche (mit allen sieben Tagen), der Monat als Übersicht und Heute als aktueller Tag.

Die Festlegung, welche Tage zur Arbeitswoche gehören, können Sie übrigens durch Anwählen des Zahnrads unten links am Bildschirm gefolgt von der Auswahl von *Kalendereinstellungen* erreichen.

Je größer der Bereich, den Sie ausgewählt haben, desto weniger Detailinformationen können Sie natürlich sehen. Im Monatskalender beispielsweise müssen Sie schon einen großen Monitor mit hoher Auflösung verwenden, um die Einträge noch erkennen zu können. Innerhalb der Kalender können Sie wieder wie gewohnt durch Wischen mit dem Finger über den Bildschirm Ihres Gerätes durch den Kalender wandern.
Wenn Sie wieder auf den heutigen Tag zurück möchten, können Sie dies aus jeder Ansicht in der Ansichtsleiste oben am Bildschirm auf *Heute*.

Arbeiten mit Terminen

Das Anlegen eines neuen Termins ist die leichteste aller Übungen, zumal die Bedienung von Windows-Apps keine wirklichen Unterschiede zwischen einzelnen Elementen macht: Tippen Sie egal aus welcher Ansicht einfach auf das *+ Neues Ereignis* links oben auf dem Kalenderbildschirm.
Die Kalender-App zeigt Ihnen nun einen leeren Termin an, in dem Sie die nötigen Informationen zum Termin eintragen können. Der Titel ist eine Pflichtangabe, denn er erscheint in der Kalenderübersicht. Der Ort ist optional und soll nur eine Erinnerung geben, wo der Termin stattfindet. Das wissen Sie für Ihre eigenen Termine ohne weitere Teilnehmer sicherlich; wenn Sie jemanden in den Termin aufnehmen wollen, sollten Sie ihm mitteilen, wo Sie sich treffen.

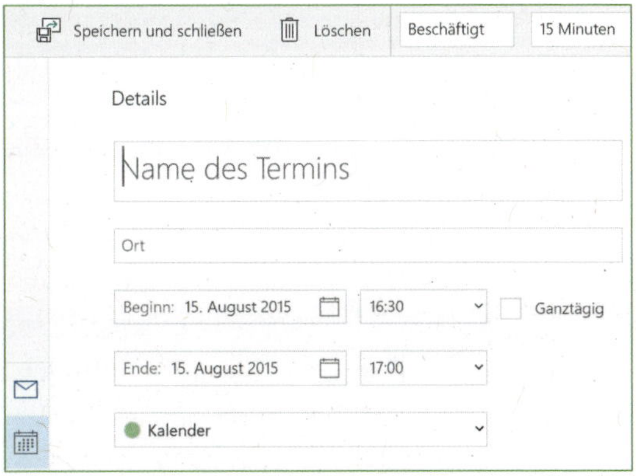

Wenn Ihr neuer Termin nicht ganztägig sein soll, stehen nun noch einige weitere Angaben an: Tippen Sie auf *Datum*, um auf die von der Einstellung der Uhrzeit bekannte Weise das Datum des Termins ein-

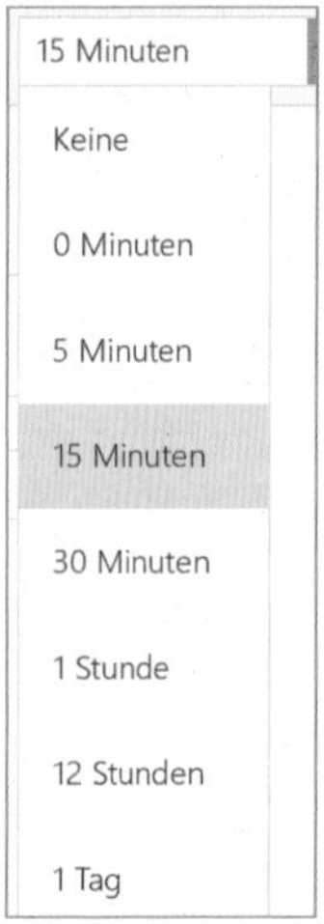

zustellen und durch Antippen festzulegen. Genauso verfahren Sie mit der Uhrzeit des Terminbeginns und -endes.

Nun reichen auch diese Informationen nicht unbedingt aus: Tippen Sie auf *Weitere Informationen*, um in der Detailansicht weitere Informationen zum Termin eingeben zu können. Die Dauer legt fest, wie lange der Termin dauert. Im Standard wird eine Stunde angenommen, wenn Sie diese Angabe antippen, dann können Sie aus einer Liste vorgegebener Angaben wählen.

Die Erinnerung ist eine wichtige Hilfe, wenn Sie Ihre Termine zwar prinzipiell im Kopf haben, über eine Gedächtnisstütze aber dankbar sind. Relativ in der Mitte am oberen Bildrand des neuen Termins finden Sie die Standardangabe 15 Minuten. Tippen Sie diese an, dann können Sie auswählen, wie viele Minuten, Stunden oder Tage Ihr Rechner Sie vorher an den Termin erinnern soll. Dies sollten Sie davon abhängig machen, wie viel Vorlauf Sie brauchen. Für einen Termin im selben Bürogebäude reichen vielleicht fünf Minuten aus, für einen am anderen Ende der Stadt sollten Sie vielleicht zwei Stunden einkalkulieren.

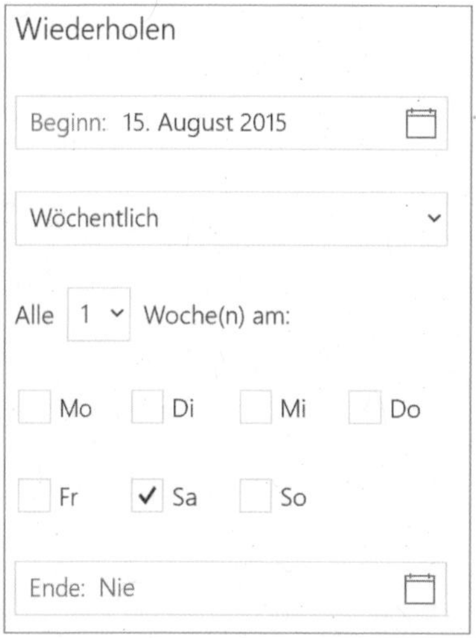

Speichern Sie den Termin dann durch ein Tippen auf *Speichern und Schließen* oben links.

Eingeben von Terminserien

Terminserien sind Termine, die häufiger als nur einmal stattfinden und einer gewissen Systematik folgen, so zum Beispiel jede Woche an einem Mittwoch, an jedem 2. August, etc. Auch diese können Sie direkt im Kalender eingeben.

In den Detailinformationen des Termins klicken Sie dazu auf den *Kreis mit den beiden Pfeilen* oben rechts im Bildschirm. Abhängig vom bereits gewählten ersten Datum dieses Termins können Sie nun verschiedene Optionen aus der

Liste auswählen, die die Serienart, also die Wiederholung des Termins, festlegen.

Die möglichen Einstellungen sind vielfältig. Wenn Sie beispielsweise den Brunch mit Ihren Freunden, der jeden Samstag stattfindet, als Termin eingeben möchten, dann wählen Sie einen wöchentlichen Termin mit einem festen Wochentag. Die Überweisung der monatlichen Rate für das eigene Fahrzeug wäre dann ein monatlicher Termin mit festem Tag im Monat, und der – um des häuslichen Friedens willen besser gespeicherte – Hochzeitstag dann ein jährlicher Termin mit festem Datum.

Info

Vierwöchentlich oder monatlich? Gern verwechselt, aber durchaus mit Auswirkung. Ein Monat hat nicht genau vier Wochen, sondern fast immer ein paar Tage mehr. Ein Termin, der vierwöchentlich stattfindet, ist also leicht kürzer getaktet als ein monatlicher Termin! Manchmal ist es sinnvoll, eine Terminserie erst einzustellen und dann zu kontrollieren.

Bearbeiten oder Löschen eines Termins

Dann und wann kommt es vor, dass Sie einen Termin bearbeiten müssen. Das an sich ist kein Problem: Lediglich den Kalender selbst, in dem der Termin steht, können Sie nachträglich nicht mehr verändern. Haben Sie etwa den Termin „Restaurant“ in Ihrem Familie-Kalender angelegt, können Sie diesen nicht nachträglich in den Firma-Kalender hinüberschieben.

Für alle anderen Felder suchen Sie sich in der Kalenderansicht das Datum des zu verändernden Termins heraus, tippen Sie ihn an, dann auf *Details* und ändern Sie die Daten, die geändert werden müssen.

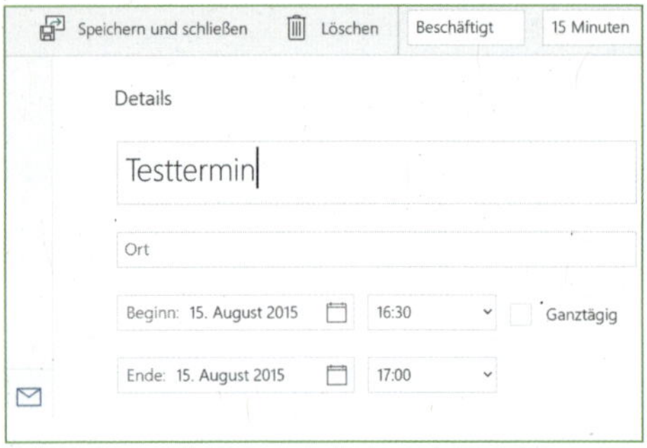

Wenn sie den Termin löschen möchten, dann klicken Sie einfach auf das Symbol *Löschen* am oberen Bildschirmrand.
Auch wenn die integrierten Apps von Windows 10 zwischen E-Mail, Kontakten und Terminen unterscheiden, bei einem Office 365-Konto fließen alle durchgeführten Änderungen direkt zusammen in dieses Konto und werden folglich automatisch auf allen Geräten synchronisiert.

Einladen von Teilnehmern zu einem Termin

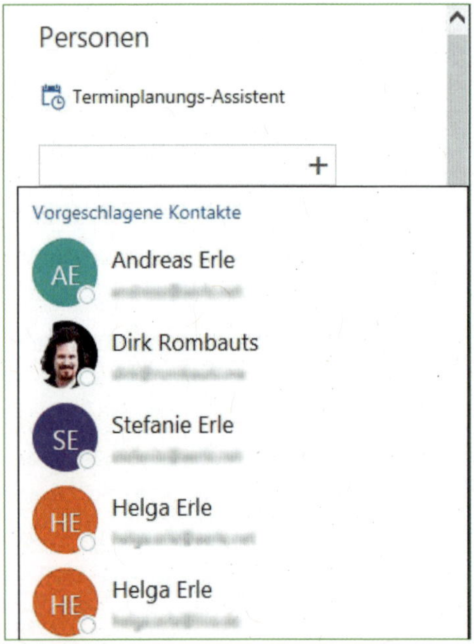

Kennen Sie die Situation? Sie vereinbaren einen Termin mit Ihren Freunden, stimmen diesen lange ab und teilen ihn dann allen Betroffenen per Mail, persönlich oder am Telefon mit. Und dann ändert sich der Ort oder die Zeit. Der Aufwand, diese Änderung allen Teilnehmern mitzuteilen, wächst proportional mit der Zahl der Teilnehmer. Das ist absolut unnötig, denn Office 365 erlaubt das Zuordnen von Teilnehmern zu einem Termin. Damit das funktioniert, müssen Sie die E-Mail-Adresse eines jeden Teilnehmers kennen.
Legen Sie einen neuen Termin an, wie Sie es normalerweise tun würden. Dann klicken Sie auf *Teilnehmer* und fügen die Teilnehmer aus Ihrem Adressbuch

oder direkt durch ihre E-Mail-Adresse hinzu. Schließlich speichern Sie den Termin.

Der Termin wird nun von Office 365 automatisch einer E-Mail als Anhang beigefügt und an die Teilnehmer versendet. Wenn diese ebenfalls Office 365 (oder einen anderen Dienst, in dem nicht nur die E-Mails, sondern auch die Termine und Kontakte enthalten sind) verwenden, dann können sie direkt dem Termin zusagen (oder absagen), und parallel dazu wird dieser in deren Kalender gespeichert und Ihnen eine entsprechende Antwort geschickt. Das funktioniert auch auf einem mobilen Gerät wie einem Smartphone!

Noch besser: Wenn Sie am Termin etwas ändern müssen (beispielsweise die Anfangszeit oder den Ort), dann nehmen Sie dies in dem Termin Ihres Kalenders vor, und die Aktualisierung wird automatisch an alle Teilnehmer geschickt – ohne dass Sie sich manuell einmischen müssten.

13. Einbinden von Kalendern

Bisher haben Sie Ihre eigenen Termine erstellt und verwaltet. Es gibt aber sicherlich auch Termine aus anderen Quellen, die Sie in Ihren Kalender aufnehmen möchten, beispielsweise den Spielplan der Fußballbundesliga oder die Feiertage. Office 365 bietet die Möglichkeit, weitere Kalender einzubinden, und zwar direkt über die Weboberfläche.

Externe Kalender finden

Bing und Google, die beiden großen Suchmaschinen, sind hier Ihre beste Hilfe, um solche Kalender zu finden.

1 Öffnen Sie Ihren Internet Explorer, starten Sie darin Ihre Suchmaschine und geben Sie die Suchbegriffe „Bundesliga Kalender abonnieren“ ein (oder den entsprechenden Suchbegriff für den von Ihnen gesuchten Kalender).

2 Sie werden eine Menge an Ergebnissen finden, in denen Sie eine Verknüpfung zu dem jeweiligen Kalender finden. Diese sieht aus wie die Adresse einer Internetseite, nur beginnt sie statt mit „http://“ mit „webcal://“. Kopieren Sie diese Adresse in die Zwischenablage.

3 Manchmal können Sie Kalender auch als Dateien herunterladen, diese haben dann das Format „ICS“, das Standardformat für Kalender. In einem solchen Fall speichern Sie die Kalenderdatei auf der Festplatte Ihres Rechners ab.

Info

Abonnieren statt herunterladen: Einige Internetseiten bieten an, den Kalender herunterzuladen und lokal zu speichern. Das ist jedoch nicht empfehlenswert: Wenn Sie sich wie hier beschrieben für das Onlineabonnement eines Kalenders entscheiden, dann werden alle Veränderungen, Terminverschiebungen und -absagen automatisch auf Ihrem Gerät synchronisiert, sofern sie in den Kalender eingepflegt sind.
Bei einem lokal gespeicherten Kalender müssten Sie diese Pflege manuell erledigen.

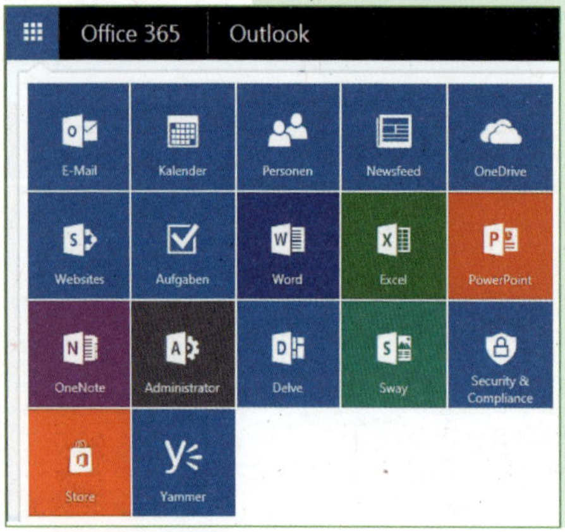

Externen Kalender einbinden

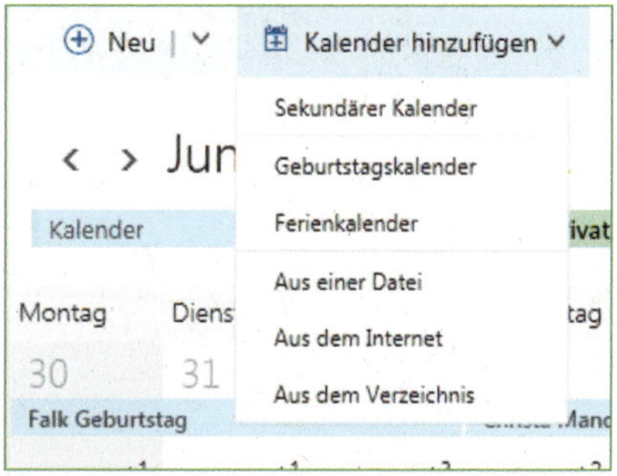

Um den gerade gefundenen Kalender jetzt mit Ihrem Office 365-Konto zu verknüpfen, rufen Sie auf dem PC www.office.com/my account (Personal/Home) bzw. http://portal.-office365.com auf. Melden Sie sich mit Ihrem Benutzernamen und dem zugehörigen Kennwort an.

1 Klicken Sie nun oben links auf das kleine Feld neben Office 365 und dann auf die kleine Kalender-Kachel.

2 Durch einen Klick auf *Kalender hinzufügen* bekommen Sie eine Auswahlliste angezeigt, in der Sie verschiedene Optionen wählen können:

Zusätzlich: Sekundäre Kalender

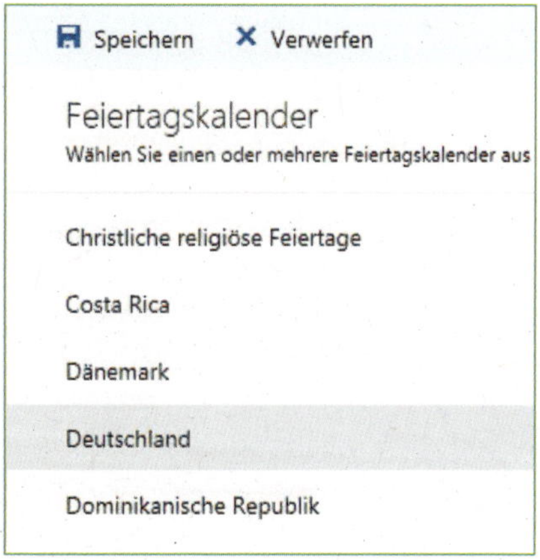

Sie können ganz unabhängig von einer externen Quelle einen weiteren Kalender anlegen, den sogenannten sekundären Kalender. Dies ist beispielsweise vernünftig, wenn Sie Ihre privaten und beruflichen Termine trennen wollen. Geben Sie einfach einen sprechenden Namen für den Kalender ein, und Sie können ihn ab sofort bei der Anlage eines Termins auswählen.

Legen Sie sich doch beispielsweise einen Feiertagskalender an. Nach der Auswahl des gewünschten Landes werden Ihnen die Feiertage automatisch angezeigt.

Der Clou: Wenn Sie einmal in anderen Ländern unterwegs sind, können Sie sich natürlich weitere Feiertagskalender auch für diese Länder anlegen. Das Einpflegen der Feiertage in diese Kalender nimmt Ihnen freundlicherweise Microsoft ab.

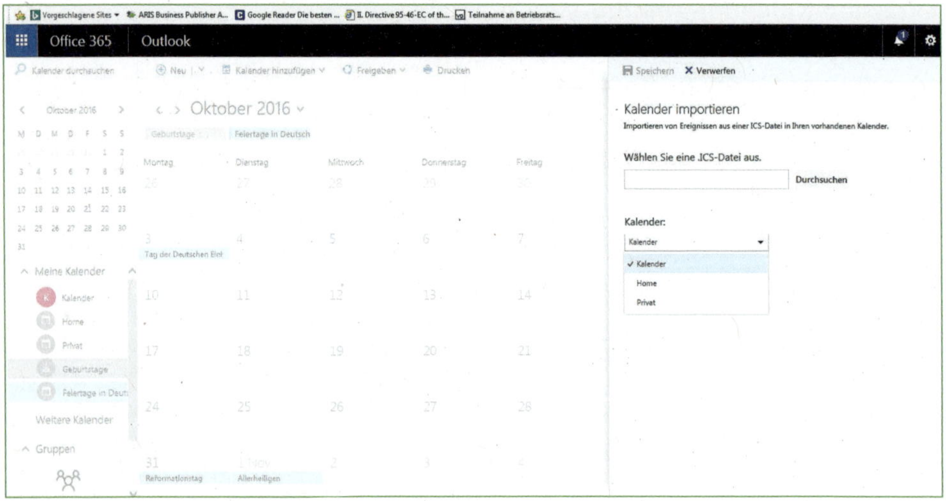

Um einen externen Kalender einzubinden, können Sie zwei Varianten wählen:

▶ **Kalender aus Datei:** Liegt Ihnen der Kalender in Form einer ICS-Datei vor (dies ist oft der Fall, wenn Unternehmen fixe Termine „verteilen" wollen, etwa Messetermine), klicken Sie auf *Aus einer Datei*. Im sich öffnenden Dialog wählen Sie dann die gespeicherte Kalender-Datei von Ihrer Festplatte aus und laden sie in einen bereits bestehenden Kalender.

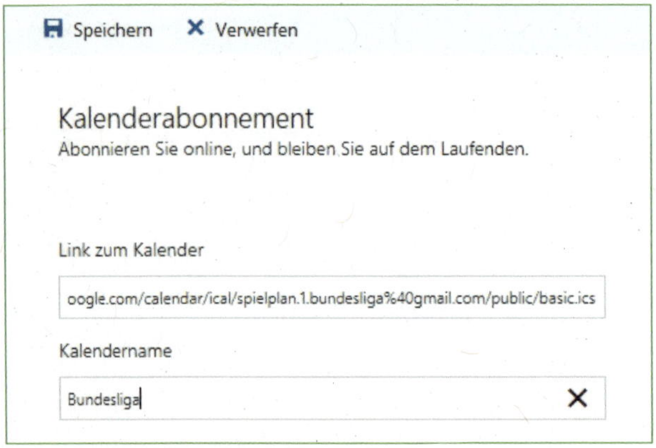

Wenn Sie die Messetermine aus unserem Beispiel als Kalender speichern möchten, legen Sie erst einen sekundären Kalender mit dem Namen „Messe" an, und laden anschließend die Kalenderdatei in diesen Kalender.

▶ **Internet-Kalender:** Für das Abonnement eines Internet-Kalenders (der synchronisiert wird und damit immer wieder aktualisiert werden kann) klicken Sie stattdessen auf *Aus dem Internet*. Geben Sie die Adresse des Kalenders, die Sie aus dem Internet kopiert haben, ein, und geben Sie dem Kalender einen sprechenden Namen (etwa „Bundesliga"). Im Gegensatz zu einem importierten muss ein abonnierter Kalender zwingend mit einem neuen Kalender verknüpft werden, weil immer nur der gesamte Kalender synchronisiert werden kann und natürlich keine persönlichen Termine der Anwender in den öffentlichen Bundesligakalender übernommen werden sollen. Speichern Sie den Kalender, und schon steht er Ihnen wieder auf allen Geräten, die mit Ihrem Office 365-Konto verbunden sind, zur Verfügung.

Übertragen eines abonnierten Kalenders auf ein Smartphone

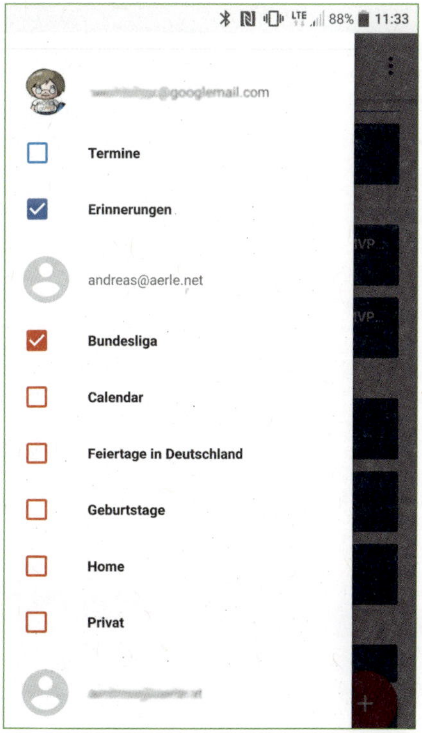

Um den gerade neu abonnierten Kalender auch auf Ihr Smartphone zu bekommen, benötigen Sie im Grunde genommen nichts weiter als Geduld – denn bald wird der sporadisch stattfindende Aktualisierungsvorgang Ihres Kontos in Gang gesetzt, wodurch automatisch kontrolliert wird, ob neue Kalender vorhanden sind, die dann mit Ihrem Gerät synchronisiert werden.

1 Wechseln Sie in den Kalender.

2 Wählen Sie in der Terminübersicht *die drei Punkte* unten rechts am Bildschirm an.

3 Gehen Sie anschließend auf *Einstellungen*, und schon sehen Sie in der Liste der Kalender Ihren neuen Bundesligakalender „Erste Liga".

4 Die Anzeigefarbe dieses Kalenders können Sie nun wie gewohnt auswählen, um sich so die immer aktuellen Termine dieses Kalenders anzeigen zu lassen.

Sonderfall: Der Geburtstagskalender

Sie kennen die Situation vielleicht: Just einen Tag zu spät haben Sie sich daran erinnert, dass Ihr bester Freund Geburtstag hatte. Eigentlich hatten Sie den Termin natürlich im Kopf, aber leider vergessen, ihn auch in den Kalender einzutragen. Trösten Sie sich damit: Das ist zwar unangenehm, das manuelle Eintragen eines Geburtstages in den Kalender wäre aber sowieso nur die zweitbeste Wahl gewesen.
Office 365 bietet Ihnen den automatischen Geburtstagskalender. Diesen können Sie manuell wie einen sekundären Kalender hinzufügen, müssen sich aber nicht selbst darum kümmern: Pflegen Sie einfach in Ihren Kontakten das Feld *Geburtstag*, und die Geburtstage werden automatisch in den Geburtstagskalender übertragen.
Auf Ihrem Smartphone können Sie den Geburtstagskalender wie jeden anderen Kalender zur Anzeige aktivieren.

14. Umzug der Daten zu Office 365

Microsoft betreibt einen großen Aufwand, die eigenen Dienste möglichst breit zu etablieren. Dazu gehört es, Office 365 als zentrale Schnittstelle zu Dateien, E-Mails, Kontakten und Terminen zu positionieren. Durch die Integration in Windows 8 und Windows 10 auf dem Desktop / Notebook / Tablet und in den mobilen Versionen (Windows Phone 8.x / Windows 10 Mobile) finden sich immer mehr Anwender in der Situation, ihre Daten aus einem alten Outlook in die Cloud bringen zu müssen. Der Weg dahin ist kurz, allerdings verwinkelt und verborgen. Die Voraussetzung für die beschriebenen Schritte sind die folgenden:

▶ **Sie haben das alte E-Mail-Konto** in Outlook konfiguriert. Dabei spielt es keine Rolle, ob Sie die Version 2010, 2013 oder 2016 installiert haben.

▶ **Office 365 ist fertig eingerichtet** und einmal über http://outlook.office365.com gestartet worden. Denn beim ersten Start und nach der ersten Anmeldung werden Informationen wie die Zeitzone abgefragt – erst dann wird das Postfach eingerichtet und ist per Outlook vom PC erreichbar.

Outlook legt eine sogenannte PST-Datei an, die quasi das gesamte Postfach mit all seinen Informationstypen (Mails, Kontakte, Termine, Aufgaben) enthält und zentral bereitstellt. Leider gibt es aktuell keinen einfachen Weg, eine solche PST-Datei direkt über den Webclient von Office 365 oder zu einem mobilen Gerät zu importieren, ein Outlook muss – zumindest kurzfristig – vorhanden sein. Am Ende des Prozesses allerdings wird der komplette Datenbestand wieder an das Office 365-Konto in der Cloud gesendet und ist dann von allen bereits beschriebenen Geräten und Apps zugänglich; Outlook wird dann nicht mehr zwingend benötigt.

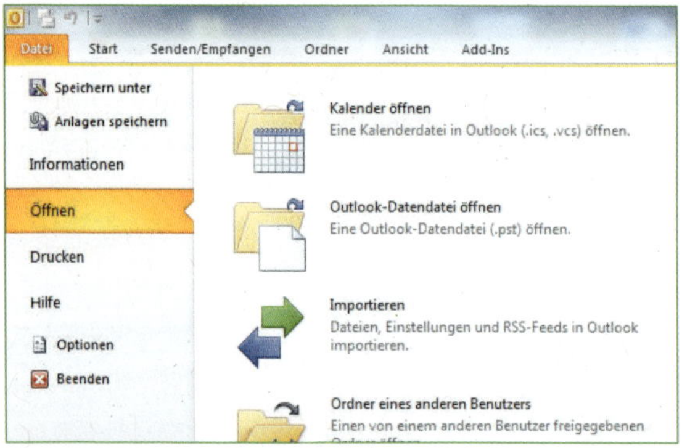

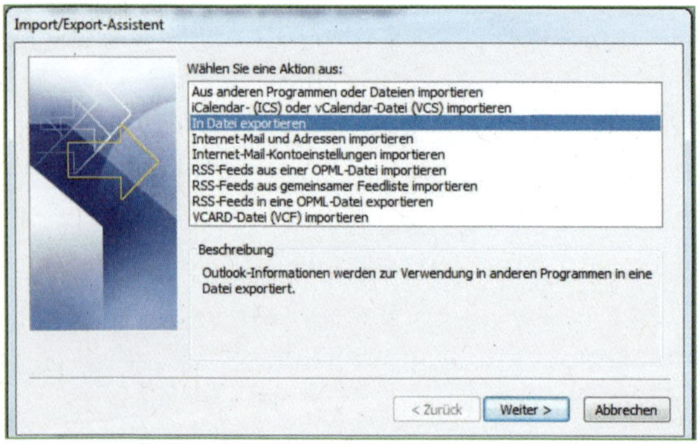

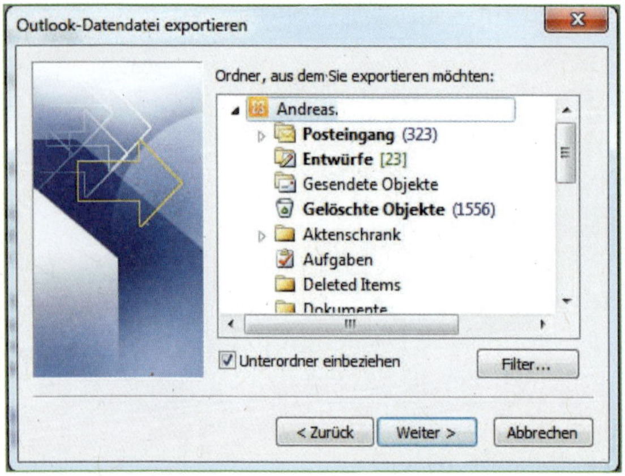

Der Export der Daten

Der erste Schritt zum Transfer der Daten besteht im Export aus Outlook in eine PST-Datei. Outlook verwendet dieses Format, um komplette Postfächer konsolidiert in einer einzigen Datei zu sichern und damit transportfähig zu machen. Allerdings haben die Produktverantwortlichen es konsequent in allen Versionen von Outlook geschafft, die Exportfunktion zu verstecken (die Beschreibung ist für Outlook 2010, 2013 und 2016 ähnlich):

1 In Outlook muss unter *Datei* auf *Öffnen* (die Logik sollte einfach nicht hinterfragt werden!) geklickt werden und dann auf *Importieren*:

2 In dem sich nun öffnenden Dialog (der eigentlich dem Import dient) befindet sich eine Option *In Datei exportieren*. Diese muss angeklickt werden:

3 Das Ziel des Exports ist eine Outlook Datendatei (PST-Datei). Wichtig ist nun, die oberste Ebene des Postfaches auszuwählen, damit nicht nur die E-Mails, sondern auch die Kontakte und Termine (so diese in dem zu exportierenden Konto vorhanden sind) miterfasst werden. Ebenso sollte zwingend das Häkchen bei *Unterordner einbeziehen* gesetzt sein, damit nicht nur der Posteingang, sondern auch die Ordner, die der Anwender darin angelegt hat, erfasst und mitkopiert werden.

4 Zum Abschluss muss der Name und der Speicherort der Datei angegeben werden. Beide sollten sinnvoll gewählt werden, um die Datei für den Import wiederzufinden.

Je nach Größe des Postfachs dauert der Exportvorgang aller Ihrer Informationselemente von einigen Sekunden bis zu einigen Stunden. Keine Sorge: Sie können den Fortschritt jederzeit durch den kleinen Laufbalken verfolgen!

Das Anlegen des Office 365-Kontos in Outlook

Dieser Schritt ist nur nötig, wenn das Office 365-Konto noch nicht in Outlook konfiguriert ist.

1 Um ein neues Konto anzulegen, muss unter *Datei* auf *Konto hinzufügen* geklickt werden.

2 Im nun folgenden Bildschirm müssen der Absendername (der dem Empfänger einer E-Mail statt der E-Mail-Adresse angezeigt wird), die Office 365-E-Mail-Adresse und das Kennwort dafür (zweimal) eingegeben werden.

3 Outlook erkennt automatisch, dass es sich bei der Domäne der Adresse um eine Office 365-Adresse handelt und konfiguriert die Serverinformationen und alle weiteren notwendigen Dinge ganz selbstständig.

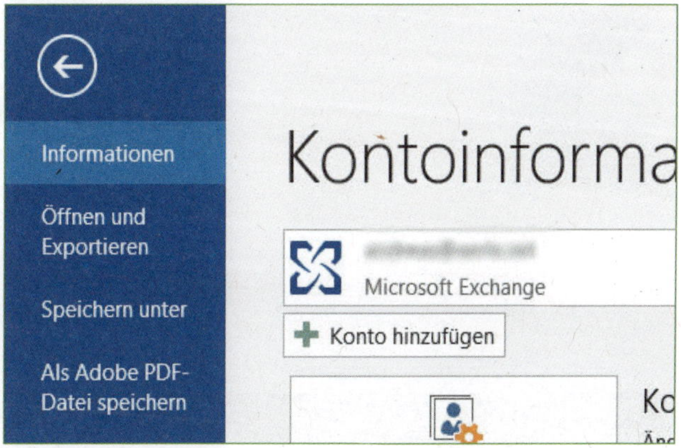

Der Import der Altdaten aus der PST-Datei in Office 365

Nachdem nun die Altdaten in Form einer PST-Datei vorliegen und das Office 365-Konto in Outlook eingerichtet ist, ist der Import der Daten nur noch ein kleiner, wenn auch gegebenenfalls zeitaufwendiger Schritt.

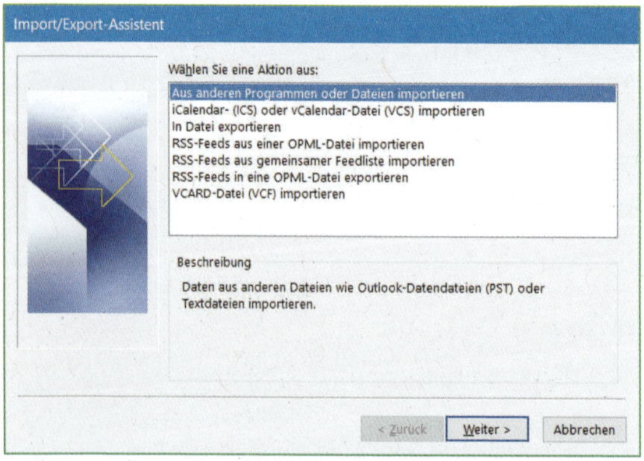

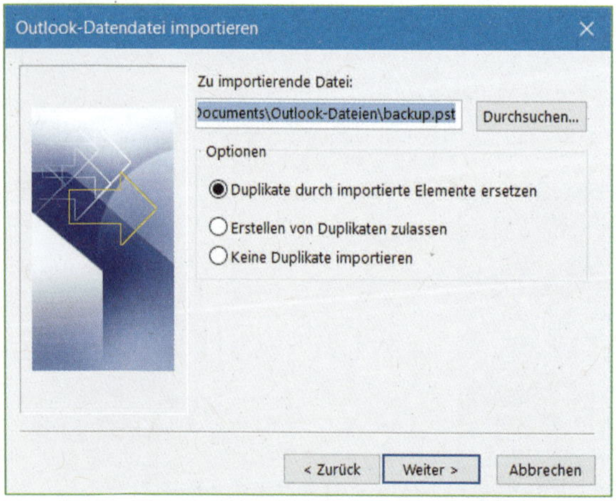

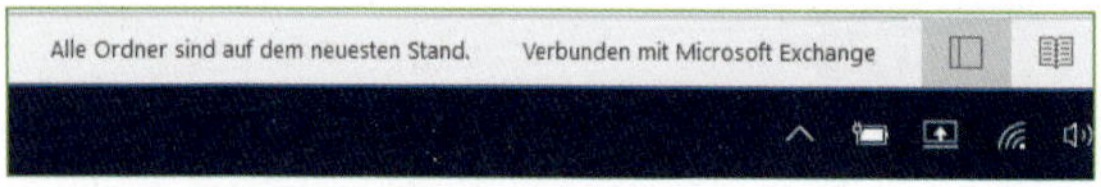

1 Unter *Start* > *Öffnen und Exportieren* muss auf *Importieren/Exportieren* geklickt werden. Diesmal handelt es sich ja tatsächlich um einen Datenimport, darum ist die im Standard markierte Option auch die richtige.

2 Als Dateityp muss die *Outlook-Datendatei* ausgewählt werden. Über *Durchsuchen* muss dann die gewünschte zu importierende PST-Datei auf der Festplatte lokalisiert werden.

3 Der Import dauert nach einem letzten Klick auf *Weiter* dann wieder zwischen Sekunden und Stunden, abhängig von der Zahl der zu importierenden Elemente.

Schon während des Importvorgangs gleicht Outlook die Daten mit Office 365 in der Cloud ab, jedes Gerät (egal ob Smartphone, Tablet oder Desktop/Notebook), auf dem das Office 365-Konto konfiguriert ist, bekommt dann Stück für Stück die Daten zugestellt. Der Vorgang ist abgeschlossen, wenn Outlook unten rechts *Alle Ordner sind auf dem aktuellen Stand* anzeigt.

Import über andere Dienste am Beispiel iCloud

Ideal ist es, wenn alle Daten in der Hand eines Dienstes liegen und somit auch nur ein einziges Konto in Outlook vorhanden ist. Ein wenig schwieriger gestaltet sich das Verfahren, wenn die Daten stattdessen separat in einem Webdienst wie beispielsweise der iCloud liegen. Natürlich ist „schwieriger" nicht gleichbedeutend mit „unmöglich"!

Wichtig zu wissen: Der oben beschriebene Importvorgang ist beliebig oft und auch mit unterschiedlichen Informationstypen durchführbar. So können Sie beispielsweise erst Ihr komplettes Google-Konto (mit E-Mails, Terminen und Kontakten) übertragen und dann aus Ihrem iCloud-Konto nur die Kontakte. Letztere werden dann mit den bereits in Office 365 vorhandenen kombiniert. Schließlich erhalten Sie ein einziges Konto mit den Informationen all Ihrer bisherigen Konten.

1 Melden Sie sich unter http:/www.icloud.com bei iCloud an.

2 Klicken Sie dann im Menü auf die *Kontakte*, um zu einer Übersicht Ihrer Kontakte geleitet zu werden.

3 Unten links in der Übersicht finden Sie ein *kleines Zahnrad*, das klicken Sie jetzt an.

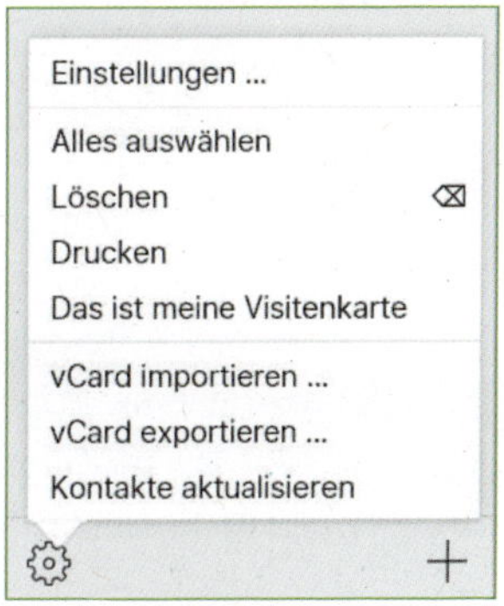

4 Im sich öffnenden Menü klicken Sie auf *Alles auswählen*, um alle Kontakte zu markieren. Dann klicken Sie erneut auf das Zahnrad, dann auf *vCard exportieren*.

5 iCloud exportiert jetzt alle Kontakte in eine sogenannte vCalendar-Datei, ein Format, das die meisten Programme verstehen und verarbeiten können.

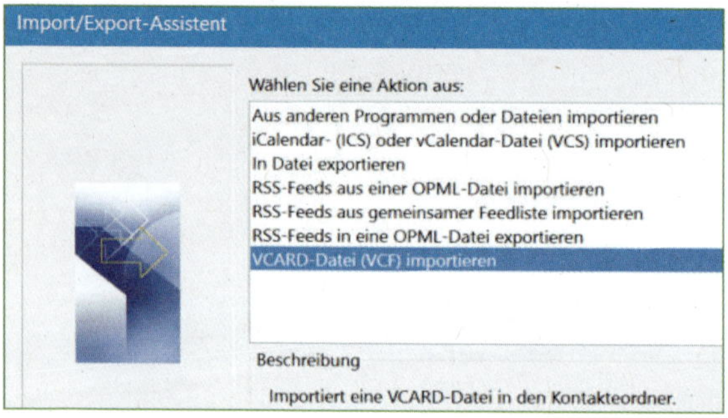

6 In Outlook können Sie nun wieder einen Import starten, indem Sie wieder auf *Start > Öffnen und Exportieren*, dann auf *Importieren/Exportieren* klicken, als Dateityp *VCARD-Datei* auswählen und dann wie im vergangenen Abschnitt beschrieben vorgehen.

15. Automatisierungen anlegen

Wer würde nicht gern Zeit sparen an langweiligen, sich ständig wiederholenden Dingen? Von Outlook können Sie sich einige Tätigkeiten abnehmen lassen, die es automatisch ausführt. Je mehr dieser Möglichkeiten Sie nutzen, desto mehr Zeit bleibt Ihnen, Ihre echte Arbeit zu verrichten (oder einfach mehr Freizeit zu genießen).

Verwenden von Signaturen

Beim Schreiben von E-Mails eine sich ständig wiederholende Tätigkeit: eine kleine Grußfloskel und der eigene Name unter dem getippten Text. Wenig Zeit, hohe Dringlichkeit oder die Kürze der E-Mail mögen damit kollidieren, das Weglassen wird jedoch von vielen Empfängern als unhöflich angesehen. Das muss nicht sein: Alle E-Mail-Programme bieten die Einrichtung und Verwendung einer sogenannten Signatur an, einer elektronischen Unterschrift.
Im Gegensatz zu vielen anderen der hier vorgestellten Automatisierungsmöglichkeiten ist die Signatur immer ein lokales Thema: Sie müssen Sie bei jedem Mailprogramm auf jedem Rechner oder

mobilen Gerät einmalig neu einrichten, sie wird nicht automatisch übertragen.

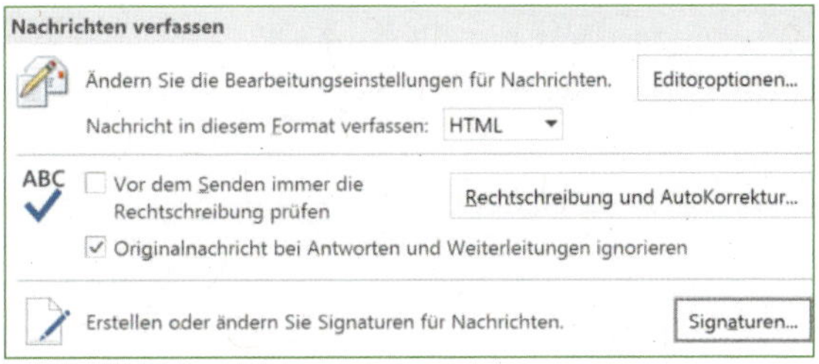

1 In Outlook klicken Sie mit der Maus auf *Datei > Optionen*, dann in der Liste der Optionen auf *E-Mail*. Hier finden Sie dann eine Schaltfläche *Signaturen*. Klicken Sie darauf.

2 Sollten Sie schon eine oder mehrere Signaturen eingerichtet haben, dann werden Ihnen diese in einer Liste angezeigt. Um eine neue Signatur einzurichten, klicken Sie mit der Maus auf die Schaltfläche *Neu* und geben Sie einen Namen für die Signatur ein.

Tipp

Mehrere Signaturen: Sie können parallel mehrere Signaturen verwenden. Das kann sinnvoll sein, denn mit demselben Mailkonto können Sie beispielsweise private E-Mails (mit flapsiger Signatur wie „Tschö mit ö") versenden wie auch formalere, die eine klassische Signatur wie „Mit freundlichen Grüßen ..." erfordern. Für jeden dieser Zwecke legen Sie einfach eine eigene Signatur an, die Sie ganz nach Bedarf auswählen.

3 Geben Sie den Text Ihrer Signatur ein. Bei deren Gestaltung können Sie sich beliebig verwirklichen: Das Eingabefenster ist aufgebaut wie eine kleine Textverarbeitung, in der Sie Schriftart, Textattribute (wie kursiv, fett oder unterstrichen), Bilder und Links einfügen können. Es empfiehlt sich allerdings, diese Stil-

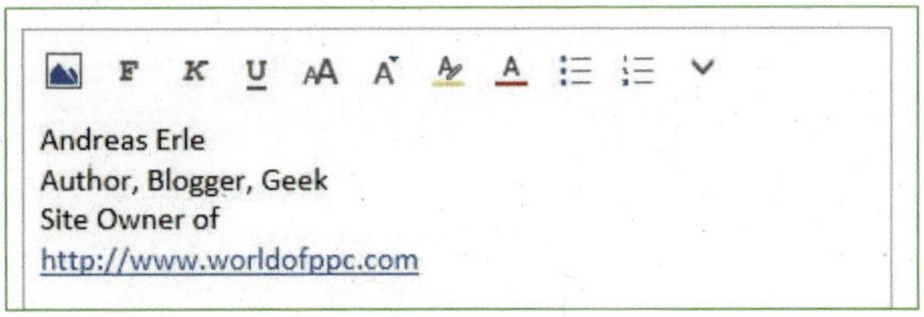

mittel sparsam einzusetzen: Wenn die Signatur den Inhalt der E-Mail überstrahlt, erreichen Sie Ihren Empfänger meist nicht so, wie Sie es sich vorstellen!

4 Nachdem Sie die Signatur durch einen Klick auf *Speichern* gesichert haben, können Sie separat pro E-Mail-Konto und auf Wunsch unterschiedlich für neue und beantwortete E-Mails die Signatur auswählen. Diese wird dann automatisch am Ende einer jeden E-Mail eingefügt.

Etwas einfacher ist das Ganze auf einem Smartphone: Hier finden Sie ebenfalls die Möglichkeit, die Signatur einzustellen. Dazu starten Sie das E-Mail-Programm und wechseln in die Einstellungen des Kontos. Unter *Signatur* können Sie dann für dieses E-Mail-Konto die Signatur einstellen, die bei jeder neuen und jeder beantworteten E-Mail verwendet wird. Eine Unterscheidung zwischen neuen und beantworteten E-Mails gibt es auf dem Smartphone nicht.

Automatische Antworten

Über die Jahre ist es immer verbreiteter geworden, sich auf die E-Mail als schnelles und komfortables Kommunikationsmedium zu verlassen. Bei allen Vorteilen birgt dies aber auch ein Risiko: Der Sender einer E-Mail verlässt sich gern darauf, dass seine Nachricht angekommen ist, ob Sie diese nun abrufen oder nicht. Und die eine oder andere Gelegenheit gibt es sicherlich, wo Sie mal ein paar Tage ausspannen wollen und nicht von E-Mails wieder ins Tagesgeschäft gezogen werden möchten.

Das Mittel der Wahl heißt „Abwesenheitsassistent", neudeutsch auch gern „Autoreplyer" oder „OOO" (Out of Office) genannt. Sie können für Ihr Office 365-Konto eine automatische Antwort einstellen, die an den Absender einer jeden eingehenden E-Mail geschickt wird. An dieser Stelle ist es klug, dies statt im lokalen Outlook (das ja nicht immer läuft) auf der Weboberfläche durchzuführen.

1 Rufen Sie die Webseite http://outlook.office.com auf und melden Sie sich mit Ihren Office 365-Zugangsdaten an. Dann klicken Sie auf *das kleine Zahnrad* oben rechts am Bildschirmrand, dann auf *Automatische Antworten*.

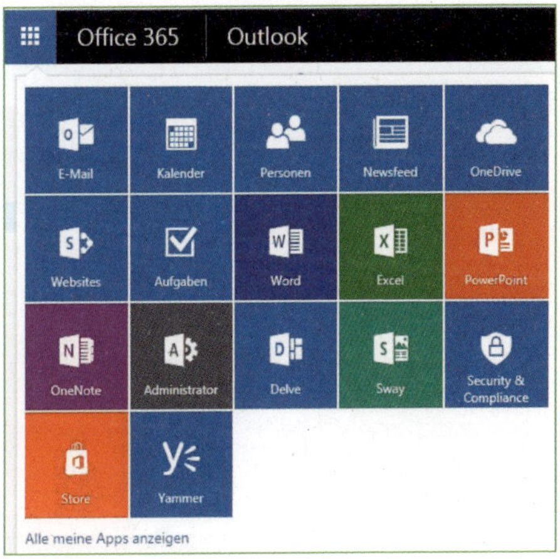

2 Hier können Sie nun festlegen, ob automatische Antworten gesendet werden sollen und diese auf Wunsch auch wieder deaktivieren. Da Sie im Normalfall nie zum richtigen Zeitpunkt daran denken, diese einzurichten, nutzen Sie doch einfach die Möglichkeit, diese zeitgesteuert aktivieren und deaktivieren zu lassen: Aktivieren Sie die automatischen Antworten und setzen dann ein Häkchen neben *Antworten nur in diesem Zeitraum senden*.

3 Office 365 beginnt pünktlich zum Startzeitpunkt mit der Reaktion auf eingehende E-Mails und hört automatisch zum Endzeitpunkt damit auf. Da ist es egal, wann Sie die automatische Antwort einrichten.

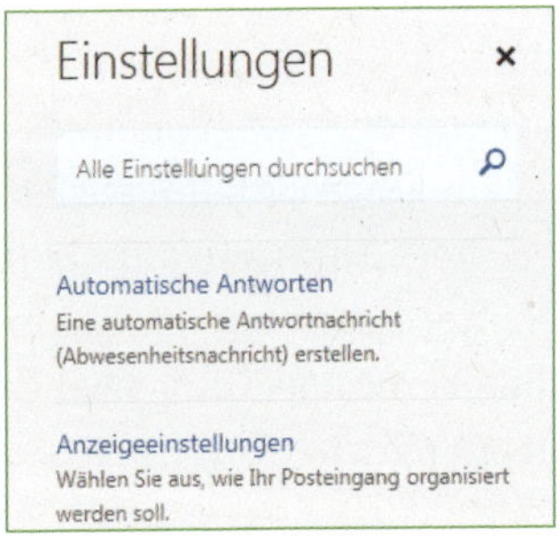

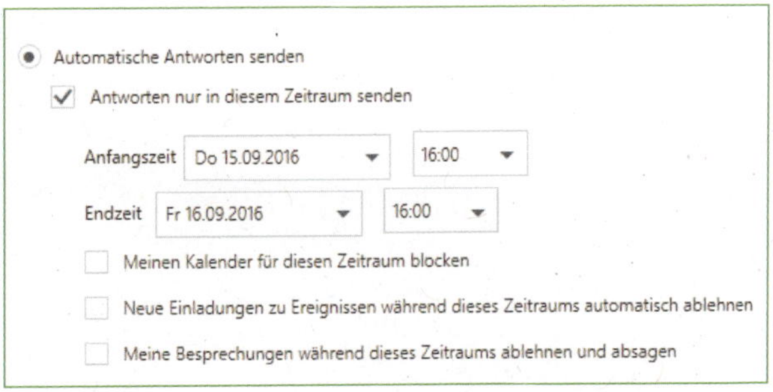

4 Wie bei der Signatur können Sie auch bei der automatischen Antwort alle möglichen Textattribute vergeben und so gezielt auf die wichtigen Elemente (wie beispielsweise Ihre Rückkehr aus dem Urlaub) hinweisen.

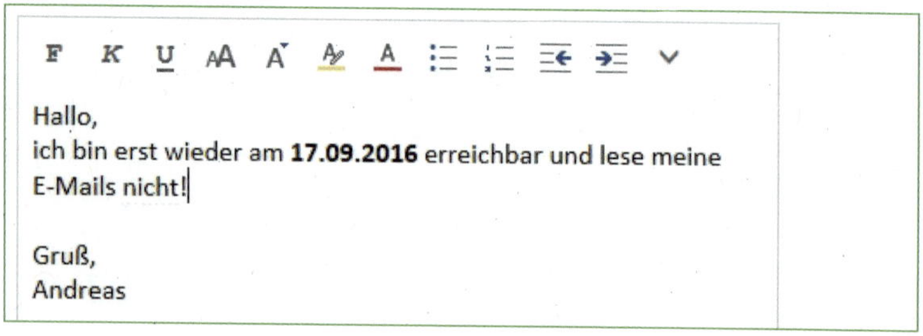

Aktivieren Sie die vorgenommenen Einstellungen, indem Sie auf das *OK* am oberen Bildschirmrand klicken, erst dann sind sie gespeichert.

Verwenden von Regeln zur E-Mail-Sortierung

Automatisierung macht erst so richtig Spaß, wenn Sie möglichst viele Tätigkeiten automatisch abwickeln lassen können. Damit das geht, muss eine sogenannte Regel existieren, ein definierter Ablauf, der es Office 365 erlaubt, einen Vorgang anhand einer Bedingung auszulösen. Die einfachste Version einer Regel haben Sie bereits beim Abwesenheitsassistenten kennengelernt: „Wenn das Datum des Maileingangs in dem Abwesenheitszeitraum liegt, dann antworte mit einer vorgefertigten Nachricht."
Nun kann man sich noch weit mehr Situationen vorstellen, in denen eine solche Regel hilfreich ist. Der regelmäßige E-Mail-Newsletter des Taubenzüchtervereins mit dem Betreff „Newsletter Tauben Nummer ..." zum Beispiel ist sicherlich interessant, stört Sie aber im Posteingang? Dann richten Sie sich doch eine Regel ein, die diese E-Mails automatisch in einen Ordner verschiebt, in dem Sie sie dann bei Bedarf lesen können.

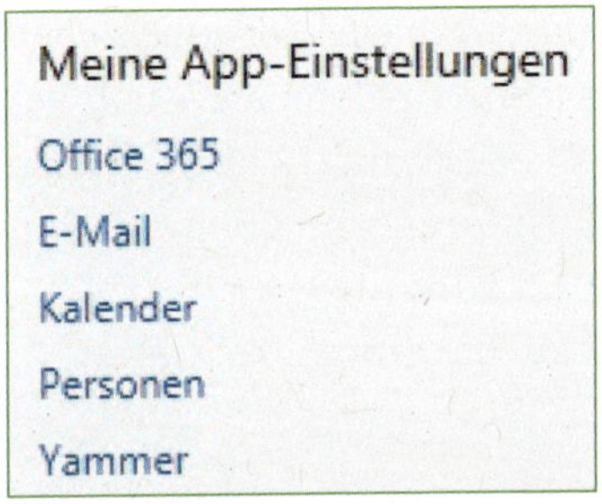

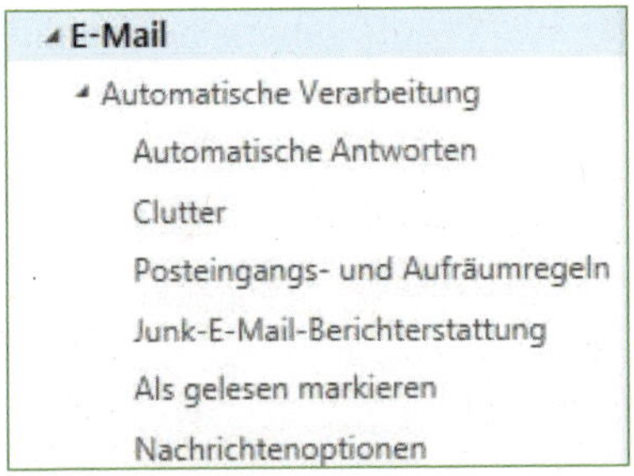

1 Rufen Sie wieder die Webseite http://www.office.com/myaccount (Personal/Home) bzw. http://portal.office365.com auf und melden Sie sich mit Ihren Office 365-Zugangsdaten an. Dann klicken Sie auf *das kleine Zahnrad* oben rechts am Bildschirmrand, dann ganz unten auf *E-Mail*.

2 Wählen sie dann links in der Auflistung die Option *Posteingangs- und Aufräumregeln*. Durch ein Klicken auf das *+* im nun erscheinenden Dialog können Sie eine neue Regel anlegen.

3 Benennen Sie diese so, dass Sie sie wiedererkennen (im Beispiel also „Taubenmail"). Anschließend wählen Sie die Bedingung aus – in unserem Beispiel also *Enthält diese Wörter im Betreff* – und geben die entsprechenden Begriffe ein – im Beispiel also „Newsletter Tauben" –, die in der Betreffzeile der E-Mail vorkommen werden.

4 Als Aktion wählen Sie danach *Nachricht in Ordner verschieben* und weiter den (schon bestehenden) Ordner, in den die E-Mails automatisch verschoben werden sollen. Ein Klick auf *OK* speichert die Regel und setzt sie aktiv: Jede E-Mail wird nun geprüft, und wenn die vergebene Bedingung zutrifft, dann wird die E-Mail automatisch in den Ordner verschoben und taucht gar nicht erst im Posteingang auf.

Umgang mit unwichtigen E-Mails: Clutter

Microsoft hat mit Office 365 eine weitere Alternative zur Übersichtlichkeit Ihres Posteinganges entwickelt. Diese nennt sich „Clutter" (englisch: Wirrwarr) und lernt von Ihrem Umgang mit den Mails in Ihrem Posteingang: Mails, die Sie direkt löschen oder verschieben, sind offensichtlich weniger von Interesse und müssen Ihnen nicht im Posteingang angezeigt werden.
Der Unterschied zu den E-Mails, die als Werbung oder Spam identifiziert werden, ist einfach erklärt: Clutter sind E-Mails, die „echt", aber unwichtig sind, Junk-E-Mails sind identifizierbare Werbe-E-Mails.
1 Um Clutter einzurichten, gehen Sie wieder auf die Anmeldeseite von Office 365, in die Einstellungen der E-Mails und klicken Sie dann auf *Clutter*.

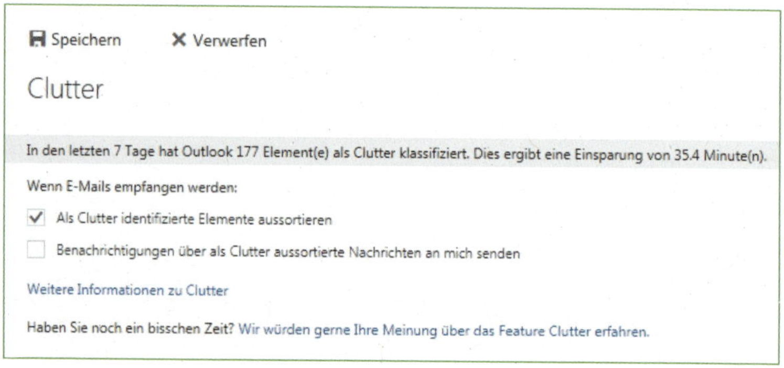

2 Aktivieren Sie das Aussortieren der E-Mails, indem Sie ein Häkchen neben *Als Clutter identifizierte Elemente aussortieren* setzen. Das Häkchen neben der Benachrichtigung können Sie getrost entfernen, Sie werden sowieso regelmäßig in den Clutter-Ordner schauen.

3 Setzen Sie die Einstellungen wieder durch einen Klick auf das *OK*-Symbol in Kraft.

Clutter in der Praxis

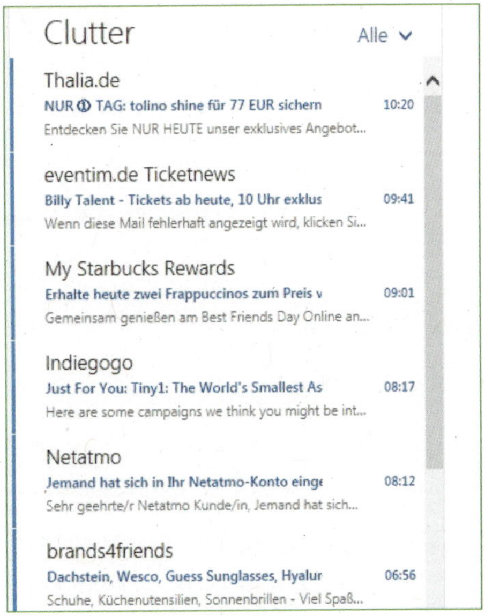

Wenn Sie im Posteingang (ob nun im Internet, auf dem PC oder dem Smartphone) auf den Ordner *Clutter* tippen, erhalten Sie eine Übersicht aller aussortierten E-Mails.

Am Anfang wird dieser recht verwaist sein, denn Office 365 muss ja erst einmal von Ihnen lernen, welche E-Mails Ihnen nicht so wichtig sind. Mit der Zeit wird er sich aber füllen mit Ihren echten, aber eher unwichtigen E-Mails.

Für jede E-Mail können Sie dann entscheiden:

- **Ist sie unwichtig,** löschen Sie sie einfach.
- **Wenn Sie versehentlich** als Clutter identifiziert wurde, ziehen Sie sie wieder in den Posteingang. Office 365 merkt sich Ihre Entscheidung und sortiert vergleichbare E-Mails künftig nicht mehr aus.

Schreiben und mehr mit Word

Das Textbearbeitungsprogramm Word kann mehr als die Aufgaben, zu denen es meist verwendet wird. Sie können es für Serienbriefe verwenden, zur Gestaltung Ihres persönlichen Briefpapiers, um eine Rezeptsammlung anzulegen oder ein Protokoll samt Tagesordnung zu erstellen und Änderungen abzugleichen. Sollten Sie einen Begriff suchen, verbirgt sich dank Platzhaltern hinter der altbekannten Suchfunktion [Strg] + [f] mehr als gedacht.

Schrift, Format, Grammatik – die Grundlagen in Word

Öffnen Sie ein neues Word-Dokument. Im großen weißen Feld können Sie wie von jeder anderen Textverarbeitung oder auch Ihrer Schreibmaschine gewohnt Text über die Tastatur eingeben.

Das Salz in der Suppe besteht aber natürlich in der Möglichkeit, Text durch Formatierungen und Stilmittel „schön zu machen" – und dafür bietet Word eine Menge Möglichkeiten, von denen hier nur die wichtigsten beschrieben werden sollen. Experimentieren Sie mit den angebotenen Einstellungsmöglichkeiten einfach herum.

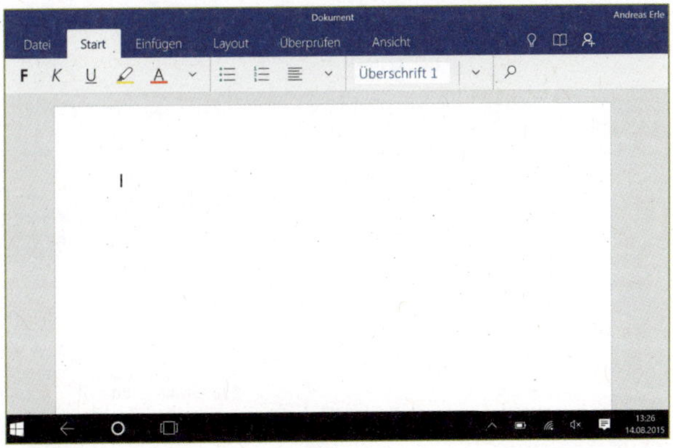

Grundlagen der Formatierung in Word

Oben auf dem Bildschirm finden Sie die von den meisten Windows-Programmen gewohnte Menüleiste, die sich in einzelne Bereiche teilt. Unter *Start* finden Sie alle Möglichkeiten der Formatierung. Hier haben Sie grundsätzlich zwei Möglichkeiten:

- **Stellen Sie die gewünschte** Schriftart, -farbe, die Formatvorlagen etc. ein, dann gelten diese Einstellungen ab dem nächsten getippten Buchstaben.
- **Alternativ können Sie Textbereiche markieren** und anschließend die Änderungen der Formatierung vornehmen. So wird nur der markierte Text verändert.

Die Möglichkeiten der Formatierung sind anhand ihrer Symbole recht einfach zuzuordnen: Das *F* macht Text fett, das *K* stellt ihn kursiv (schräg), *das unterstrichene U* unterstreicht ihn, mit dem *Textmarker* können Sie Textpassagen farbig markieren, und mit dem *farbigen Unterstrich* können Sie die Textfarbe ändern.

Tippen Sie auf *das kleine Dreieck* neben den Symbolen, können Sie Schriftart und -größe auswählen. Hier ist es sinnvoll, erst einmal die vorgegebenen Formatvorlagen auszuprobieren. Diese finden Sie etwas weiter rechts in einem Auswahlfeld, in dem Sie dann verschiedene Überschriften-Ebenen, Hervorhebungen etc. auswählen können.

Der Vorteil: Alle Einstellungen sind gewählt, Sie müssen nicht immer Schriftart und -größe, Formatierungen etc. manuell einstellen.

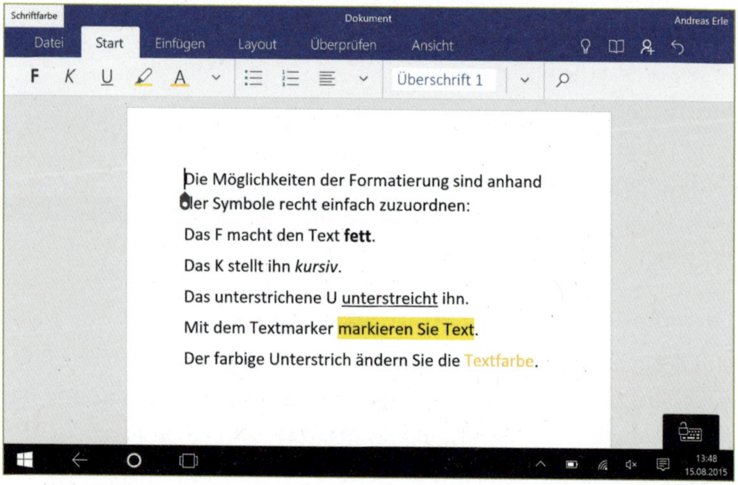

▶ **Über den Menüpunkt Einfügen** können Sie schnell und einfach Tabellen, Bilder, vorgefertigte Formen, frei positionierbare Textfelder, die Kopf- und die Fußzeile etc. einfügen. Klicken Sie einfach den Menüpunkt an, dann ändert sich die Liste der darunterliegenden Symbole automatisch.

▶ **Unter Layout** können Sie die Seitenränder, die Ausrichtung der Seite im Hoch- oder Querformat, das Format des virtuellen Papiers, auf dem Sie schreiben, und noch so einiges mehr einstellen.

▶ **Wenn Sie Änderungen oder Anmerkungen** in einem Dokument einfügen und diese dokumentieren wollen, finden Sie diese Optionen unter *Überprüfen*. Hier können Sie festlegen, ob Änderungen, die Sie vornehmen, markiert werden sollen, Anmerkungen von anderen annehmen oder verwerfen und so weiter (siehe „20. Office-Dokumente ändern und kommentieren", S. 132).

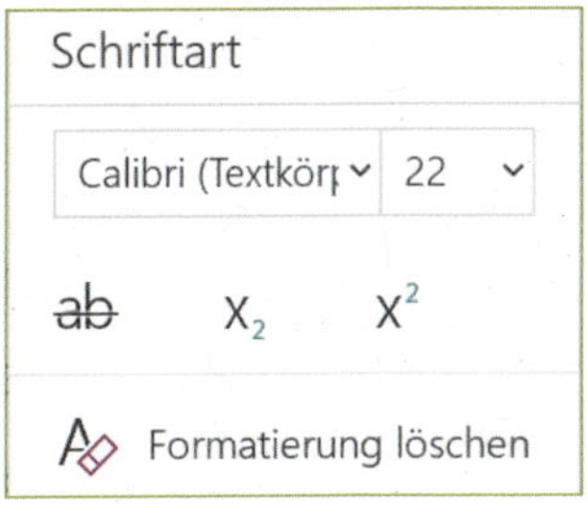

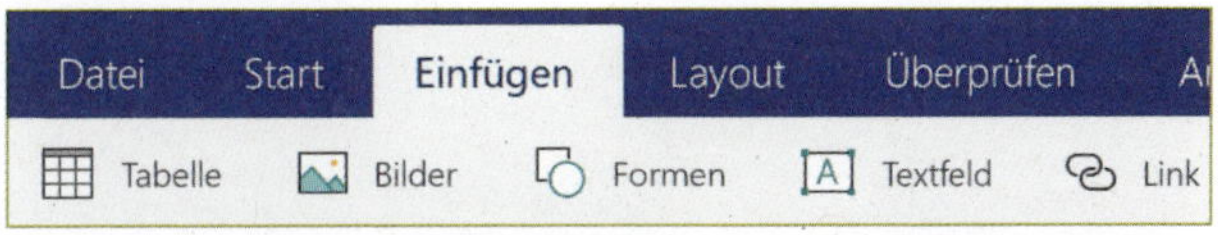

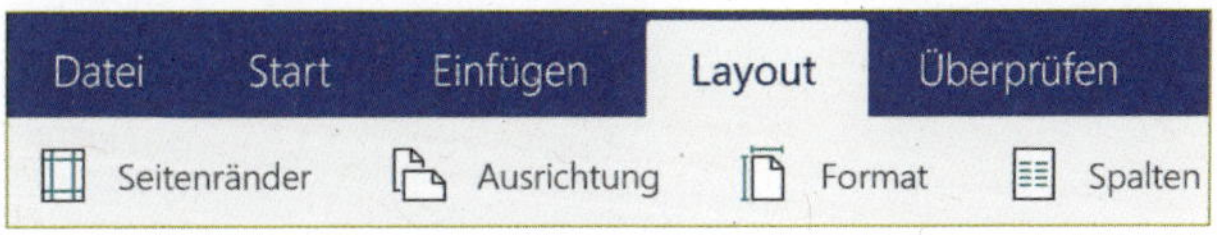

16. Versenden von Einladungen als Serienbrief

Aber Word kann noch viel mehr als Texte erfassen und schön aussehen lassen. Nehmen wir an, Sie wollen Geburtstagseinladungen mit den Details verschicken, wann und wo die Eingeladenen sich einfinden sollen. Das bedeutet, dass Sie viele Briefe schreiben müssten, die sich vom Inhalt her alle sehr ähneln. Lediglich die Adressaten, Adressen und Anreden ändern sich. Warum also nicht einen Serienbrief aufsetzen?

Erstellen Sie dazu als Erstes eine Tabelle in Excel, die Namen, Vornamen, Straße mit Hausnummer, Postleitzahl und Ort enthält (siehe „Aufbau und Formatierung der Gästeliste", S. 147). In der ersten Zeile der Tabelle sollten zur einfacheren Identifikation die Inhalte der jeweiligen Spalte als Überschriften stehen.

	A	B	C	D	E	F	G
1	Name	Vorname	E-Mail-Adresse	Anzahl	Straße	Postleitzahl	Ort
2	Erle	Andreas	[illegible]	3	Musterstraße 16	45665	Recklinghausen
3	Erle	Carina	[illegible]	2	Jedermannweg 187B	10785	Berlin
4	Müller	Karl	[illegible]	1	Beispielgasse 4	47807	Krefeld

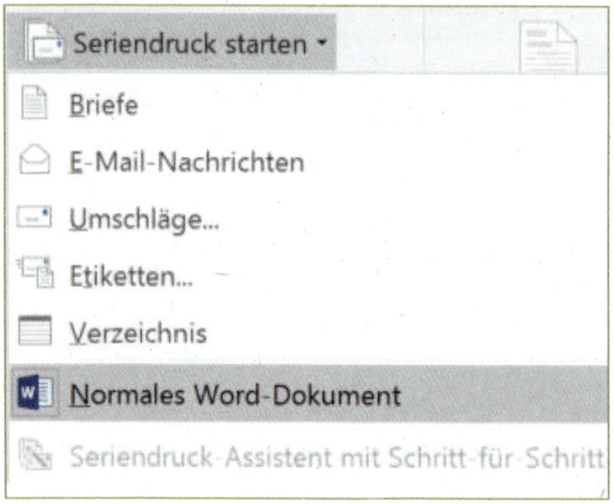

Ein Serienbrief ist grob gesagt ein Dokument, das eine feste Struktur und feste Textelemente hat, zusätzlich aber auch variable Teile wie eine Anrede, Namen, Adressen etc. enthält. Diese veränderbaren Daten sind in einer Tabelle gespeichert. Bei der Erstellung des Serienbriefs wird pro Zeile in der Tabelle ein Dokument produziert, in das die variablen Elemente mit den Daten der entsprechenden Tabellenzeile gefüllt sind. Am Ende des Prozesses haben Sie dann ein großes Dokument, das die Schreiben für alle Empfänger enthält.

Um den Seriendruck vorzubereiten, klicken Sie in Word im Menü auf *Sendungen*, dann auf *Seriendruck starten* und *Normales Word-Dokument*, und Word stellt Ihnen ein leeres Dokument zur Verfügung, in das sie sowohl die festen Inhalte wie auch die Seriendruckfelder einfügen können.

Einfügen der Seriendruckfelder

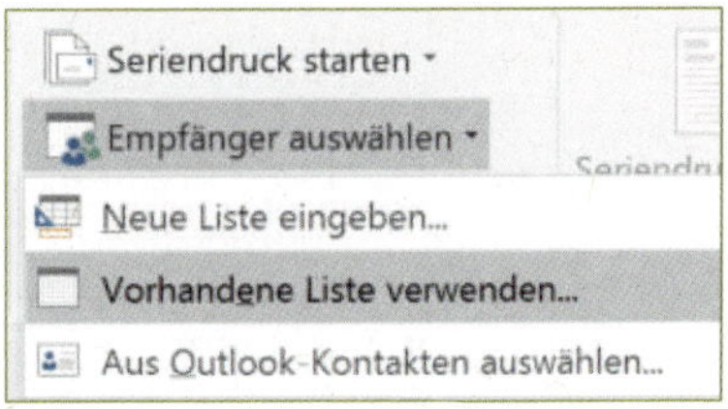

1 Um nun die Tabelle mit den Feldern, die in jede Einladung individuell für den jeweiligen Empfänger eingefügt werden sollen, zur Verfügung zu haben, klicken Sie auf *Sendungen* > *Empfänger auswählen*.

2 Da Ihnen die Liste als Excel-Tabelle vorliegt, klicken Sie auf *Vorhandene Liste verwenden* und wählen von der Festplatte die Excel-Datei, die diese enthält.

3 Nun müssen Sie die Adresse, die sich aus einzelnen Spalten der Tabelle zusammensetzt, einfügen, wobei Word ein wenig Hilfe von Ihnen braucht. Klicken Sie auf *Adressblock*, dann auf *Felder wählen*.

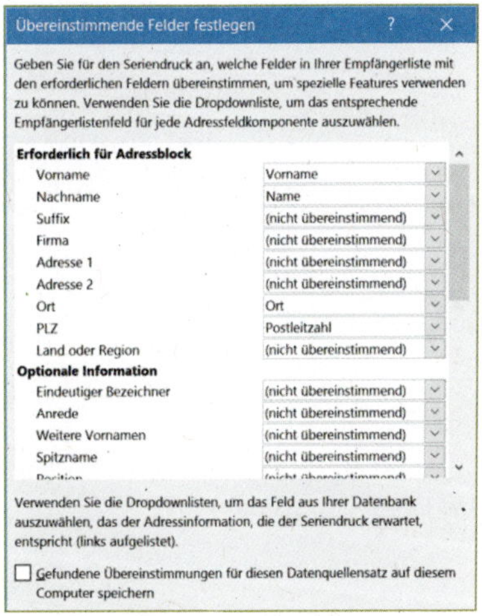

4 Word zeigt Ihnen nun ein Eingabefeld an, in dem Sie die einzelnen Teile der Postadresse den Spalten Ihrer Tabelle, die die Adressdaten enthalten, zuordnen können. Kontrollieren Sie hier, ob diese Zuordnung stimmt, und korrigieren Sie sie gegebenenfalls.

5 Die korrekte Zuweisung der Felder können Sie in einer kleinen Voransicht verfolgen. Wenn Sie nun auf *OK* klicken, wird nicht etwa eine tatsächliche Adresse eingefügt, sondern nur der Platzhalter dafür. Diese Platzhalter, die nachher durch die Werte aus Ihrer Adresstabelle ersetzt werden, erkennen Sie daran, dass sie links und rechts von zwei spitzen Klammern eingefasst sind.

6 Sie können nun weitere Felder einfügen. Wenn die Anrede für Andreas beispielsweise unkonventionell „Hallo, Andreas!“ lauten soll,

tippen Sie erst das „Hallo“, gehen dann auf *Seriendruckfeld einfügen* und wählen *Vorname*.
Ebenso können Sie einen Satz unterbringen, der noch einmal die gemeldete Personenzahl aufnimmt („Ich freue mich, dass Du zu unserer Geburtstagsfeier mit <<Anzahl>> Personen teilnehmen möchtest.“).

Das Formatieren des Schreibens

Nun möchten Sie sicherlich vor allem das Datum, die Uhrzeit und den Veranstaltungsort mitteilen – und diese Kerninformationen sollten ein wenig hervorgehoben sein.
1 Fügen Sie den Textblock in das Dokument ein, markieren Sie danach Datum und Uhrzeit, indem Sie den Mauszeiger auf den Anfang des Textblocks bewegen, die linke Maustaste gedrückt halten und die Maus bis ans Ende des Textblocks ziehen. Der Text ist nun grau hinterlegt.

Tipp

Markieren von Text: Wollen Sie Text verändern – unabhängig von Programm oder Art des Textes –, müssen Sie diesen markieren. Das kann den gesamten Text oder auch nur einen kleinen Ausschnitt betreffen. Dazu bewegen Sie den Mauszeiger an die linke obere Ecke des Textbereiches, den Sie markieren möchten, drücken und halten Sie die linke Maustaste und bewegen Sie den Mauszeiger ans untere rechte Ende des zu markierenden Bereiches. Sie können die Maustaste nun loslassen: Der Text ist dunkel hinterlegt, alle Änderungen an Schriftart, -größe, -farbe etc. beziehen sich nun nur auf den markierten Bereich.

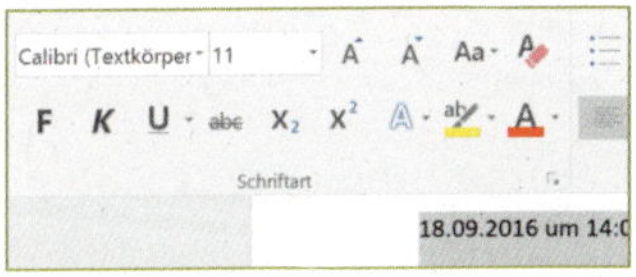

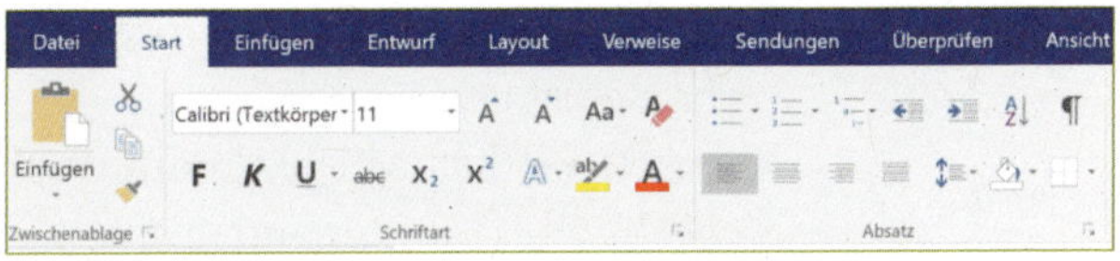

2 Bewegen Sie die Maus nun ein wenig nach oben, erscheint eine kleine Symbolleiste, über die Sie grundlegende Formatierungen vornehmen können. Klicken Sie auf das *F*, um den markierten Textteil fett zu setzen, klicken Sie auf das Symbol mit den mittig untereinander liegenden Strichen, um ihn mittig auf dem Blatt zu platzieren. Genauso verfahren Sie dann mit der Adresse der Feier.

3 Dieselben Formatierungssymbole (und noch einige mehr) finden Sie auch, wenn Sie auf *Start* klicken, denn dann öffnet sich eine separate Symbolleiste am oberen Bildschirmrand.

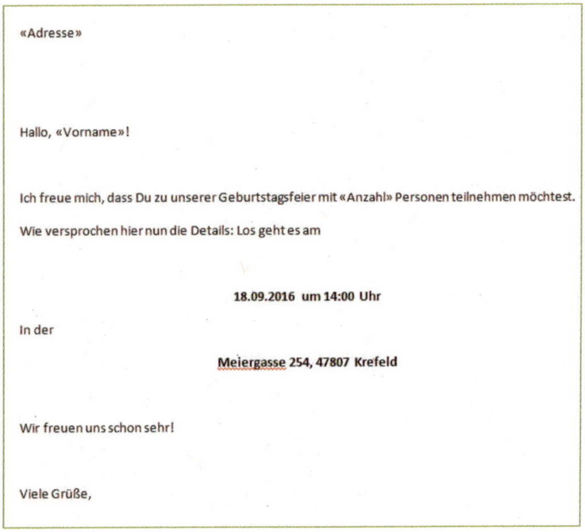
«Adresse»

Hallo, «Vorname»!

Ich freue mich, dass Du zu unserer Geburtstagsfeier mit «Anzahl» Personen teilnehmen möchtest.

Wie versprochen hier nun die Details: Los geht es am

18.09.2016 um 14:00 Uhr

In der

Meiergasse 254, 47807 Krefeld

Wir freuen uns schon sehr!

Viele Grüße,

Fügen Sie am Ende eine Grußformel ein, und fertig ist die Schablone für das Einladungsschreiben.

Es ist durchaus sinnvoll, sich vor der finalen Erstellung der Schreiben eine Vorschau anzeigen zu lassen, wie das Ganze mit gefüllten Serienbrieffeldern aussieht. Das Einfügen der Adresse beispielsweise macht aus einem einzeiligen Platzhalter (<<Adresse>>) eine dreizeilige Adresse und verändert so das Layout der Seite nicht unerheblich. Und selbstverständlich bietet Ihnen Word diese Möglichkeit: Klicken Sie auf *Vorschau Ergebnisse*, um ein Beispiel für eine aufgefüllte Seite angezeigt zu bekommen. Wenn Ihnen diese so nicht

gefällt, können Sie noch eingreifen und etwa Leerzeilen oder -zeichen einfügen oder löschen.
Speichern Sie das Dokument nun erst einmal über *Datei* > *Speichern unter ...* unter einem sprechenden Namen ab.

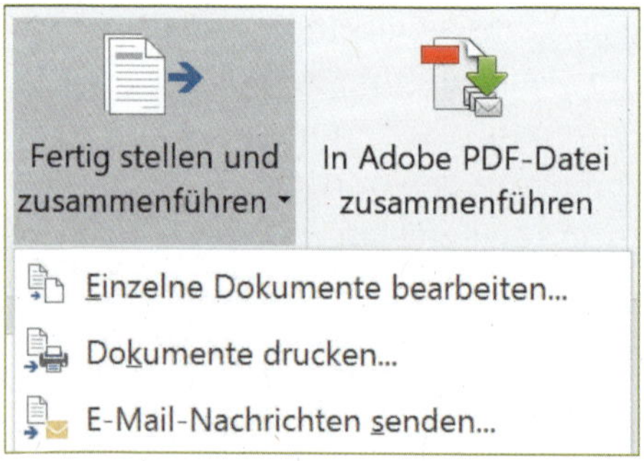

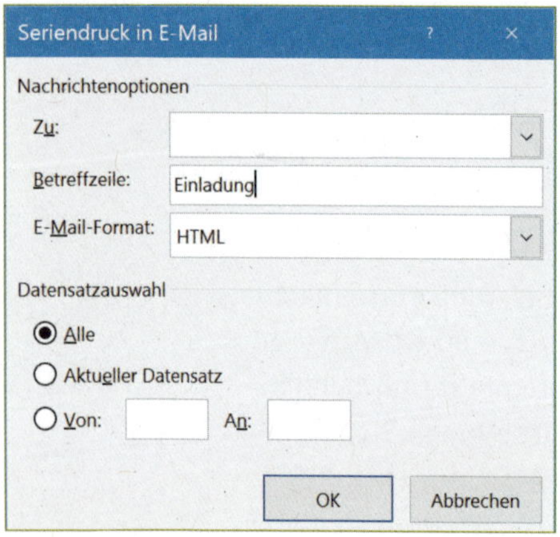

Erstellen des Serienbriefs

Als letzten Schritt wollen Sie die Einladungen sicherlich ausdrucken und danach verschicken. Klicken Sie auf *Fertig stellen und zusammenführen*, dann auf *Dokumente drucken*.
Word erstellt nun aus der Schablone, die Sie gerade mit den Serienbrieffeldern erstellt haben, und der Tabelle mit den Adressen pro Adresse ein Schreiben und schickt dieses an den Drucker. Nachdem Sie die Ausdrucke kontrolliert haben, steht einem Kuvertieren und Versenden per Post nichts mehr im Wege.
Sollten Sie übrigens auch für die tatsächliche Einladung den Versand per E-Mail bevorzugen, wählen Sie beim Versenden statt *Dokumente Drucken* einfach *E-Mail-Nachrichten senden*. Word schlägt Ihnen dann die E-Mail-Adressen aus der Tabelle mit den Serienbrieffeldern als Adressaten vor und versendet auf Wunsch das richtige Schreiben an die richtigen E-Mail-Adressen.
Die Voraussetzung dafür ist natürlich, dass Sie Outlook auf Ihrem Rechner installiert und eingerichtet haben.

17. Dokumentvorlagen: Mein privates Briefpapier

Wenn Sie häufig gleichartige Dokumente erstellen, wird Ihnen auffallen, dass Sie immer und immer wieder gleiche Elemente eingeben. Am einfachsten nachzuvollziehen an einem Brief: Ihre Adresse, die Position der Empfängeradresse, Ort und Datum, all das bleibt nahezu gleich, muss aber immer wieder zeitraubend eingegeben werden. Dazu bieten die Office-Programme die Möglichkeit, sogenannte Dokumentvorlagen, neudeutsch öfter auch gern als „Templates" bezeichnet, anzulegen.

Anlegen einer Dokumentvorlage in Word

Eine Dokumentvorlage ist letzten Endes nichts anderes als ein Word-Dokument (oder eine Präsentation oder Tabelle), das aus dem Programm in einem leicht anderen Format abgespeichert wird.

1 Um Ihr persönliches Briefpapier zu erstellen, legen Sie in Word über *Datei* > *Neu* ein neues, leeres Dokument an. In dieses geben Sie als Erstes Ihre Absenderadresse ein. Ob Sie diese nun untereinander, nebeneinander, groß, klein, fett, bunt ... formatieren, liegt ganz allein in Ihrem Ermessen.

2 Die einfachste Variante, auch die Absenderadresse in den Briefumschlag zu bekommen, besteht in der Verwendung von Fensterumschlägen DIN lang. Diese sind etwas breiter als eine A4-Seite und nehmen (in etwa) gleichmäßig dreifach gefaltete A4-Blätter auf. Für diese Umschläge schreiben Sie Ihre Adresse einfach einzeilig nieder, markieren sie mit der Maus und ändern die Schriftgröße auf 8 Punkt und unterstreichen diese Zeile.

3 Darunter fügen Sie vier Zeilen mit jeweils einem Strich ein, diese Zeilen dienen als Platzhalter für die Empfängeradresse, die sich schließlich bei jedem Brief ändert. Sollten Sie immer wieder Briefe an denselben Adressaten schreiben, können Sie selbstverständlich auch eine separate Dokumentvorlage mit fester Adresse anlegen!

4 Als Nächstes folgt in einem Brief klassischerweise die Datumsangabe mit dem Ort, also beispielsweise „Krefeld, den 27.09.2016". Die Ortsangabe ist fest, die Datumsangabe hängt wenig verwunderlich vom jeweils aktuellen Datum ab. Dies lässt sich leicht umsetzen, indem Sie ein Feld einfügen: Tippen Sie zunächst die Ortsangabe, klicken danach oben in der Menüleiste auf *Einfügen*, dann auf *Datum und Uhrzeit*.

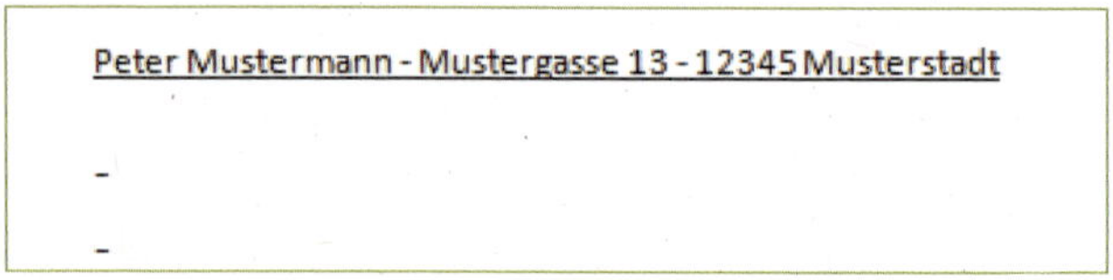

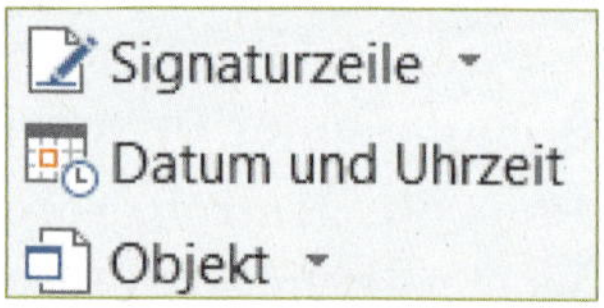

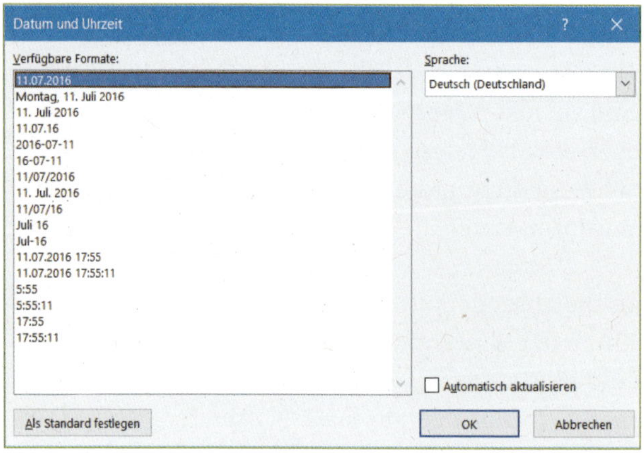

5 Im folgenden Bildschirm können Sie das Format des Datums in den verschiedenen Zahlen- und Text-Varianten bestimmen. Wichtig ist hier vor allem, dass Sie das Häkchen neben *Automatisch aktualisieren* setzen. Durch einen Klick auf *OK* fügen Sie das Datum in das Dokument ein. Auf den ersten Blick steht im Text nun das aktuelle Tagesdatum, wenn Sie aber hineinklicken, sehen Sie, dass das Datum grau hinterlegt wird. Dieses Datumsfeld wird bei jedem Aufruf der Dokumentvorlage durch das jeweils aktuelle Datum ersetzt.

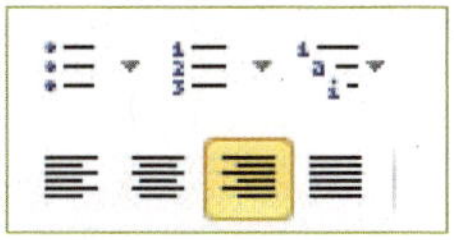

Zu guter Letzt richten Sie das Datumsfeld rechtsbündig aus, indem Sie auf das Symbol mit den *rechts ausgerichteten Linien* in der Symbolleiste unter dem Menüpunkt *Start* klicken.

Was Sie nun auf jeden Fall noch tun sollten: Drucken Sie das Dokument einmal aus und falten Sie es so, als wollten Sie es kuvertieren. Kontrollieren Sie, ob die Abstände richtig sind, dass die Empfängeradresse in das Fenster passt. Wenn nicht, fügen Sie entsprechende Leerzeilen ein oder nehmen welche weg.

Speichern als Dokumentvorlage

Das Speichern Ihrer Vorlage als Dokumentvorlage ist fast so einfach wie das Speichern eines Dokuments. Klicken Sie mit der Maus auf *Datei* > *Speichern unter …*, dann geben Sie den Namen der Vorlage ein. Diese sollte einmal mehr so sprechend sein, dass Sie sie später auch identifizieren können.

Ändern Sie nun den Dateityp auf „Word-Vorlage (*.dotx)“. Word passt automatisch das Verzeichnis auf das Standardverzeichnis für Dokumentvorlagen (im Normalfall „Benutzerdefinierte Office-Vorlagen“) an. Speichern Sie Ihre neue Vorlage nun einfach, um sie später direkt verwenden zu können.

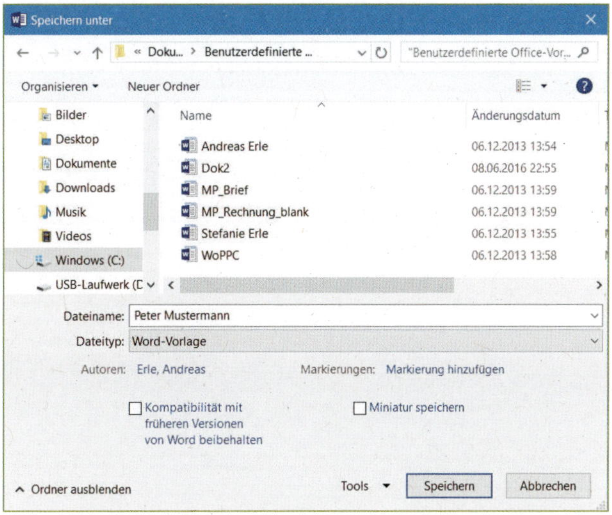

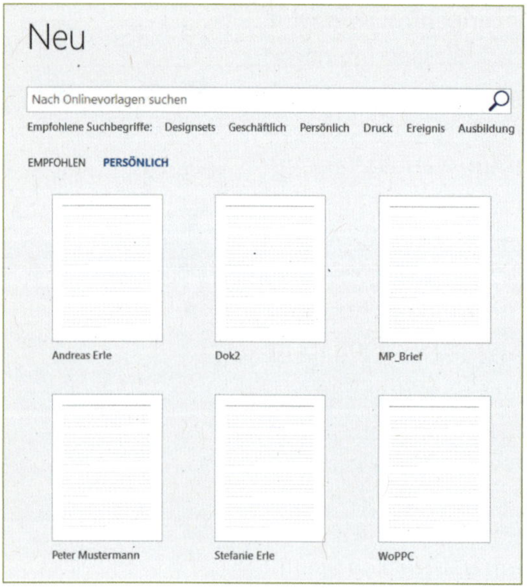

Verwenden der Dokumentvorlage

Um Ihr elektronisches Briefpapier nun zu verwenden, klicken Sie in Word auf *Datei* > *Neu*, dann auf *Persönlich* und den Namen Ihrer Vorlage. Ein neues Dokument wird angelegt, alle in der Vorlage eingegebenen Texte werden eingefügt und alle Felder mit den jeweils aktuellen Werten gefüllt.

Das Eingeben von weiterem Text und das Speichern des Dokuments ändert eben nicht die Vorlage, sondern legt eine neue Datei auf der Festplatte Ihres Rechners oder in der Cloud an. Das können Sie daran erkennen, dass Sie als Dokumentnamen nicht „Peter Mustermann" sehen, sondern „Dokument …", den Standard-Namen eines neuen Dokumentes. Selbst wenn Sie das Dokument unter diesem Namen speichern würden: Die Dokumentvorlage bliebe immer noch unverändert.

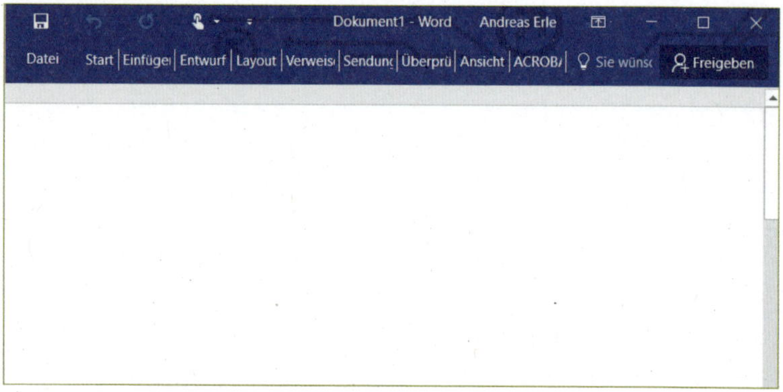

18. Erstellen eines Kochbuchs

Von trockenen Dokumentenvorlagen zu etwas Genussvollerem: Kochen. Wenn Sie ein wenig Spaß am Kochen haben, kennen Sie die Bredouille: Sie köcheln vor sich hin, das Endergebnis ist vorzüglich, aber nicht reproduzierbar: Einmal war es ein Rezept aus dem Internet, auf das Sie zufällig gestoßen sind, ein anderes Mal der Tipp eines Freundes, schließlich wiederum Ihr eigenes Genie – durch Ausprobieren wurde letztendlich genau die richtige Mischung an Zutaten gefunden.
Wenn Sie Ihre Quellen allerdings nicht sehr zeitnah schriftlich zusammenfassen, werden Sie sich beim nächsten Mal erneut auf die Suche begeben – mit ungewissem Ausgang. Das Mittel gegen das Vergessen: Legen Sie in Word ein eigenes kleines Kochbuch an.

Texte in Word strukturieren per Überschriftenebenen

Am einfachsten sollten Sie sich schon im Vorfeld Gedanken darüber machen, welche Struktur für ein Kochbuch sinnvoll sein könnte: Rezept für Rezept hintereinander einzutippen, mangels richtiger Struktur im Nachhinein in Ihrem Rezeptbuch aber stundenlang suchen zu müssen, um das entsprechende Rezept zu finden – das ist kaum zielführend. Word bietet zur Vermeidung einer solchen Situation eine Vielzahl an Helfern.
Einzelne Kapitel für Gerichte, Saucen und Getränke anzulegen ist beispielsweise eine sinnvolle Vorgehensweise. Innerhalb der Kapitel können Sie auf Wunsch weitere Unterteilungen vornehmen (für „Gerichte" etwa Hauptspeise, Vorspeise, Dessert ...) und so frei festlegen, wie fein die Struktur Ihrer Rezeptsammlung sein soll. Dies funktioniert in Word über die Formatvorlagen. Diese sind in der Menüleiste über *Start* zu erreichen und erst einmal nichts anderes als ein Satz Formatierungsinformationen: Schriftart und -größe, Attribute wie Fettdruck und andere, Zeilenabstände und ähnliche

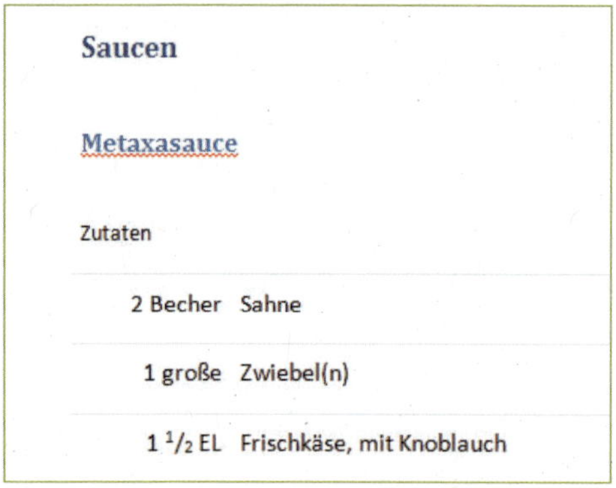

Informationen werden vorgefertigt von Word zur Verfügung gestellt. Bei diesen Formatvorlagen finden Sie auch unterschiedliche Überschriften, die den Rahmen für Kapitel und Unterkapitel bilden.

- **Kapitelüberschrift:** Überschrift 1
- **Erstes Unterkapitel:** Überschrift 2
- **Die Ebene darunter:** Überschrift 3

Und so weiter. Um nun „Gerichte" als Kapitelüberschrift zu markieren, müssen Sie nur einmal in das Wort hineinklicken und dann unter *Formatvorlagen* auf *Überschrift 1* klicken.
Ein Markieren des Textes ist nicht nötig, da die Überschriften immer auf ganze Zeilen wirken. Nur, wenn der Text, der als Überschrift verwendet werden soll, länger als eine Zeile ist – was bei einer Überschrift meist ohnehin nicht empfehlenswert ist – müssten Sie ihn mit der Maus markieren.
Verfahren Sie nun mit den Unterkapiteln ebenso, indem Sie ihnen die Formatvorlage *Überschrift 2* zuweisen, und füllen Sie langsam Ihr Rezeptbuch. Jedes neue Rezept wird dann in seinem passenden Kapitel eingetragen und bekommt die richtige Überschrift.

Inhaltsverzeichnis einfügen

Mithilfe dieser Informationen kann Word nun automatisch ein Inhaltsverzeichnis aufbauen: Es kennt die Positionen, wo ein Kapitel und seine Unterkapitel beginnen, und kann diese automatisch in einer Tabelle zusammenfassen und wie bei einem Buch in Form eines Inhaltsverzeichnisses zur Verfügung stellen.

1 Klicken Sie dazu mit der Maus an die Position, an der das Inhaltsverzeichnis eingefügt werden soll, danach auf *Verweise* in der Menüleiste und schließlich auf *Inhaltsverzeichnis*. Nun werden Ihnen verschiedene Vorschauen von Inhaltsverzeichnissen angezeigt. Klicken Sie die an, die am ehesten Ihren Geschmack trifft, dann fügt Word es in Ihr Rezeptbuch ein.

2 Wenn Sie nun ein weiteres Rezept einfügen, werden Sie bemerken, dass Word das Inhaltsverzeichnis nicht automatisch aktualisiert. Das macht aber nichts: Klicken Sie mit der Maus einmal hinein, dann auf

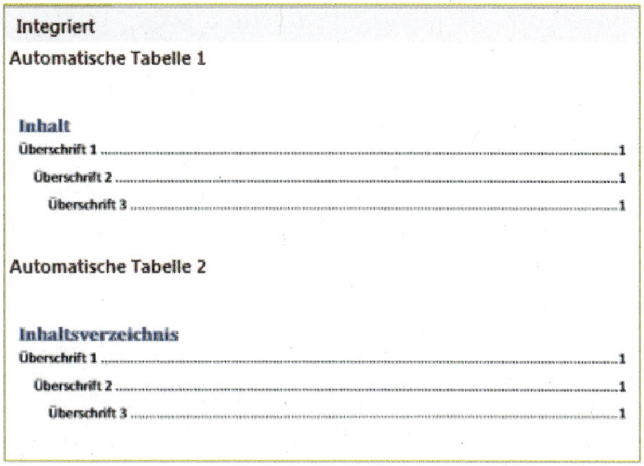

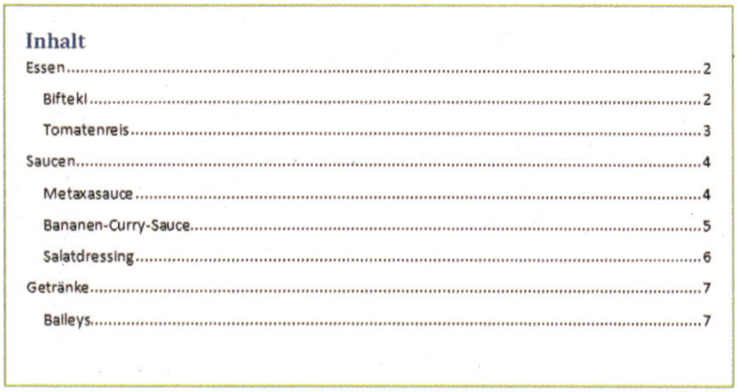

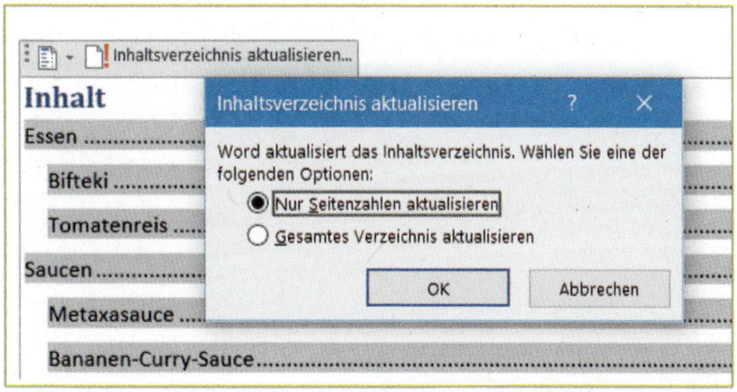

Tabelle aktualisieren, auf *Gesamtes Verzeichnis aktualisieren*. Schon werden die neuen Rezepte ebenfalls angezeigt, gelöschte entfernt und veränderte Bezeichnungen ebenfalls dargestellt.

Zutaten über einen Index verwalten

Das Inhaltsverzeichnis und die zugrundeliegende Struktur Ihres Rezeptbuchs sind schon hilfreich, aber wollten Sie nicht immer schon wissen, in welchem Rezept beispielsweise Knoblauch verwendet wurde? Solche Informationen finden sich im Text, aber natürlich meist nicht in den Überschriften der Rezepte.

Word kennt dafür als Hilfsmittel den sogenannten Index: In diesem können Sie all die Begriffe, die der Leser wie in einem Stichwortverzeichnis in einem Buch suchen würde, markieren und aufnehmen.

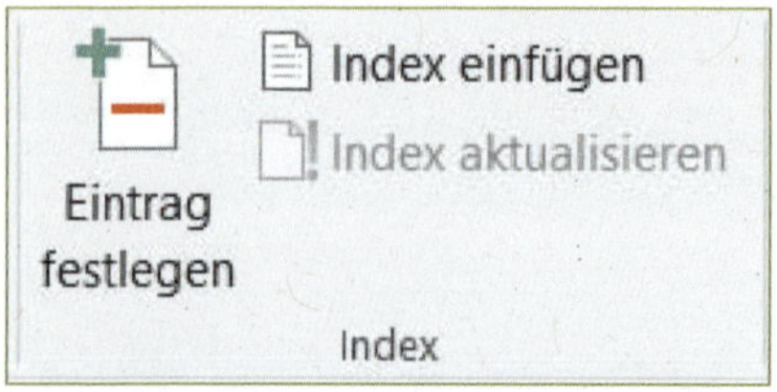

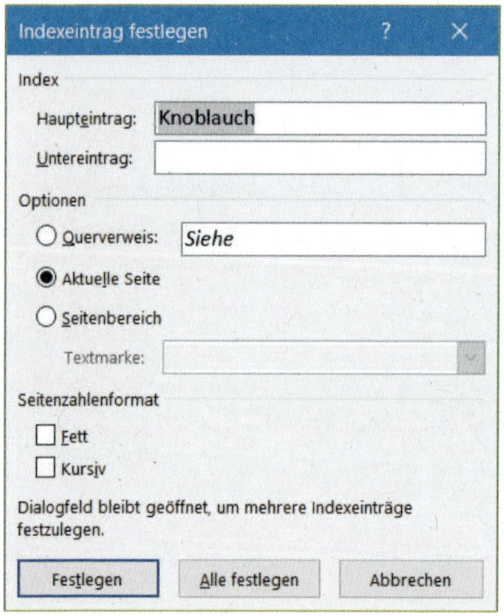

1 Markieren Sie jetzt beispielsweise das Wort „Knoblauch", wenn es in den Zutaten eines Rezeptes vorkommt, klicken Sie in der Menüleiste auf *Verweise*, dann auf *Eintrag festlegen*.

2 Sie können nun den Eintrag an sich ändern (wenn beispielsweise „Knofi" statt „Knoblauch" dort stände, könnten sie die Schreibweise korrigieren). Das Ziel eines Index ist es, dem Leser mit möglichst wenig Aufwand möglichst schnell einen Überblick zu bieten.

3 Liegt Ihnen beispielsweise ein ähnlicher Begriff vor (zum Beispiel Bärlauch), ist anzuraten, alle Fundstellen zu Bärlauch nicht separat aufzuführen, sondern hier einen Verweis auf „Knoblauch" zu setzen. Klicken Sie dazu auf *Querverweis* und geben Sie den Begriff ein, auf den verwiesen werden soll.

4 Ein Klick auf *Festlegen* erzeugt den neuen Indexeintrag. In diesem Fall würden Sie aber sicherlich bevorzugen, dass alle Stellen, an denen im Text der Begriff Knoblauch vorkommt, aufgenommen werden: Klicken Sie dafür auf *Alle festlegen*. Word durchsucht nun das Dokument und trägt für den Begriff Knoblauch alle Fundstellen in den Index ein.

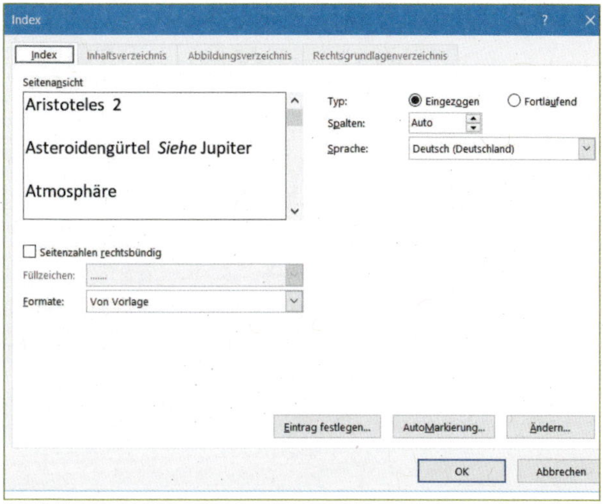

5 Der Index befindet sich üblicherweise am Ende eines Buchs. Gehen Sie also zum Einfügen in Ihr Rezeptbuch ans Ende des Dokuments und klicken dort auf *Verweise* > *Index einfügen*.

Banane 2, 6
Knoblauch 2, 5
Paprika 2, 5
Zwiebel 2, 4, 5

6 Im sich nun öffnenden Dialog können Sie beispielsweise festlegen, ob der Index ein- oder zweispaltig dargestellt werden soll (zweispaltig am besten dann, wenn Sie viele Begriffe im Index haben, sonst füllt dieser zu viele Seiten). Ebenfalls empfehlenswert: Lassen Sie die Seitenzahlen rechtsbündig darstellen, das wirkt optisch deutlich ordentlicher.

Wenn Sie nun nach einer Zutat suchen, reicht ab sofort ein Blick auf die alphabetisch geordnete Darstellung im Index, um schnell alle Seiten mit Rezepten mit dieser Zutat zu finden!

19. Anfertigen und automatisieren von Protokollen und Tagesordnungen

Das Prinzip der Strukturierung hilft Ihnen natürlich auch in ganz anderen Lebensbereichen – etwa in Meetings, bei denen Sie Protokoll führen müssen. Inhalte und Diskussionen mögen interessant sein, aber meist auch langwierig und alles soll festgehalten werden. Dazu kommt eine Tagesordnung, damit sich alle Teilnehmer im Vorfeld der Sitzung auf alle zu besprechenden Punkte vernünftig vorbereiten können.

Ihnen wird schnell auffallen, dass Protokoll wie Tagesordnung viele gleiche Elemente enthalten und es auch bei den Inhalten zu etlichen Wiederholungen kommt. Mit ein wenig Überlegung lassen sich viele Dinge automatisieren, was Ihnen Zeit für die wirklichen Aufgaben schafft.

Vorbereitung und Durchführung der Automatisierung

Klassischerweise ist es doch so: Ihnen liegt eine Tagesordnung vor, die die einzelnen in der Besprechung thematisierten Punkte als TOPs geordnet aufführt.

In Ihrem Protokoll tauchen dann genau diese Punkte wieder auf und werden in der Folge mit den Ergebnissen gefüllt. Warum also den gleichen Punkt zweimal abtippen?

Um das Prozedere und damit Ihren Arbeitsaufwand zu vereinfachen, bereiten Sie in Word als Erstes das Protokoll vor.

1 Geben Sie die Überschriften der einzelnen Tagesordnungspunkte in das Dokument ein und drücken Sie nach jeder Überschrift zweimal die Eingabetaste, um Platz für die später einzutragenden Inhalte zu schaffen.

2 Hat ein Thema Unterthemen – sollen beispielsweise beim Tagesordnungspunkt „Berichte aus den Arbeitskreisen" die bestehenden Arbeitskreise separat über ihre Fortschritte berichten, was auch so protokolliert werden soll –, tragen Sie auch diese Überschriften unter die jeweiligen Hauptpunkte ein.

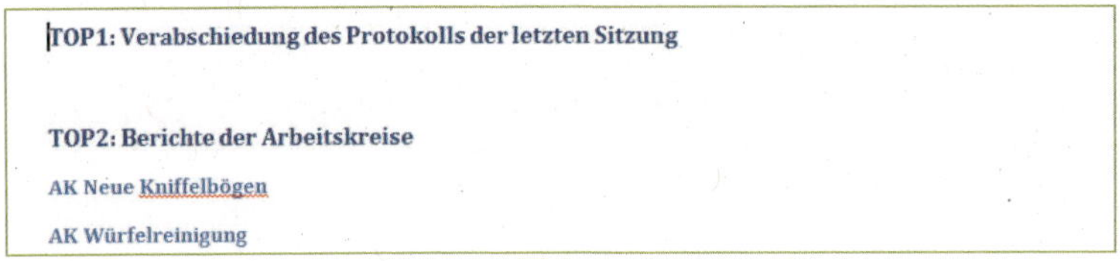

3 Nun markieren Sie die einzelnen Tagesordnungspunkte als „Überschrift 1", indem Sie den Cursor in den Text stellen und in der Symbolleiste unter *Start* > *Formatvorlagen* die entsprechende Formatvorlage anwählen.

4 Für die Unterpunkte der Tagesordnungspunkte wählen Sie dann das Format *Überschrift 2*.

5 Sollte Ihnen die Formatvorlage nicht gefallen, können Sie diese ohne Probleme überarbeiten: Klicken Sie mit der rechten Maustaste auf *Ändern*.

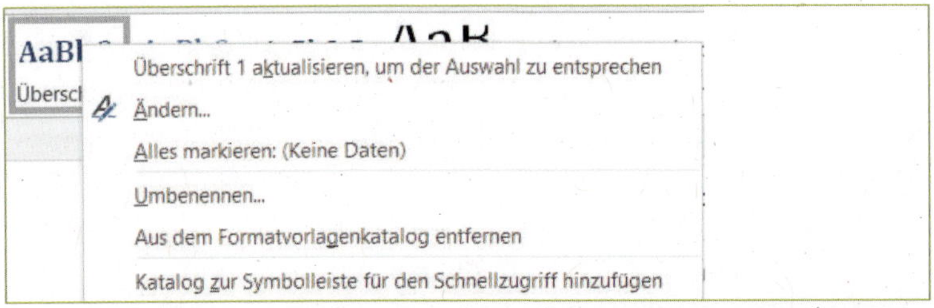

6 Im sich nun öffnenden Fenster können Sie für die ausgewählte Formatvorlage genau festlegen, welche Schriftart und -größe, Farbe und viele weitere Eigenschaften sie haben soll.

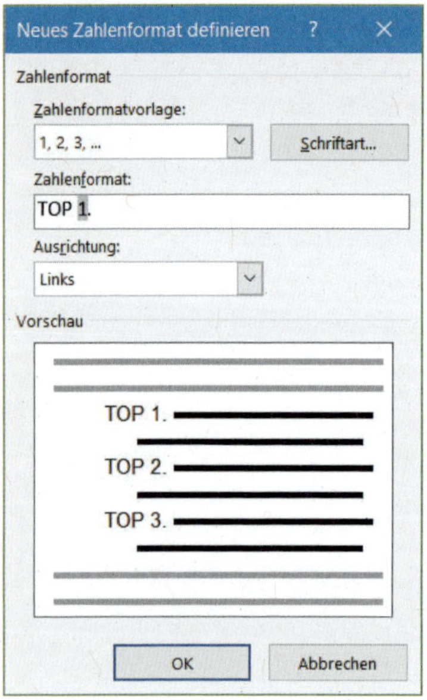

Besonders interessant: Bisher haben Sie den Text „TOP" („Tagesordnungspunkt") und die entsprechende Nummer immer manuell eingetragen. Dies zieht allerdings das Problem nach sich, dass Sie nach Einfügen eines neuen Punkts zwischendrin alle folgenden ebenfalls manuell ändern müssen.

Das lässt sich vermeiden, indem Sie im Bearbeitungsfenster für die Formatvorlage auf *Format > Nummerierung* klicken, dann auf *Neues Zahlenformat*.

Unter Zahlenformat steht dann schon als Feld die Zahl 1 grau hinterlegt, was bedeutet, dass die Nummerierung automatisch stattfindet. Davor und danach können Sie aber selbst zusätzlichen Text eingeben, z. B. „TOP" und durch *OK* die Bearbeitung der Formatvorlage abschließen.

Sobald Sie dann einen neuen Tagesordnungspunkt in das Dokument einfügen, bekommt der automatisch die richtige Überschrift und Nummerierung.

Tagesordnung automatisch generieren

Hierzu ist kaum noch Aufwand nötig:

1 Nennen Sie die Überschrift der Veranstaltung, die Teilnehmer und dass es sich um eine Tagesordnung handelt – also alles, was nicht automatisch generiert werden kann.

2 Im Anschluss klicken Sie in der Menüleiste auf *Verweise > Inhaltsverzeichnis* und im sich öffnenden Fenster auf den obersten Eintrag. Die einzelnen Tagesordnungspunkte werden nun als Inhaltsverzeichnis automatisch eingefügt.

3 Siehe da, schon ist die automatische Tagesordnung fertig. Diese können Sie natürlich auch als eigene Dokumentvorlage speichern, sodass Sie sie immer und immer wieder verwenden können (siehe „Anlegen einer Dokumentvorlage in Word", S. 119).

Automatische Textblöcke verwenden

Nachdem die Struktur der Tagesordnung und des Protokolls nun nahezu automatisiert wurden, können Sie sich einer weiteren potenziellen Zeitersparnis zuwenden. In jedem Meeting gibt es die klassischen Elemente, die immer und immer auftauchen und folglich immer und immer wieder dokumentiert werden müssen, beispielsweise Beschlüsse. Warum sollten Sie Abstimmungsergebnisse wie dieses

- **Zugestimmt:** x Stimmen
- **Abgelehnt:** y Stimmen
- **Enthalten:** z Stimmen

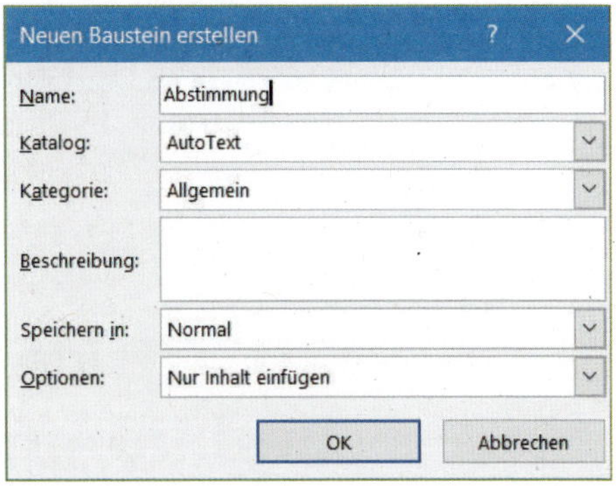

immer aufs Neue manuell abtippen und nur die richtige Stimmenzahl verändern? Die Lösung für diese Frage ist der sogenannte AutoText von Word. Tippen Sie einmal den Textblock, den Sie immer wieder benötigen, in das Word-Dokument ein. Dann markieren Sie ihn mit der Maus, indem Sie den Mauszeiger auf den linken, oberen Bereich des Textblocks bewegen, die linke Maustaste gedrückt halten und die Maus dann bis zum Ende des Bereichs bewegen. Drücken Sie nach dem Loslassen der Maustaste auf der Tastatur gleichzeitig [Alt] und [F3].

Im sich öffnenden Fenster können Sie jetzt den Namen des Textblocks eingeben. Dieser ist nicht – wie sonst oft – Schall und Rauch, sondern wichtig für die Anwendung. Später erkennt Word ihn, wenn Sie den Namen als Wort eintippen, und bietet Ihnen das Einfügen des Textblocks an. Im Beispiel bietet sich „Abstimmung" an.

Wichtig dabei: Standardisiert werden die AutoText-Einträge immer in der Standard-Dokumentvorlage normal.dot (die verwendet wird, wenn Sie in Word auf *Datei* > *Neu* klicken) gespeichert. Haben Sie für Ihr Protokoll eine eigene Dokumentvorlage erstellt und gespeichert, dann müssen Sie diese durch einen Klick auf den *Pfeil* neben *Speichern in:* auswählen.

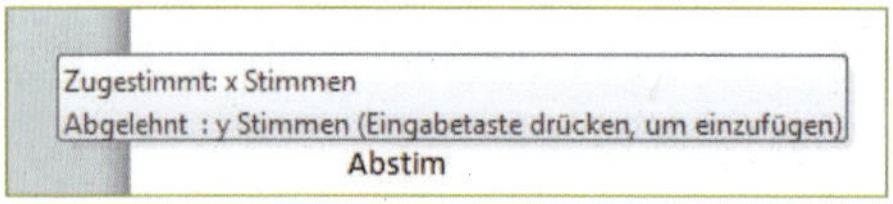

Einmal gespeichert, ist die Verwendung dieses automatischen Textblocks ganz einfach: Tippen Sie im Text den Namen des Blocks als normalen Text ein, schon nach wenigen Zeichen bietet Ihnen Word an, dass es den Textblock einfügen kann, wenn Sie nur die Eingabetaste drücken.
Möchten Sie stattdessen das Wort „Abstimmung“ im Text sehen, tippen sie einfach weiter, ohne das Ersetzen durch Drücken der Eingabetaste zu bestätigen. So können Sie schnell auch umfangreiche Textbausteine in Ihren Text einfügen, ohne sie manuell eintippen oder kopieren zu müssen.

20. Office-Dokumente ändern und kommentieren

Einer der großen und schönen Aspekte der digitalen Revolution ist die Tatsache, dass Grenzen gefallen sind und die Zusammenarbeit deutlich breiter und übergreifender möglich ist, als es bisher der Fall war. Dabei sind es nicht einmal die geografischen Grenzen, die hier gemeint sind, sondern vielmehr die Grenzen des eigenen Haushaltes, Rechners und Systems.
Die Konsequenz: Immer öfter arbeiten Sie nicht allein an einem Dokument, sondern mit mehreren Personen. Entweder durch Ver-

senden dieses Dokumentes, das von einem anderen Anwender mit Anmerkungen versehen und an Sie zurückgeschickt wird, oder parallel mit einem Dokument auf dem OneDrive.

Änderungen in Dokumenten vornehmen und verfolgen

Die klassische und trotzdem immer noch gebräuchliche Version der Zusammenarbeit läuft über den Versand eines Dokuments. Sie haben einen Text geschrieben und möchten von Ihrem Gegenüber Anmerkungen dazu haben. Da wäre es alles andere als hilfreich, wenn dieser Ihren Text ändert und Sie die Änderungen nicht nachvollziehen können: Je länger das Dokument, desto höher der Aufwand, dieses herauszufinden. Word hat dafür eine Funktion, die sich „Änderungen nachverfolgen" nennt.
Um diese zu aktivieren, klicken sie in der Menüleiste von Word auf *Überprüfen*, dann auf *Änderungen nachverfolgen*. Jede eingegebene Änderung – sei es neuer Text, seien es gelöschte Passagen – wird nun farbig markiert dargestellt.
Wenn sie den Mauszeiger über eine dieser Änderungen bewegen, erscheint ein kleines Infofeld, in dem der Name des Ändernden, Datum, Uhrzeit und Inhalt der Änderung angezeigt werden.

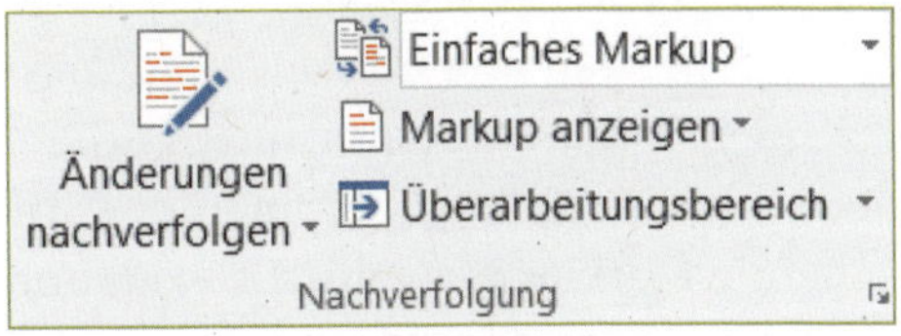

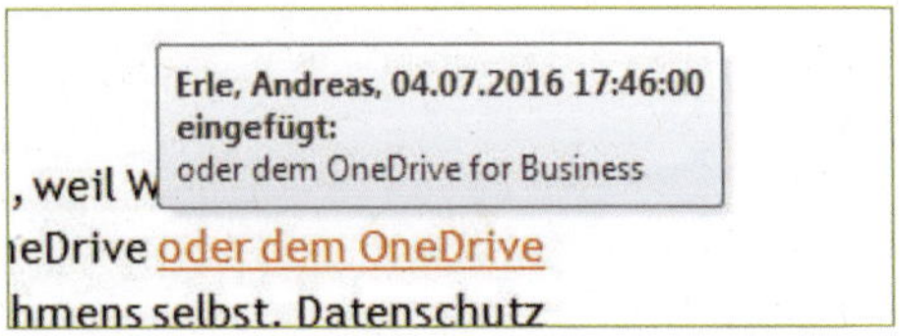

Kommentare einfügen

Eine weitere Möglichkeit, in einem Dokument Anmerkungen vorzunehmen, besteht in der Verwendung von Kommentaren. Ebenfalls unter dem Menüpunkt *Überprüfen* finden Sie ein Symbol *Neuer Kommentar*. Am besten markieren Sie vorher mit der Maus den Textabschnitt, auf den sich der Kommentar bezieht, dann klicken Sie auf die Schaltfläche.

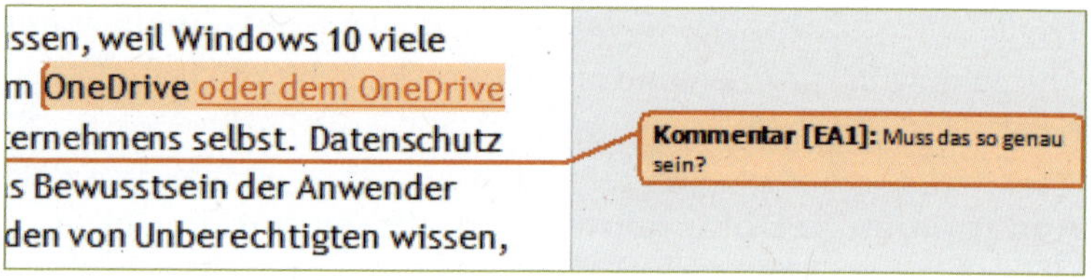

Der Kommentar wird nun rechts am Rand des Dokuments angezeigt und mit den Initialen des Bearbeiters versehen. Formal ist ein Kommentar keine Veränderung des Dokuments, er wird also nicht über die Änderungsverfolgung markiert. Das ist gut so, ansonsten wäre das Lesen eines kommentierten Texts extrem mühsam.

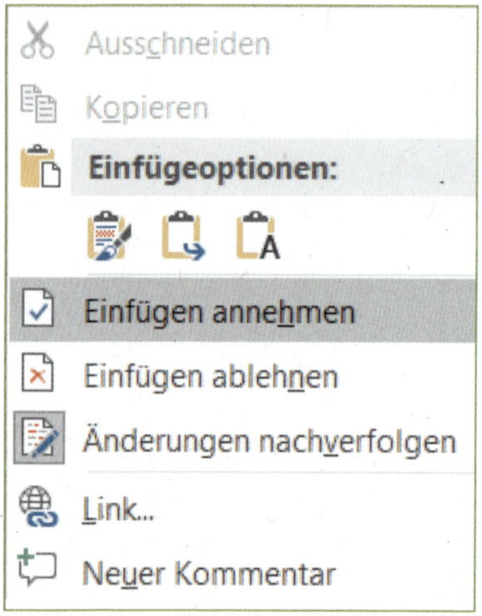

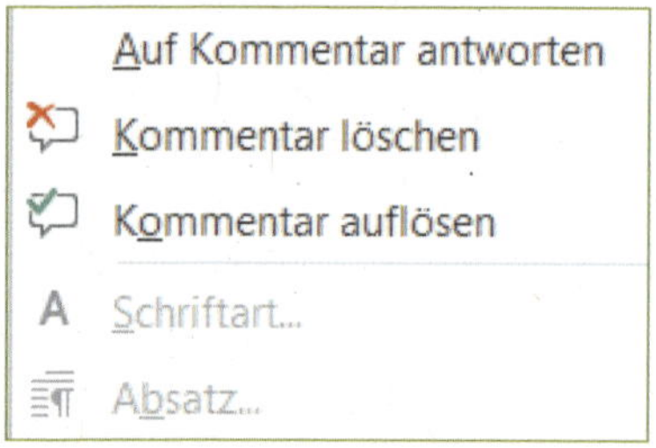

Änderungen annehmen oder verwerfen

Wenn Sie ein mit Korrekturanmerkungen oder Kommentaren versehenes Dokument wieder zurückbekommen, können Sie entscheiden, ob Sie die Änderungen annehmen möchten oder doch anderer Meinung sind. Dies können Sie sehr einfach machen:

1 Gehen Sie zu einem der geänderten Bereiche und klicken Sie mit der linken Maustaste hinein.

2 Im sich öffnenden Menü können Sie dann wählen, ob Sie die Änderung annehmen – diese wird dann in den Text aufgenommen und die entsprechende Markierung gelöscht – oder ob Sie sie doch lieber verwerfen wollen. Dann wird der ursprüngliche Zustand der Passage wird wiederhergestellt.

Kommentare löschen

Wenn das bearbeitete Dokument Kommentare enthält, können Sie die enthaltenen Hinweise beachten (oder verwerfen) und anschließend löschen, indem Sie mit der rechten Maustaste hineinklicken und auf *Kommentar löschen* klicken.

Gleichzeitiges Bearbeiten von Dokumenten

Wenn Sie mit mehreren Leuten an einem Projekt arbeiten und damit auch mehrere Personen parallel die Möglichkeit nutzen, an einem Dokument von unterwegs Änderungen vorzunehmen, dann stellt auch das für Microsoft Office keine Schwierigkeit dar. Was bei einer lokal auf der Festplatte gespeicherten Datei eine Herausforderung wäre, ist bei Dateien, die auf dem OneDrive gespeichert sind, überhaupt kein Problem. Auch wenn Ihr OneDrive nur Ihnen selbst zugänglich ist, so können Sie dennoch einzelne Dokumente freigeben.

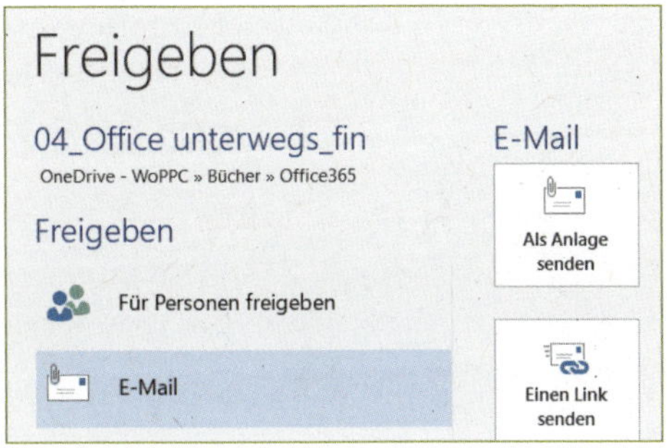

1 Klicken Sie dazu auf *Datei* > *Freigeben* > *E-Mail* > *Einen Link senden*.

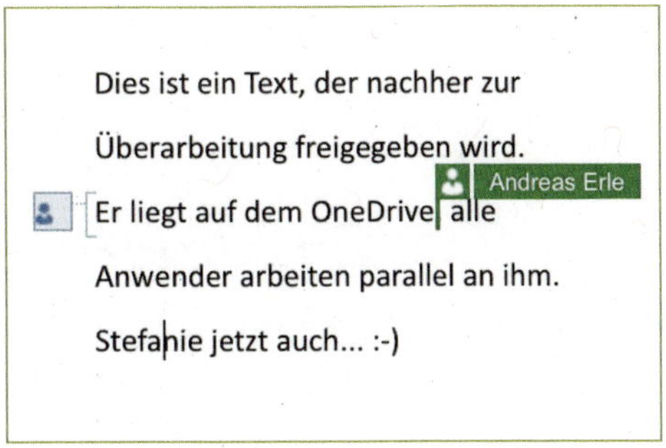

2 Der Empfänger der E-Mail kann das Dokument dann bearbeiten, die Änderungen werden später automatisch zusammengeführt.

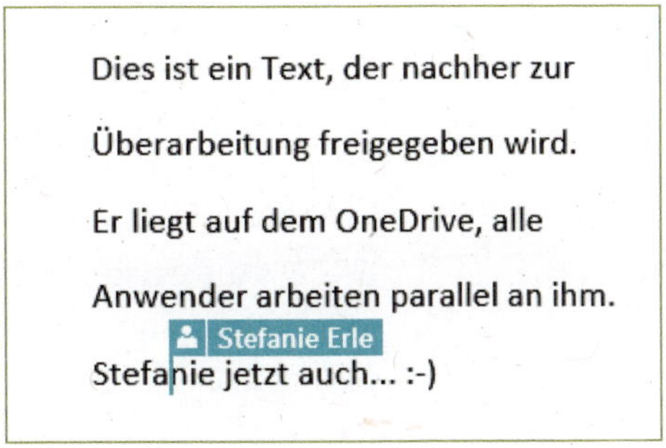

3 Die jeweilige Person erhält eine E-Mail mit einem Link, auf den sie klicken kann. Somit kann sie direkt auf das von Ihnen freigegebene Dokument gelangen. In der Web-Version der Office-Apps sehen Sie direkt im Eingabebereich, wer sich wo im Dokument bewegt.

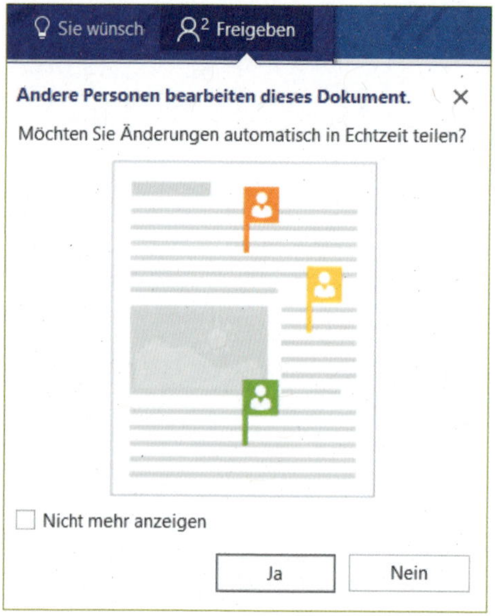

Wenn Sie in einer der Desktop-Apps sind, finden Sie, sobald das erste Mal ein anderer Anwender das Dokument bearbeitet, unter dem Dokument einen Hinweis, dass Änderungen verfügbar sind. Klicken Sie diese Meldung an, und Sie können entscheiden, ob Sie die Änderungen ab jetzt direkt im Dokument sehen möchten, was Sie durch das Setzen eines Häkchens neben *Nicht mehr anzeigen* und einen Klick auf *Ja* auswählen. Nun sehen Sie tatsächlich in Echtzeit, wo im Text der andere Anwender sich gerade befindet und welche Änderungen er durchführt.

21. Zusammenfügen von Dokumenten

Idealerweise arbeiten – wie in Projekt 20, siehe „Office-Dokumente ändern und kommentieren", S. 132 – zwei Personen an einem Dokument von vornherein über den Änderungsmodus zusammen. Das ist allerdings nicht immer der Fall. Und so kann es vorkommen, dass es zwei Versionen desselben Dokuments gibt, die beide Inhalte in sich tragen, die Sie benötigen.
Diese manuell zusammenzuführen ist theoretisch eine Option – bei umfangreichen Dokumenten können Sie diese allerdings auch fast gleich neu schreiben.

Vergleich von Word-Dokumenten

Am einfachsten funktioniert das Zusammenführen von Dokumenten bei Microsoft Word. Starten Sie dazu das Programm, klicken Sie in der Menüleiste auf *Überprüfen*. Unter *Vergleichen* können Sie dann auswählen, ob Sie nur einen Vergleich durchführen wollen oder die beiden Dokumente gleich zu einem gemeinsamen Dokument zusammenführen wollen.

1 Klicken Sie auf *Vergleichen*, um die beiden Dokumente zu vergleichen, ohne sie zu verändern beziehungsweise eine zusammengeführte Version zu erhalten. Word bietet eine Menge an Anpassungsmöglichkeiten in Texten, und so kann es vorkommen, dass die relevanten inhaltlichen Änderungen in den „uninteressanten" Anpassungen (wie Leerzeichen, Formatänderungen, Verschiebungen etc.) untergehen. Um das zu vermeiden, können Sie auf *Erweitern* klicken, um eine Auswahlliste zu öffnen.

2 In dieser Liste können Sie bei allen Änderungen das Häkchen entfernen, die für Sie für einen Vergleich der Dokumente nicht interessant sind.

3 Ebenfalls können Sie festlegen, ob Sie die Änderungen in einem neuen Dokument, dem Originaldokument oder dem überarbeite-

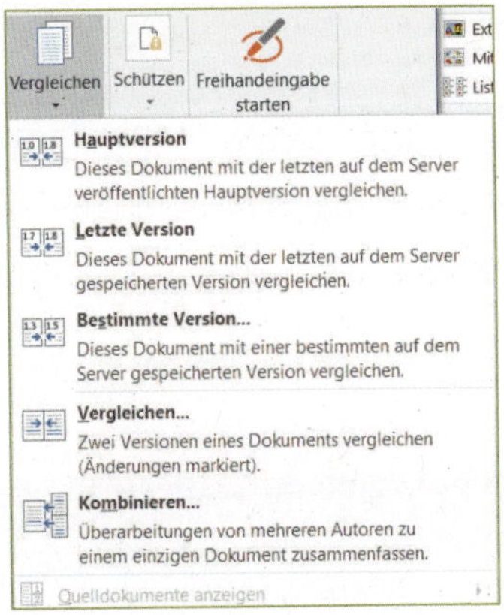

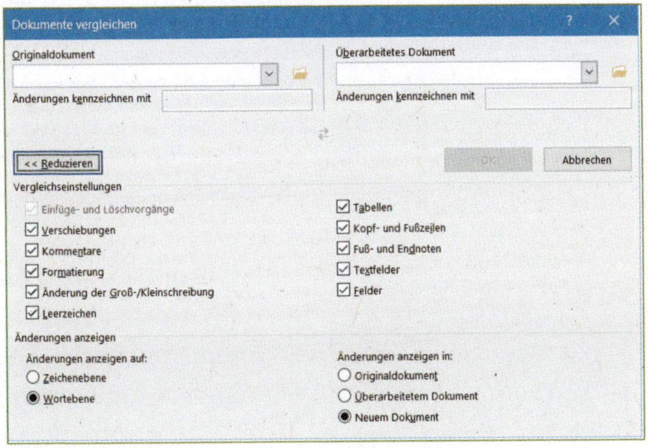

ten Dokument anzeigen lassen, indem Sie unten rechts die Auswahl unter *Änderungen zeigen in* treffen.

4 Wählen Sie das „Originaldokument" in der Auswahlliste oben links aus. Hier werden Ihnen die zuletzt angezeigten Dokumente angeboten. Ist das gewünschte nicht dabei, wählen Sie *Durchsuchen*.

Für das überarbeitete Dokument verfahren Sie nun ebenso. Starten Sie den Vergleich durch einen Klick auf *OK*. Standardmäßig werden Ihnen das erste Dokument und darin die Unterschiede zum zweiten Dokument als Änderungen im Änderungsmodus angezeigt.

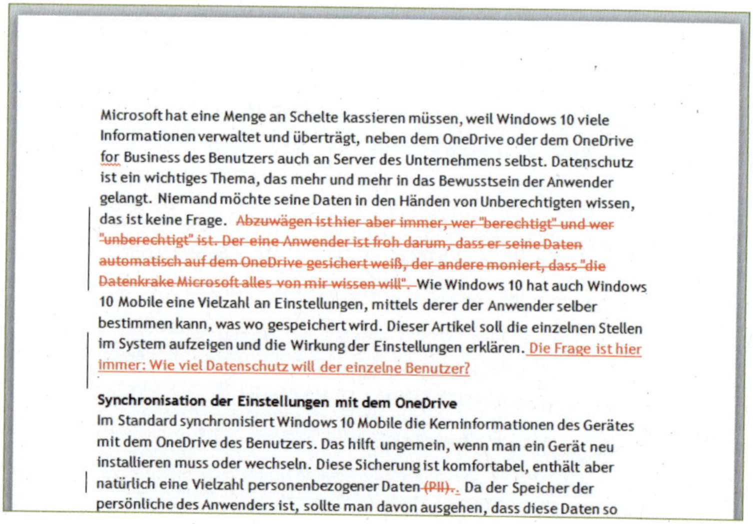

Microsoft hat eine Menge an Schelte kassieren müssen, weil Windows 10 viele Informationen verwaltet und überträgt, neben dem OneDrive oder dem OneDrive for Business des Benutzers auch an Server des Unternehmens selbst. Datenschutz ist ein wichtiges Thema, das mehr und mehr in das Bewusstsein der Anwender gelangt. Niemand möchte seine Daten in den Händen von Unberechtigten wissen, das ist keine Frage. ~~Abzuwägen ist hier aber immer, wer "berechtigt" und wer "unberechtigt" ist. Der eine Anwender ist froh darum, dass er seine Daten automatisch auf dem OneDrive gesichert weiß, der andere moniert, dass "die Datenkrake Microsoft alles von mir wissen will".~~ Wie Windows 10 hat auch Windows 10 Mobile eine Vielzahl an Einstellungen, mittels derer der Anwender selber bestimmen kann, was wo gespeichert wird. Dieser Artikel soll die einzelnen Stellen im System aufzeigen und die Wirkung der Einstellungen erklären. Die Frage ist hier immer: Wie viel Datenschutz will der einzelne Benutzer?

Synchronisation der Einstellungen mit dem OneDrive

Im Standard synchronisiert Windows 10 Mobile die Kerninformationen des Gerätes mit dem OneDrive des Benutzers. Das hilft ungemein, wenn man ein Gerät neu installieren muss oder wechseln. Diese Sicherung ist komfortabel, enthält aber natürlich eine Vielzahl personenbezogener Daten ~~(PII).~~. Da der Speicher der persönliche des Anwenders ist, sollte man davon ausgehen, dass diese Daten so

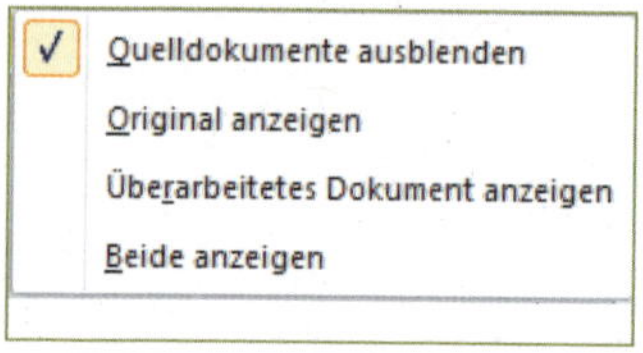

Manchmal kann diese Ansicht nicht detailliert genug sein: Normalerweise würden Sie ja auch zwei Dokumente nebeneinanderliegen haben und diese miteinander vergleichen. Um diese Ansicht zu erhalten, klicken Sie erneut auf *Vergleichen*, wodurch Sie einen neuen Eintrag *Quelldokumente anzeigen* finden.

Klicken Sie darauf und dann auf *Beide anzeigen*. Sie erhalten nun eine detaillierte Ansicht der Änderungen in der linken Spalte, das verglichene Dokument mit Änderungsmarkierungen in der mittleren Spalte und beide Dokumente gegenübergestellt übereinander in der rechten Spalte.
Wie gewohnt können Sie mit einem Klick der rechten Maustaste auf eine Änderung diese annehmen oder ablehnen.

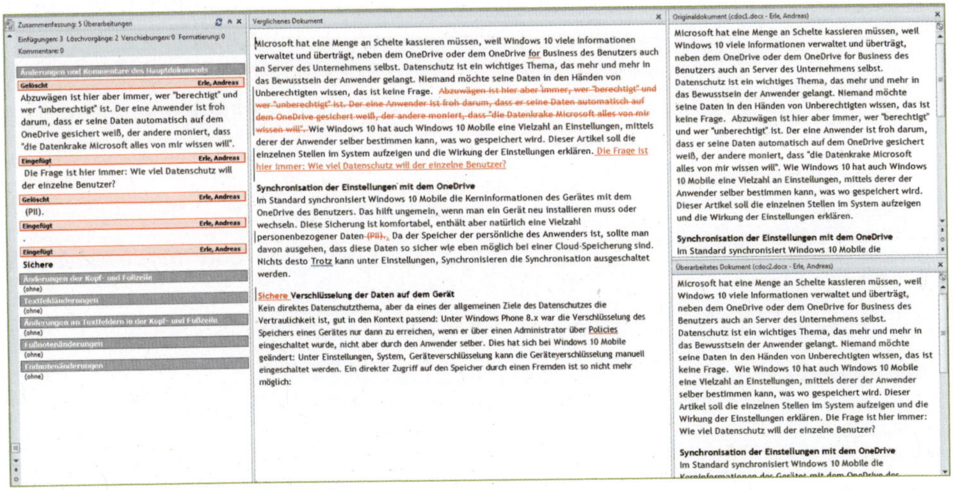

Zusammenführen von Word-Dokumenten

Während der Vergleich zwischen zwei Dokumenten immer von einem Original und einem geänderten Dokument ausgeht, kann es passieren, dass Sie zwei parallel geänderte Versionen eines Dokumentes haben, die quasi beide ein Original sind, von denen Sie die unterschiedlichen Passagen zusammengeführt haben wollen. Der Weg dorthin ist nahezu identisch: Klicken Sie unter *Überprüfen* > *Vergleichen* auf *Kombinieren*. Im Gesamtdokument sehen Sie nun die Hinzufügungen und Löschungen beider Dokumente separat und können durch Annehmen und Ablehnen jeweils entscheiden, was übernommen werden soll.

22. Die Suchfunktion in Word

Die Suchfunktion in Word kann mehr als Sie vermutlich denken. Da haben Sie Kochbücher und Protokolle – vielleicht auch von anderen Personen – angefertigt und zusammengefügt und wollen nun nach einem bestimmten Begriff suchen. Weil für diesen aber mehrere Schreibweisen zulässig sind, ist er mal so, mal so geschrieben: etwa Sauce und Soße oder Log-out und Logout.
Die präzise PC-Suche listet eigentlich nur die Fundstellen, an denen der eingegebene Suchbegriff exakt steht. Eigentlich, denn ein wenig versteckt lässt sich diese preußische Aufgabentreue aushebeln.

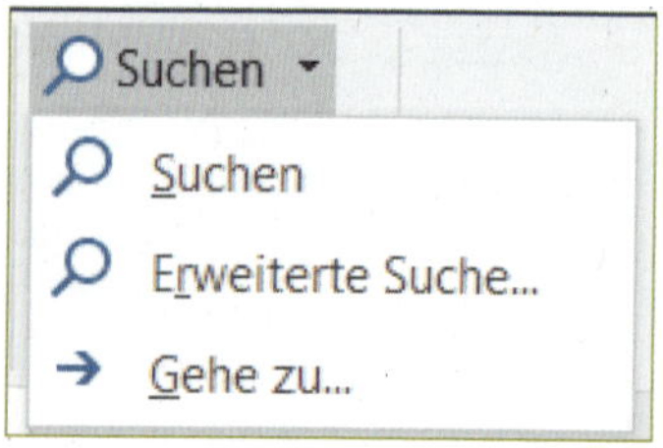

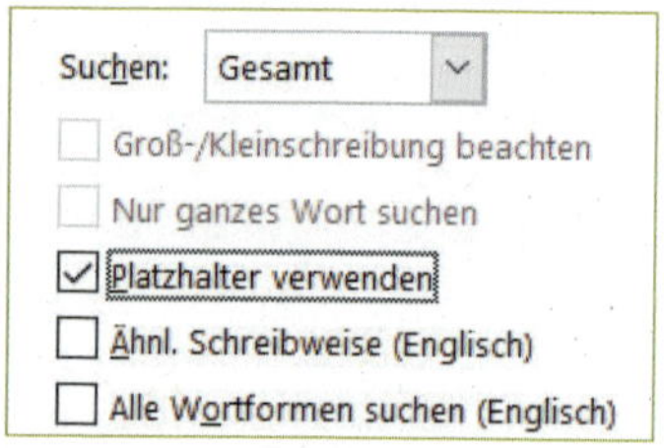

Suche nach ungenauen Schreibweisen

Am einfachsten haben Sie es, wenn Sie Teile des Suchbegriffs kennen, die in jedem Fall vorkommen, nicht aber die exakte Schreibweise. Beispiel sind die Schreibweisen „Log-out", „Logout" sowie „Log out":

1 Um alle drei Schreibweisen zu finden, öffnen Sie die sogenannte *Platzhaltersuche*. Diese finden Sie durch einen Klick auf den Menüpunkt *Start*, dann auf den *kleinen Pfeil* neben *Suchen* und auf *Erweiterte Suche*.

2 Im sich öffnenden Suchfenster erweitern Sie die Anzeige durch Klicken auf *Erweitern*. Dort aktivieren Sie das *Häkchen* neben *Platzhalter verwenden*.

3 Unter dem Suchfeld oben finden Sie nun die Anmerkung *Mit Mustervergleich*. Dies bedeutet, dass Sie auf verschiedene Arten im Suchbegriff festlegen können, wo „Ungenauigkeiten" zugelassen werden sollen.

4 Im vorliegenden Fall wissen Sie ja, dass die Stelle im Text, die Sie suchen, mit „Log" beginnt – be-

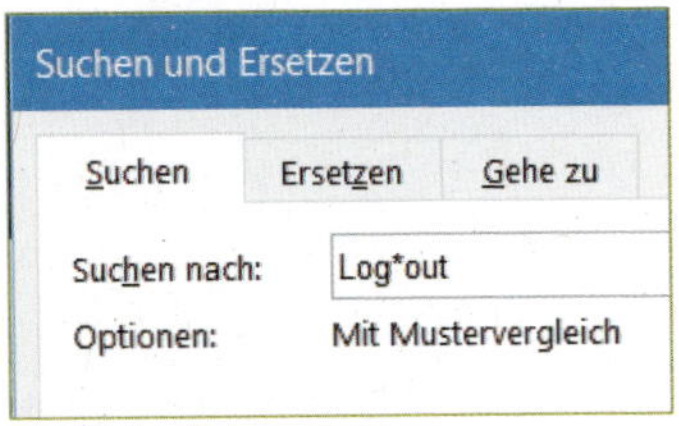

achten Sie die *Groß- und Kleinschreibung* – und dahinter irgendwann „out“ folgt. Dabei soll es egal sein, ob ein Bindestrich dazwischen ist oder nicht. Der passende Suchbegriff wäre somit *Log*out*.

5 Durch die Aktivierung der Platzhaltersuche wird der Stern als Platzhalter für einen beliebig langen Textteil genommen. „Log-out“ wird damit ebenso gefunden wie „Logout“ und „Log out“ – aber auch Begriffe wie etwa „Logistik-Scout“.

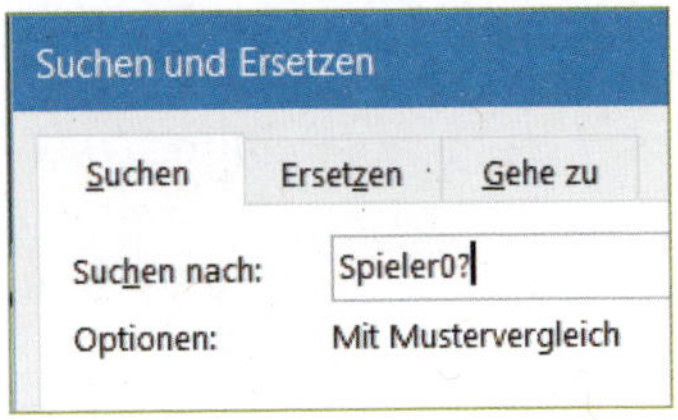

Suche nach sich stark ähnelnden Begriffen

Manchmal möchten Sie aber nur Begriffe suchen, die sich stark ähneln – etwa nur die Top 9 aller Spieler. In diesem Fall können Sie als Platzhalter *Spieler0?* nehmen.
Der Unterschied des Sterns zum Fragezeichen ist ganz einfach zu erklären: Der Stern steht für eine beliebige Anzahl von Zeichen, die als Platzhalter verwendet werden. Das Fragezeichen steht immer jeweils für genau ein Zeichen.

▶ **Suche nach *Spieler** findet:** Spieler01, Spieler02, Spieler12 und Spielerinnenmannschaft

▶ **Suche nach *Spieler0?* findet:** Spieler01, Spieler02 bis Spieler09 – mehr nicht

Weitere Platzhalter

Neben den beiden bereits vorgestellten Platzhaltern bietet Word noch eine Menge mehr dieser Helfer an, und diese müssen Sie nicht alle auswendig lernen.
Statt die Zeichen direkt einzugeben, klicken Sie in der *Erweiterten Suche* auf die Schaltfläche *Sonderformat*. Es öffnet sich eine Auswahlliste mit den möglichen Platzhaltern, die Sie durch Anklicken in den Suchbegriff einfügen können.

▶ **Suche nach Wortanfang:** *<ra* würde raufen, rauchen und radikal finden, nicht jedoch Brand oder Raum (groß geschrieben).

- **Suche nach Wortende:** *en>* würde raufen, bauen und Enten finden, nicht jedoch Ente
- **Suche nach Gruppe zulässiger Zeichen:** *Bo[dg]en* würde sowohl Boden als auch Bogen finden, nicht jedoch den Boten
- **Suche mit Ausschluss nicht zulässiger Zeichen:** *Bo[!dg]en* würde nur den Boten finden, nicht aber den Boden und den Bogen
- **Suche nach Zeichengruppe:** *[A-Z]age* würde Tage, Page, Lage, finden, aber weder Loge noch sage (letzteres wegen der Kleinschreibung – hierfür dann *[a-z]age*)
- **Suche nach mindestens einmaligem Vorkommen des vorausgehenden Zeichens:** *B[a-z]@en* würde Boden, Bogen, Boten und Bronzepagoden finden, nicht jedoch Ben
- **Suche nach Sonderformaten:** Über die Auswahlliste können Sie auch schwer einzugebende Dinge wie *Tabstoppzeichen*, *Spaltenwechsel* oder *Manueller Zeilenwechsel* finden.

Superplatzhalter – Platzhalter kombinieren

Suchen Sie nach allen E-Mail-Adressen in einem Dokument?

- **Die Zeichenfolge** *<[a-zA-Z0-9._\-]@\@[a-zA-Z0-9_\-]@.*>* sucht alle möglichen großen und kleinen Zeichenkombinationen, gefolgt von einem @-Zeichen, weiteren Zeichenkombinationen, abgeschlossen mit Punkt de oder ähnlichem. Im Internet finden Sie viele weitere solcher Platzhalterkombinationen.

Suche nach Worten in bestimmten Formaten

Vielleicht wissen Sie bereits, dass es Ihnen nur um Suchtreffer in Überschriften geht. Dann können Sie das Ergebnis einzugrenzen. Klicken Sie im Suchfenster auf *Format* > *Formatvorlage* und wählen das entsprechende Format, beispielsweise „Überschrift 1" aus. Wenn Sie nun einen Suchbegriff eingeben, wird dieser Ihnen nur im Text angezeigt, wenn er sich an einer Stelle befindet, die als Überschrift 1 formatiert ist.

Die Funktion Suchen und Ersetzen

Es kommt nicht selten vor, dass Sie in der ersten Version eines Dokuments eine Schreibweise gewählt haben, die später nicht mehr stimmt. Wenn Ihr Verein sich von „Kniffel09“ zu „Kniffel-Krefeld“ umbenannt hat, könnten Sie nun zwar alle Stellen schnell finden – aber manuell den neuen Namen einsetzen müssen Sie nicht. Word kann suchen und den Treffer mit anderem Text ersetzen.

1 Dazu klicken Sie im *Suchfenster* auf die Registerkarte *Ersetzen*. Sie sehen nun das bereits bekannte Suchfeld, darunter aber das zusätzliche Eingabefeld *Ersetzen durch*. Geben Sie den Suchbegriff wie gewohnt ein. In das neue Eingabefeld geben Sie den Text ein, der den Suchbegriff ersetzen soll.

2 Klicken Sie auf *Ersetzen*, um genau ein Vorkommen nach dem nächsten zu ersetzen. Wenn Sie wissen, dass viele Ersetzungen nötig sind, klicken Sie direkt auf *Alle ersetzen*. Nach Durchführung des Suchen-und-Ersetzen-Vorgangs erhalten Sie ein Infofenster, in dem die Zahl der vorgenommenen Ersetzungen angezeigt wird.

3 Sie können per *Suchen und Ersetzen* auch die Fundstellen der Platzhaltersuche mit einem weiteren Platzhalter ersetzen.

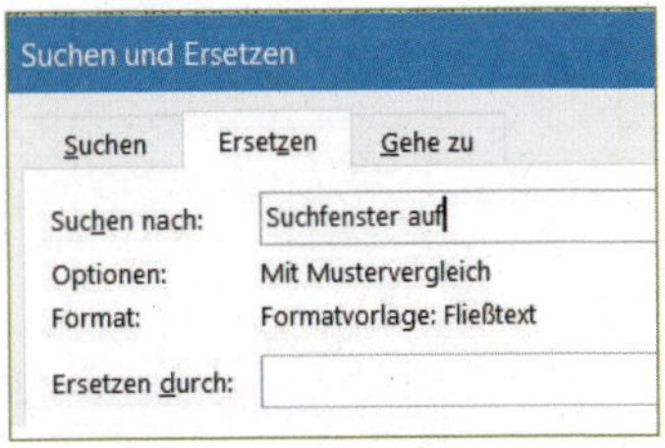

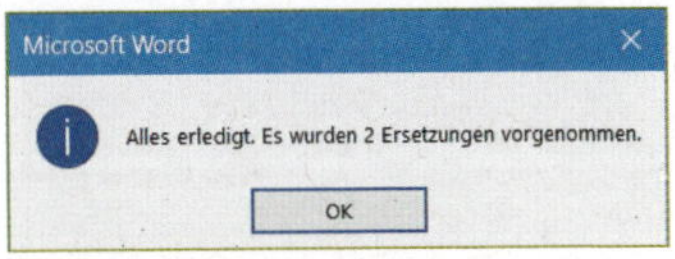

Danach sollten Sie trotzdem den Text einmal kritisch gegenlesen. Je allgemeiner der zu ersetzende Text ist, desto eher besteht das Risiko, dass er auch mitten in einem Wort vorkommt und eine Ersetzung den Text unleserlich macht.

Zumindest teilweise können Sie sich vor Fehlern schützen, wenn Sie das Häkchen neben *Nur ganzes Wort suchen* setzen – dann werden nur komplette Wörter ersetzt. Diese Option ist allerdings nur verfügbar, wenn Sie ohne Platzhalter suchen lassen.

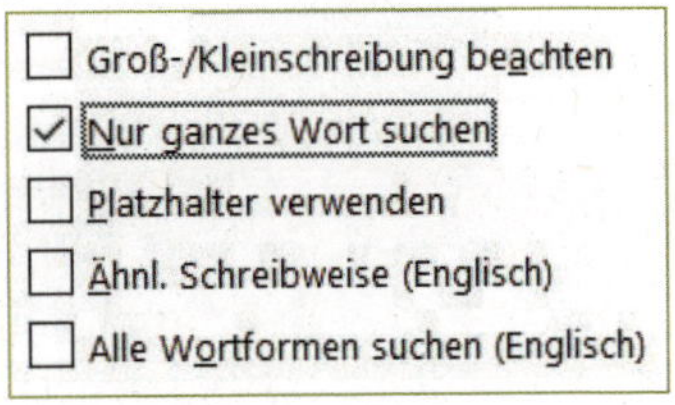

Rechnen und mehr mit Excel

Mit den richtigen Formeln versehen, ist Excel ein unheimlich mächtiges Werkzeug. Tabellenkalkulationen sind dabei eine Wissenschaft für sich. Aber Excel kann auch ganz praktische Dinge. Erstellen und versenden Sie etwa eine Gästeliste inklusive registrierter Zusagen und lassen Sie davon abhängig die Einkaufsmenge auf Ihrer Zutatenliste anpassen. Oder stellen Sie Auswertungen in Diagrammen aller Art dar und speichern Sie sie als Vorlage für später.

Tabellen, Spalten, Zeilen – die Grundlagen in Excel

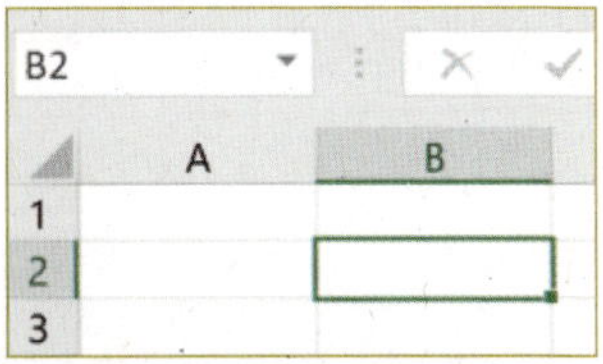

Microsoft Excel hat eine etwas andere Ausrichtung als Word: Als Tabellenkalkulation geben Sie darin genauso Daten ein wie in eine Textverarbeitung. Neben dem Blatt, das als Heimat Ihrer Daten dient, werden Sie aber vor allem mit Zellen arbeiten. Diese sind quasi die Schnittstellen einer Zeile und einer Spalte. Das klingt erst einmal unwichtig, wird aber später noch einmal relevant, wenn es um das Verknüpfen von Zellen in Formeln geht. Die aktuelle Zelle erkennen Sie immer oben links in der Tabellenansicht.

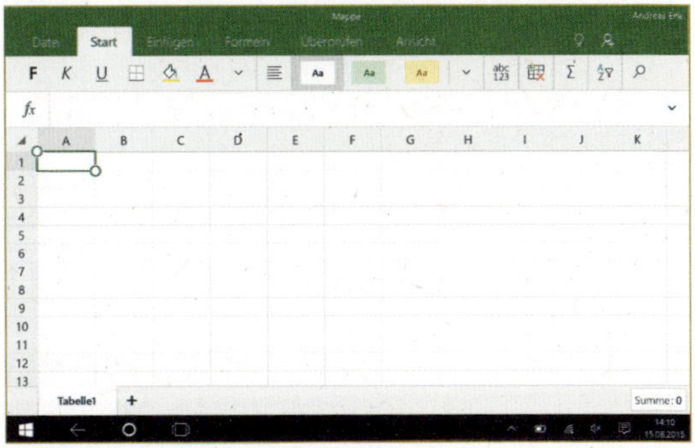

Diese Zellen enthalten die Daten und lassen sich mittels Formeln auswerten, aufsummieren und mehr (siehe „25. Formeln und Diagramme in Excel verwenden, S. 162). Um einen Wert oder Text in eine Zelle einzugeben, klicken Sie mit der Maus zweimal schnell hintereinander hinein. Erst dann wird der Cursor (der kleine, schmale Strich, der als Schreibmarkierung gilt), angezeigt und Sie können über die Tastatur eine Eingabe vornehmen. Diese Eingabe schließen Sie durch Drücken der Eingabetaste ab. Die Eingabe und das Verschieben von Inhalten innerhalb einer Excel-Tabelle ist also ein wenig unkomfortabler als in einem Word-Dokument, und aus diesem Grund will im Vorfeld überlegt sein, was Sie in die Tabelle eingeben wollen.

Um eine Zelle zu formatieren, klicken Sie sie einmal an, sodass sie markiert ist. Wenn Sie gleich mehrere Zellen formatieren möchten, müssen Sie diese vorher markieren, was ein wenig anders funktioniert als bei normalem Text: Klicken Sie die obere linke oder untere rechte Zelle des Bereichs an, den Sie markieren möchten. Sie sehen links oben und rechts unten einen kleinen Kreis an der Zellmarkierung. Nehmen Sie diesen jetzt und bewegen Sie ihn mit der Maus oder dem Finger, und die Markierung wird auf die angrenzenden Zellen erweitert. Lassen Sie los, wenn der komplette Bereich markiert ist. Alle Änderungen beziehen sich jetzt auf alle markierten Zellen.

Am Anfang sind alle Spalten gleich breit, was nicht optimal für die unterschiedlich raumgreifenden Inhalte ist. Die Lösung ist einfach: Bewegen Sie den Mauszeiger genau zwischen zwei Spaltenüberschriften (beispielsweise zwischen das *A* und das *B*). Der Mauspfeil ändert seine Form in einen Strich mit einem Pfeil nach links und rechts. Wenn Sie nun mit der linken Taste der Maus doppelklicken, wird die linke der beiden Zellen automatisch so breit wie der breiteste in ihr befindliche Inhalt gezogen. Alternativ können Sie die linke Maustaste drücken und halten und dann die Maus bewegen, um die Spaltenbreite manuell einzustellen (siehe „Formatierungsmöglichkeiten in Excel", S. 148).

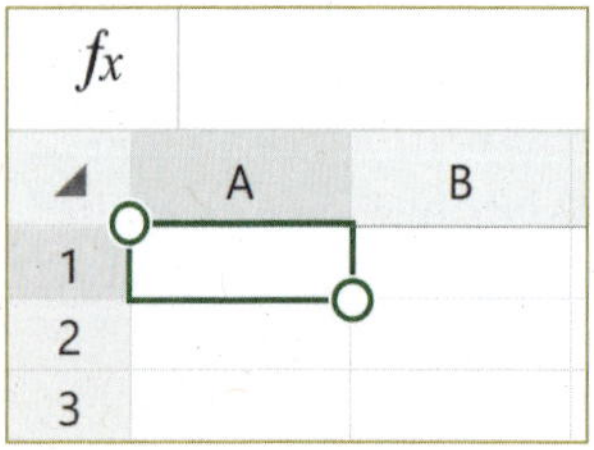

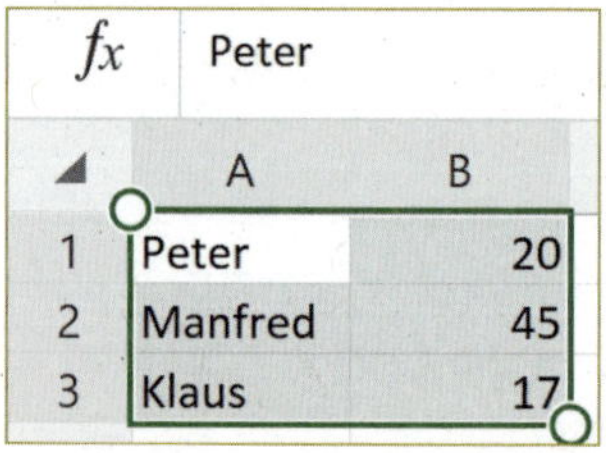

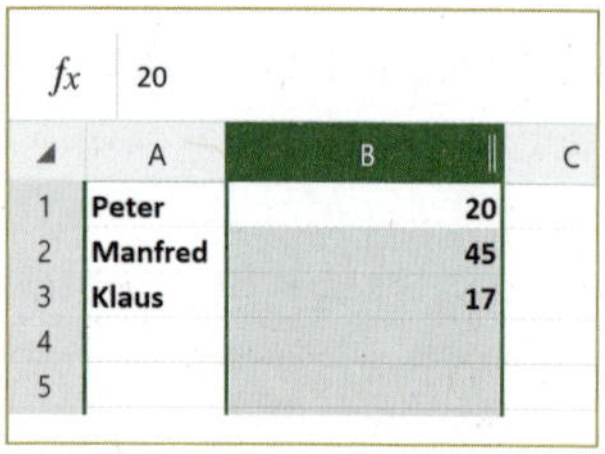

23. Erstellen einer Gästeliste

Eine gute Feier will geplant sein: Dazu gehört, die Gäste rechtzeitig einzuladen und deren Rückmeldungen aufzunehmen. Es soll niemand hungern – was nur klappt, wenn Sie den Zusagen entsprechend einkaufen. Hier erstellen Sie eine Gästeliste in Excel und versenden eine E-Mail an alle. Die Liste dient auch als Grundlage für die klassische Einladung per Brief (siehe „16. Versenden von ...“ , S. 113). Eine Teilnehmerliste ist im ersten Schritt nichts anderes als eine Tabelle, die wahlweise in Word oder Excel erstellt werden könnte. Allerdings werden Sie im Lauf der Planung nicht nur Daten eintragen, sondern diese auch weiterverarbeiten, und damit ist Excel hier die deutlich bessere Wahl.

Aufbau und Formatierung der Gästeliste

Um die Einladungen verschicken zu können, benötigen Sie neben den Namen und Vornamen vor allem auch die E-Mail-Adressen. Weiterhin ist anzuraten, auch die (vorerst geschätzte) Zahl der Teilnehmer pro Einladung (der eine ist alleinstehend, die andere hat eine Begleitung oder zwei Kinder) schon einmal einzutragen, damit eine grobe Abschätzung der maximalen Teilnehmer möglich ist.

1 Nehmen Sie also eine leere Excel-Tabelle und tragen Sie in die erste Zeile jeweils in eine Spalte „Name“, „Vorname“, „E-Mail-Adresse“ und „Anzahl“ ein, damit die Tabelle Überschriften hat. Wenn sie später noch eine detaillierte Einladung per Post versenden möchten, nehmen Sie gleich noch „Straße“, „Postleitzahl“ und „Ort“ mit in die Tabelle auf.

	A	B	C	D
1	Name	Vorname	E-Mail-Adress	Anzahl
2				
3				
4				

2 Geben Sie nun die Eingeladenen mit ihren Daten zeilenweise ein und ändern Sie die Spaltenbreiten dann so, dass alle Inhalte sichtbar sind.

	A	B	C	D
1	Name	Vorname	E-Mail-Adresse	Anzahl
2	Erle	Andreas	[illegible]	3
3	Erle	Carina	[illegible]	1
4	Müller	Karl	[illegible]	2

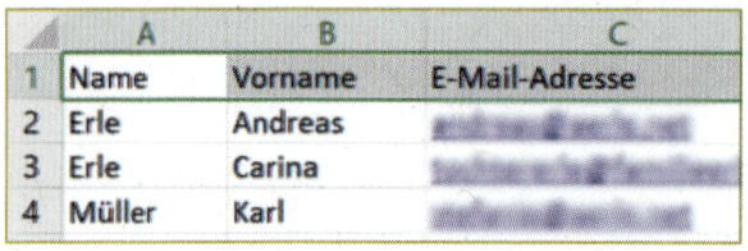

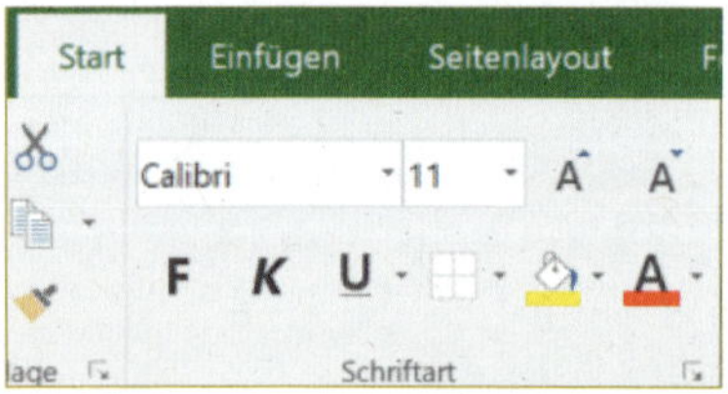

Formatierungsmöglichkeiten in Excel

Mit diesem reinen Datensatz lässt sich schon einiges anfangen (siehe „16. Versenden von Einladungen als Serienbrief“, S. 113). Aber je umfangreicher die Tabelle ist, desto wichtiger ist es, sie vernünftig zu formatieren, um sich in ihr zurechtzufinden. So sollten sich beispielsweise die Überschriften vom Inhalt abheben.

Excel bietet nicht die vielen bunten Optionen wie Word, hat aber ebenfalls einiges an Formatierungen zu bieten.

▶ **Klassische Formatierung:** Markieren Sie die Zeile mit den Überschriften mit der Maus, indem Sie in die erste Zelle klicken, die Maus gedrückt halten und sie bis zur letzten Zelle ziehen, die Sie markieren wollen. In der Symbolleiste unter dem Reiter *Start* findet sich eine Palette mit verschiedenen Formatierungswerkzeugen wie Fett (*F*), Kursiv (*K*), Unterstrichen (*U*) und anderen. Sobald Sie eine dieser Formatierungstasten anklicken, wird der Inhalt der markierten Zellen entsprechend angepasst. Für eine Überschrift empfiehlt sich die Fettung.

▶ **Tabellenlinien:** Nun sollte eine Tabelle im Ausdruck auch wie eine Tabelle aussehen und damit zwischen den einzelnen Zellen auch Linien haben. Auch wenn es auf dem Bildschirm so aussieht, als wäre das der Fall: Dem ist nicht so. Die angezeigten, sogenannten „Gitternetzlinien“ dienen nur zur Darstellung am Bildschirm, tauchen aber im Ausdruck nicht auf. Um das abzustellen, markieren Sie den kompletten Datenbereich der Tabelle, indem Sie vorn auf den Buchstaben klicken. Ein Klick auf *1* markiert also die gesamte oberste Zeile, genauso wie *A* die gesamte erste Spalte markiert.

Klicken Sie dann in dem gerade schon verwendeten Formatierungsbereich der Symbolleiste auf das kleine Symbol mit den Tabellenlinien, und wählen Sie im sich öffnenden Menü *Alle Rahmenlinien* aus. Damit wird jede Zelle komplett umrahmt.

	A	B	C	D	E	F	G
1	Name	Vorname	E-Mail-Adresse	Anzahl	Straße	Postleitzahl	Ort
2	Erle	Andreas	[illegible]	3	Musterstraße 16	45665	Recklinghausen
3	Erle	Carina	[illegible]	1	Jedermannweg 187B	10785	Berlin
4	Müller	Karl	[illegible]	2	Beispielgasse 4	47807	Krefeld

Je nach Ihren Vorlieben können Sie hier die unterschiedlichsten Rahmenlinien vergeben, probieren Sie einfach aus, was Ihnen am besten gefällt.

▶ **Oberste Zeile oder erste Spalte einfrieren:** Eine hilfreiche Einstellung, um zu wissen, in welche Zeile bzw. Spalte was gehört, auch wenn Sie weiter nach unten scrollen. Wechseln Sie dazu auf den Reiter Ansicht und klicken Sie auf das *kleine schwarze Dreieck* neben *Fenster einfrieren*. Hier können Sie wählen zwischen *Oberste Zeile einfrieren* oder *Erste Spalte einfrieren* (es geht nur eines von beiden). Wollen Sie es doch nicht, klicken Sie erneut auf das Symbol und wählen Sie *Fixierung aufheben*.

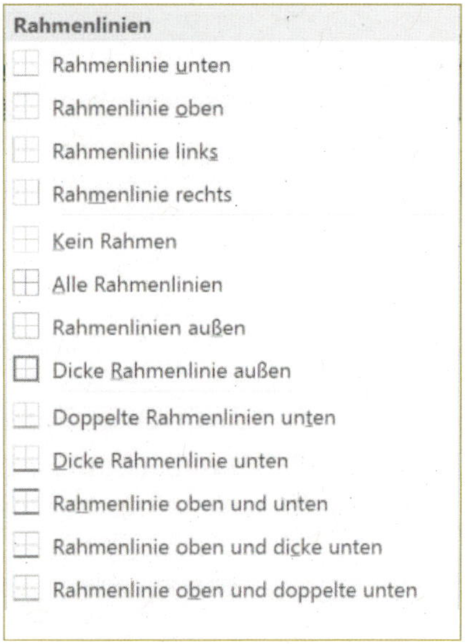

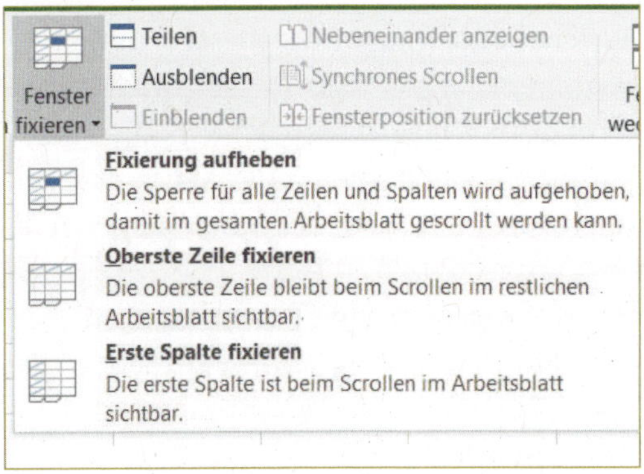

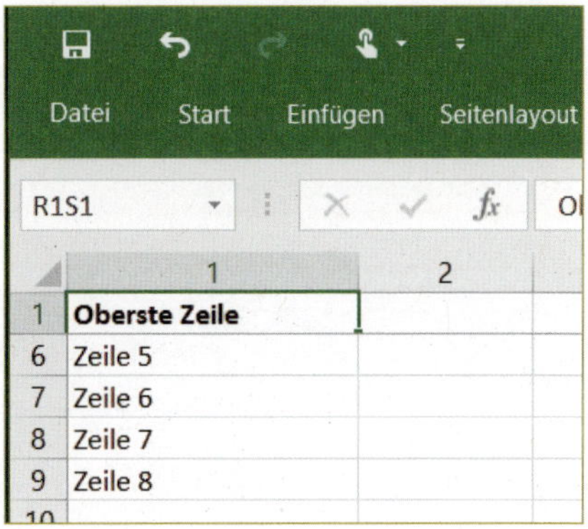

▶ **Zellen verbinden:** Manchmal sollen mehrere Zellen nur eine Information enthalten, darunter soll es aber wie gewohnt getrennt weitergehen – etwa wenn drei Verwandte die gleiche Adresse haben. Sie können Zellen nur zeilen- oder spaltenweise verbinden, nicht „um die Ecke“. Markieren Sie die gewünschten Zellen, klicken Sie mit rechts in den markierten Bereich und wählen Sie im Menü *Zellen formatieren*. Unter dem Reiter *Ausrichtung* wählen Sie *Zellen verbinden*.

Sie sehen, Sie haben in diesem kleinen Menü noch sehr viele weitere Funktionen zur Auswahl. Probieren Sie ein wenig herum, aber verlieren Sie sich nicht in den Details. Excel soll meistens nicht schön aussehen, sondern vor allem korrekte Daten für genaue Berechnungen liefern.

Versenden der Terminanfrage per E-Mail

Klassischerweise erfolgt die Einladung zu einer größeren Party in zwei Anläufen. Zunächst läuft für die grobe Planung eine Termin-Voranfrage (meist per E-Mail): Ein Raum will gebucht, ein Caterer bestellt sein, und ob 10 oder 100 Gäste versorgt werden wollen, macht da schon einen spürbaren Unterschied. Nachdem diese erste grobe Abschätzung vorliegt, bekommen diejenigen, die ihr Kommen zugesagt haben, eine detailliertere Einladung mit Wegbeschreibung.

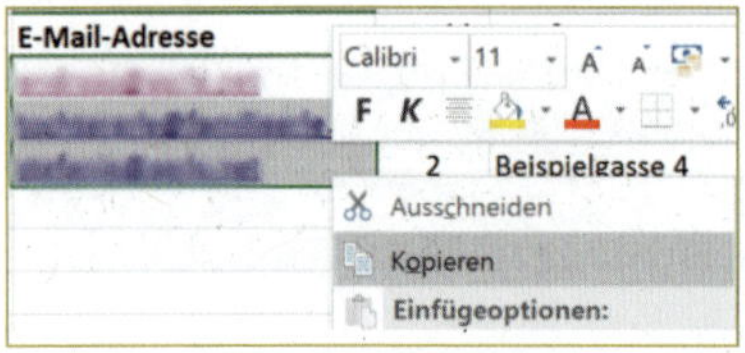

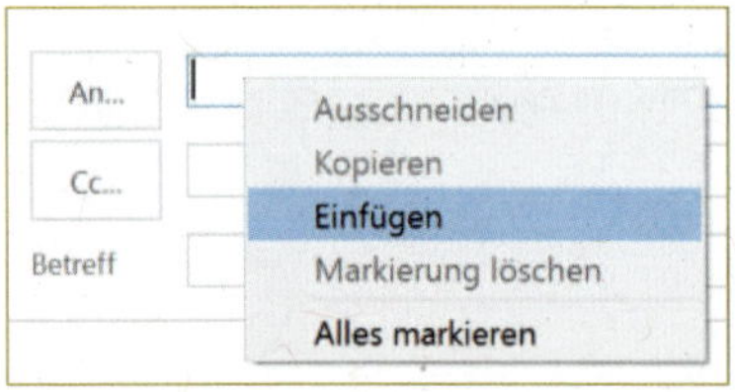

Nun zahlt es sich aus, dass Sie die E-Mail-Adressen in der Excel-Tabelle gespeichert haben: Markieren Sie diese einfach mit der Maus, drücken Sie die rechte Maustaste und wählen Sie *Kopieren*.

Dann öffnen Sie Outlook (oder das von Ihnen verwendete E-Mail-Programm), klicken in die *An-Zeile*, drücken die rechte Maustaste und dann auf *Einfügen*.

Schon sind alle E-Mail-Adressen in der neuen E-Mail enthalten. Geben Sie der E-Mail eine passende Betreffzeile, schreiben Sie einen freundlichen Text und versenden Sie sie schließlich. Um Ihre Planung einfacher zu machen, fügen sie eine Frist hinzu, bis zu der Sie die Rückmeldungen erwarten
Nun gilt es, auf die Rückmeldungen zu warten.

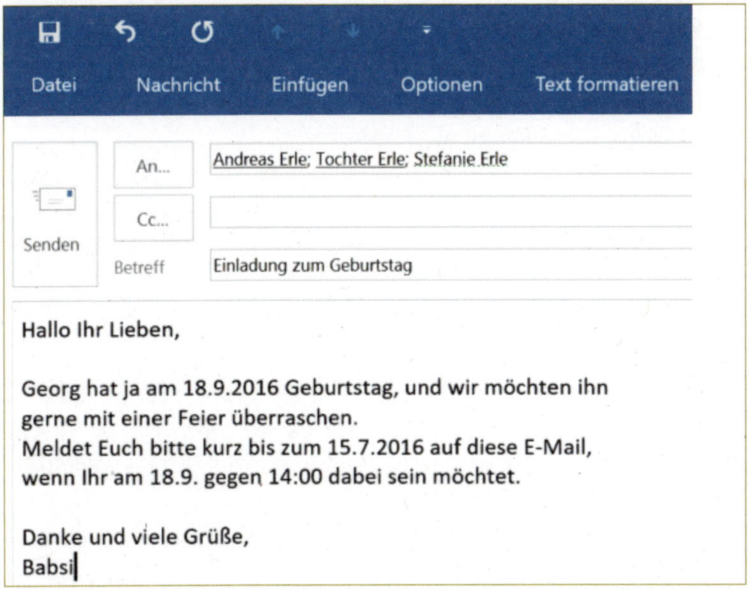

Einladung mit direkter Rückmeldung

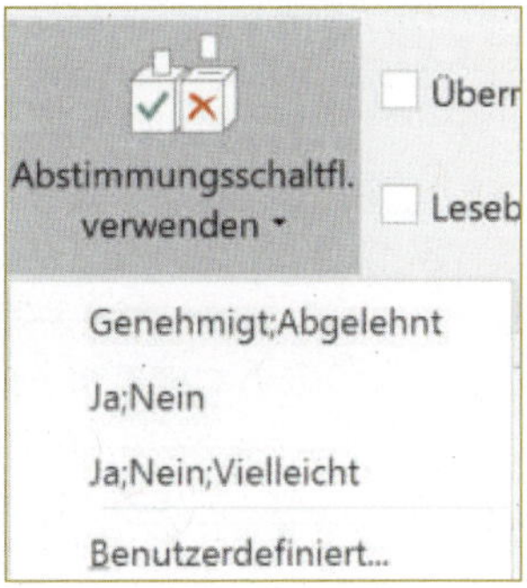

Wenn Sie als E-Mail-Programm direkt Outlook verwenden, dann steht Ihnen eine tolle Funktion zur Unterstützung zur Verfügung: die Umfrage.
Statt die E-Mail direkt zu versenden, können Sie dem Empfänger vorgefertigte Antworten zur Verfügung stellen. Das ist nicht nur für diesen weniger Aufwand, sondern lässt sich nachher auch noch wunderbar auswerten und spart Ihnen Arbeit.

Klicken Sie in der neuen E-Mail unter *Optionen* auf *Abstimmungsschaltfl. verwenden*, dann auf *Benutzerdefiniert*. Sie wissen, dass jeder eingeladene Gast maximal mit vier Personen erscheinen wird, und genau diese Antwortmöglichkeiten geben Sie ihm: Tragen Sie unter *Abstimmungs- und Verlaufoptionen* folgende Antwortmöglichkeiten ein:

- **Komme nicht**
- **Komme mit** 1 Person
- **Komme mit** 2 Personen
- **Komme mit** 3 Personen
- **Komme mit** 4 Personen
- **Weiß nicht**

Jede Antwort trennen Sie jeweils mit einem Semikolon.

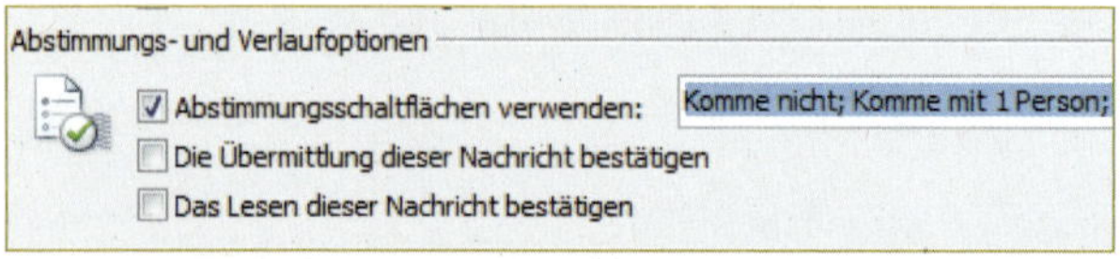

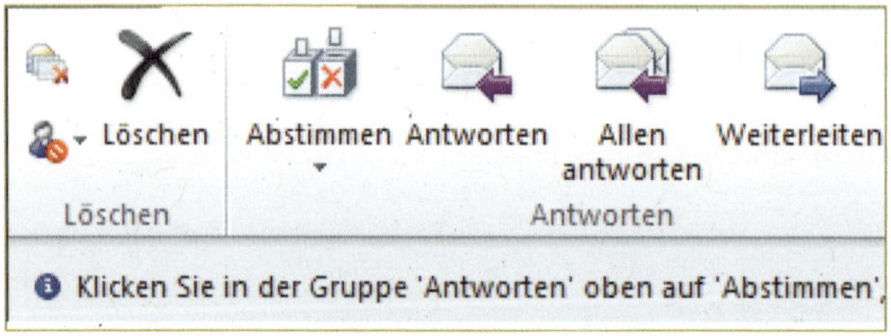

Die Eingeladenen bekommen nun Ihre Einladung zugestellt und finden in Outlook ganz oben in der E-Mail einen Hinweis, dass Sie über die *Abstimmen*-Schaltfläche antworten mögen. Wenn sie dann auf eben diese Schaltfläche klicken, dann können sie nur die von Ihnen vorgegebenen Antworten auswählen.

Das Auswerten der Rückmeldungen

Um nun die weitere Planung vornehmen zu können, haben Sie mehrere Möglichkeiten: Sie können natürlich beim Eingang einer jeden E-Mail in Ihrer Tabelle die Zahl der rückgemeldeten Teilnehmer manuell eintragen. Wenn Sie allerdings über Outlook die Einladung mit direkter Rückmeldung aus dem vorigen Abschnitt gewählt haben, geht das viel eleganter.

1 Sie hatten in der E-Mail eine Frist angegeben, bis zu der Sie die Rückmeldungen erwarteten. Geben Sie noch eine Woche hinzu und schauen sich dann die Rückmeldungen an: nicht die einzelnen Mails, sondern die Zusammenfassung. Die können Sie sich nämlich ganz komfortabel anzeigen lassen, wenn Sie in die gesendeten Objekte gehen, die ursprüngliche Mail öffnen und auf *Status* klicken.

2 Dort finden Sie zum einen eine Zusammenfassung, wie viele Empfänger welche der vorgefertigten Antworten gegeben haben, zum anderen eine Liste nach Empfänger. Diese Liste können Sie nun markieren und auf der Tastatur [Strg] und [c] drücken, um sie in die Zwischenablage zu kopieren. Und wieder ist Excel Ihr Freund:

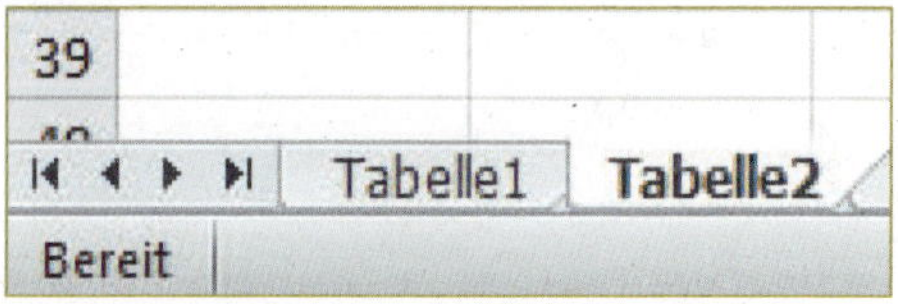

3 Öffnen Sie die Tabelle mit den Einladungen, klicken Sie unten auf die zweite Tabelle, um in ein leeres Tabellenblatt zu kommen.

4 Klicken Sie dann mit dem Cursor in die Zelle *A1*, fügen Sie danach die Rückmeldungen durch gleichzeitiges Drücken von *[Strg]* und *[v]* in Excel ein.

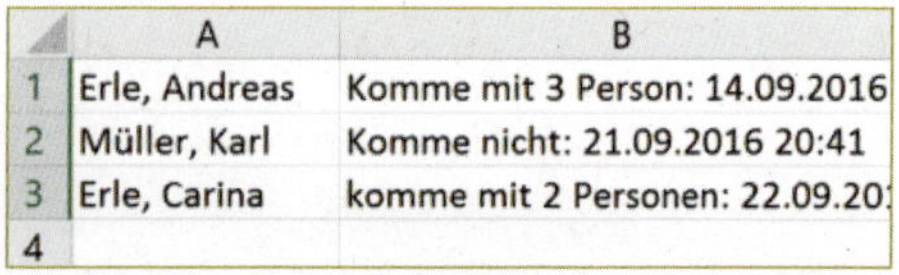

	A	B
1	Erle, Andreas	Komme mit 3 Person: 14.09.2016
2	Müller, Karl	Komme nicht: 21.09.2016 20:41
3	Erle, Carina	komme mit 2 Personen: 22.09.20
4		

5 Nun können Sie mit einem kleinen Trick schnell aus den Rückmeldungen extrahieren, wie viele Leute tatsächlich kommen. Dieser Aufwand lohnt sich, wenn Sie viele Rückmeldungen haben und die manuelle Übertragung entsprechend viel Zeit kosten würde. In der vorgefertigten Rückmeldung steht an elfter Stelle des Textes die Anzahl der Teilnehmer (so der Empfänger teilnimmt), ansonsten ein Buchstabe. Excel ermöglicht es, Zellinhalte über Formeln zu verändern. Die folgende Formel erlaubt es, genau das 11. Zeichen aus der Antwort zu extrahieren: *=TEIL(<Zelle>;11;1)*

6 Den Text *<Zelle>* müssen Sie ersetzen durch die Zelle, in der sich die Rückmeldung befindet, im Beispiel also *B1*.

7 Die so entstandene Formel *=TEIL(B1;11;1)* geben Sie in die Zelle ein, die die Ergebnisse auflisten soll, also *D1*. Drücken Sie *[Enter]*.

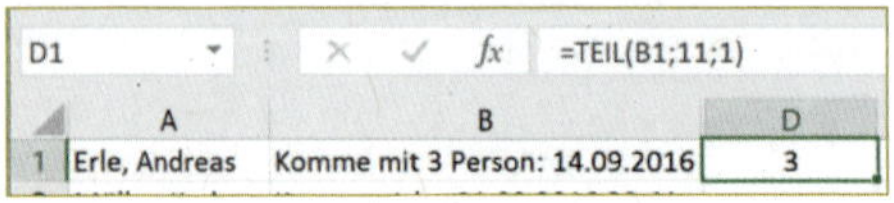

8 Um diese Formel nun für alle Rückmeldungen einzugeben, müssen Sie sie nicht manuell erneut eingeben: Klicken Sie die Zelle *D1* an. Sie sehen unten rechts am rechteckigen, schwarzen Rahmen um die Zelle einen *kleinen schwarzen Punkt*. Mit ihm kann der markierte Bereich vergrößert werden. Fassen Sie ihn mit der linken Maustaste an und ziehen Sie den Rahmen auf, so weit, bis alle Zellen, in denen Rückmeldungen stehen, markiert sind.

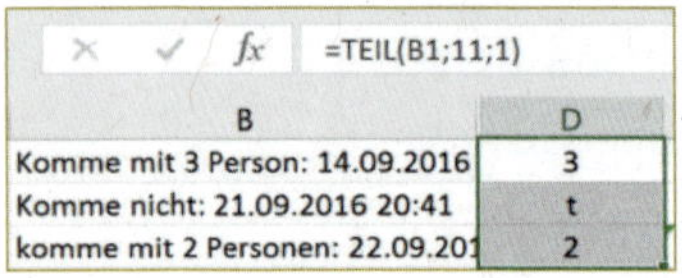

9 Wenn Sie die Maustaste nun loslassen, wird die Formel in alle markierten Zellen kopiert. Dabei wird der Zellbezug allerdings so aktualisiert, dass immer Bezug auf die Zeile genommen wird, in der die jeweilige Formel steht. Löschen Sie nun manuell die Einträge, in denen keine Zahl, sondern der Buchstabe *t* steht (das waren die Rückmeldungen der Eingeladenen, die nicht kommen bzw. es noch nicht wissen).

Übertragen der Teilnehmerzahlen

Um nun die tatsächlichen Rückmeldungen wieder in Ihre Liste der geladenen Gäste zu übertragen, bedarf es erfreulicherweise nur weniger Schritte:

1 Zuerst sortieren Sie beide Tabellenblätter, indem Sie in das Feld zwischen den Zeilen- und den Spaltenbezeichnungen klicken, um die Tabelle zu markieren.

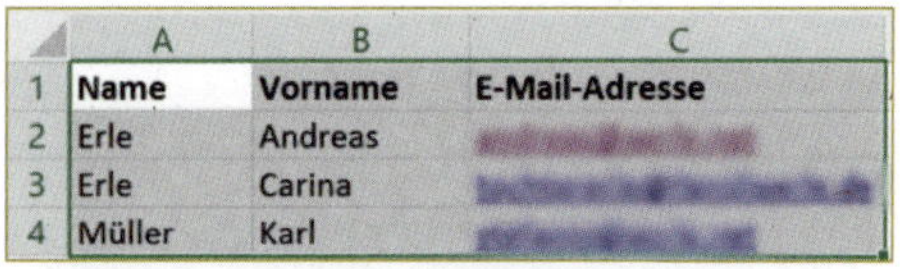

2 Klicken Sie auf *Daten* > *Sortieren*, dann wählen Sie *Sortieren nach* > *Name* aus und starten die Sortierung. Wenn Sie dies für beide Tabellen durchgeführt haben, sind beide identisch nach Nachnamen sortiert.

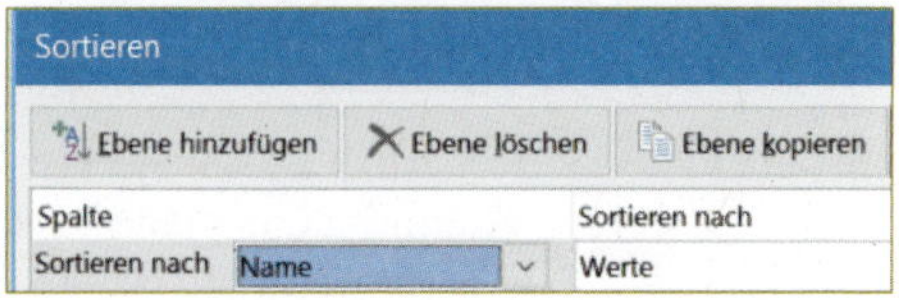

3 Markieren Sie nun die Zellen mit den rückgemeldeten/ausgerechneten Teilnehmerzahlen, klicken Sie mit der rechten Maustaste hinein und anschließend auf *Kopieren*.

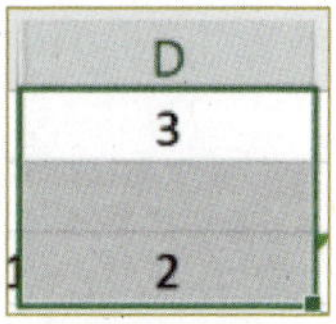

4 Wechseln Sie danach in die erste Tabelle (Ihre ursprüngliche Einladungsliste), klicken Sie in die erste Zelle unter *Anzahl* (im Beispiel *D2*), dann drücken Sie die rechte Maustaste und klicken auf *Inhalte einfügen* > *Werte*.

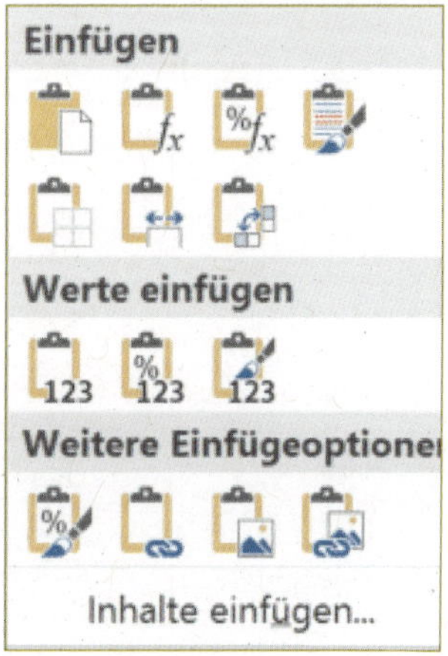

Dieser Weg (statt einfach nur auf *Einfügen* zu gehen) ist wichtig, damit die Zahlenwerte und nicht die Formel eingefügt werden!

Schon verfügen Sie über eine Gästeliste mit den Teilnehmerzahlen, die die Eingeladenen Ihnen zurückgemeldet haben.

24. Erstellen der Einkaufsliste

Nachdem Sie die Eingeladenen informiert und die Rückmeldungen bekommen haben, mit wie vielen Personen diese erscheinen, schließen sich Gedanken über die Einkäufe an. Abhängig von der Teilnehmerzahl müssen Sie Zutaten einkaufen und ein Haushaltsbudget bereitstellen.

Erstellen der Zutatenliste

In unserem Beispiel soll es ein Kindergeburtstag sein, zu dem es jede Menge Lasagne gibt. Der erste Schritt ist die Erstellung einer Liste mit den Zutaten, die Sie dafür verwenden möchten. Suchen Sie sich dazu einfach ein Rezept aus dem Internet heraus, nehmen Sie das Kochbuch aus der Küche oder das Geheimrezept, nach dem seit Jahrzehnten in Ihrer Familie gekocht wird. Öffnen Sie nun Excel und erstellen eine neue Tabelle und benennen Sie die Spalten *Zutat*, *Menge* und *Einheit*. Anschließend geben Sie die einzelnen Zutaten und deren Menge in die Tabelle ein.
Übrigens: Das Beispiel ist nur als solches zu betrachten und nicht zum Nachkochen geeignet.

	A	B	C
1	**Zutat**	**Menge**	**Einheit**
2	Zwiebel	1	Stück
3	Knoblauchzehe	1	Stück
4	Öl	100	ml
5	Hackfleisch	500	Gramm
6	Tomatenmark	150	Gramm
7	Pizza-Tomaten	500	Gramm
8	ital. Kräuter	20	Gramm
9	frisch geriebener Parmesan	100	Gramm
10	Butter	100	Gramm
11	Mehl	80	Gramm
12	Milch	250	ml
13	Lasagneplatten	10	Stück
14	Mozzarella	125	Gramm

Da Rezepte meist auf vier Portionen ausgelegt sind, müssen Sie nun natürlich herausfinden, wie die Mengen sich entwickeln, wenn Sie die für Ihre Gäste entsprechende Anzahl Portionen kochen möchten.
Dies lässt sich leicht herausfinden:
Um die Menge für eine Portion herauszufinden, müssen die Werte durch vier geteilt werden (weil die angegebenen Mengen sich auf vier Portionen beziehen). Dieser Wert wird dann mit der Zahl der

Tipp

Formeln in Excel: Die große Stärke von Excel ist die Möglichkeit, Zelleninhalte mittels Formeln miteinander zu verknüpfen: Ob Sie nun eine Summe oder einen Mittelwert mehrerer Zellen bilden oder einzelne Zellen miteinander multiplizieren: Die Art, wie eine Formel eingegeben wird, ist immer gleich.
Eine Formel beginnt immer mit einem = (damit Excel weiß, dass es sich um eine Formel und nicht um Text handelt). Dahinter können Zellbezüge, Rechenoperatoren wie + (plus) oder - (minus) sowie Zahlenwerte stehen. Wenn Sie also beispielsweise die Zelle B2 mit der Zahl 17 multiplizieren wollen, lautet die Formel dazu *=B2*17*. Excel passt die Rechnungen auch an Änderungen an. Verschieben Sie den Inhalt von *B2* etwa zu *B3*, korrigiert Excel die Formel selbst.

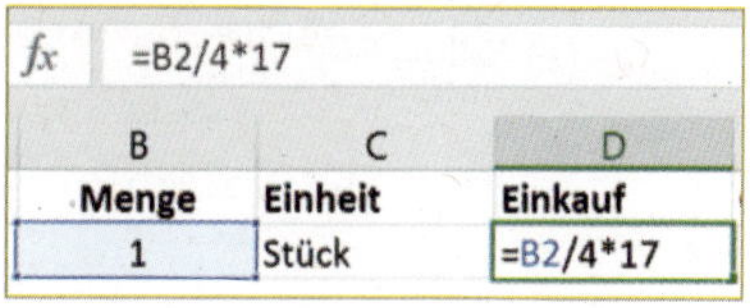

tatsächlich zu kochenden Portionen für Ihre – in diesem Beispiel – 17 Gäste multipliziert.
Legen Sie also eine neue Spalte D mit dem Namen *Einkauf* an, beschriften Sie sie entsprechend und geben Sie dann folgende Formel ein: *=B2/4*17*.
Um diese Formel nun für alle Zutaten einzugeben, müssen Sie auch diese nicht manuell erneut eintragen. Sie kennen den Trick bereits: Klicken Sie die Zelle *B2* an und es erscheint unten rechts am Rahmen um die Zelle wieder der kleine schwarze Punkt. Fassen Sie ihn wieder mit der linken Maustaste an und vergrößern Sie den Rahmen durch Aufziehen so weit, bis alle Zellen erfasst sind.
Mit Loslassen der Maustaste wird die Formel in alle markierten Zellen kopiert und der Zellbezug wiederum so aktualisiert, dass sich immer auf die Zeile bezogen wird, in der die jeweilige Formel steht.

B	C	D	E
Menge	Einheit	Einkauf	Gebinde
1	Stück	=B2/4*17	10
1	Stück	4,25	8
500	Gramm	2125	400
250	ml	1062,5	1000
500	Gramm	2125	500
150	Gramm	637,5	200
10	Stück	42,5	20
125	Gramm	531,25	250
100	ml	425	500
20	Gramm	85	100
100	Gramm	425	250
100	Gramm	425	500
80	Gramm	340	500

Nun nützt Ihnen beim Einkauf selbst die Angabe der einzelnen Knoblauchzehen oder Mehlprisen relativ wenig. Märkte verkaufen schließlich Pakete, nicht Prisen. Insofern sollten Sie mit in die Liste aufnehmen, wie viele Gebinde (Kartons, Beutel etc.) das sind.

Fügen Sie also eine neue Spalte E mit dem Namen *Gebinde* ein und beschriften Sie diese entsprechend. Geben Sie darin für jede Zutat an, welche Menge sich in einer Packung befindet.

Tomatenmark wird zum Beispiel zumeist in 200-Gramm-Tuben verkauft – tragen Sie also den Wert 200 ein.

Um die Menge der Packungen für die jeweilige Zutat herauszufinden, müssen Sie nun die Werte der Spalte *Einkauf* (die die Menge der einzelnen Zutaten für Ihre 17 Portionen enthält) durch die Werte der Spalte *Gebinde* teilen. Am Beispiel des Tomatenmarks: Sie benötigen 637,5 Gramm davon, das Tomatenmark ist in 200-Gramm-Tuben verpackt. Sie benötigen also 637,5/200 = 3,19 Packungen.

Es bringt Sie natürlich noch nicht viel weiter, wenn Sie 3,19 Packungen benötigen – der Händler wird eher unmotiviert sein, Ihnen angebrochene Packungen zu verkaufen. Sie müssen also nicht nur die Menge, sondern die vollen Packungen berechnen. Auch dafür gibt es in Excel eine wunderbare Formel: *=aufrunden(Wert;Stellenzahl)* rundet einen Wert auf eine bestimmte Stellenzahl auf.

Um auf die nächste ganze Zahl aufzurunden, lautet die Formel für Tomatenmark in Zeile 6 also: *=aufrunden(D6/E6;0)*

Einkauf	Gebinde	Pakete	Händler
4,25	=AUFRUNDEN(D2/E2;0)		
4,25	AUFRUNDEN(Zahl; Anzahl_Stellen)		

Kopieren Sie diese Formel wie oben beschrieben abermals in die anderen Zeilen – schon ist die praktische und supermarktkonforme Einkaufsliste fertig.

Hinzufügen der Händler durch eine Auswahlliste

Um den Einkaufenden nicht von Pontius zu Pilatus laufen zu lassen, könnten Sie als krönenden Abschluss noch den jeweiligen Händler hinzufügen, bei dem eingekauft werden soll. Natürlich können Sie diesen für jede Zutat manuell eingeben, einfacher ist es aber, eine Auswahlliste zu definieren:

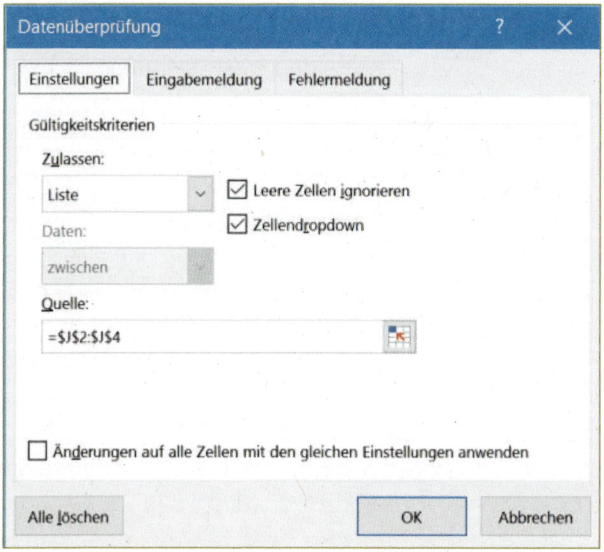

1 Klicken Sie in der Tabelle in einen ungenutzten Bereich, beispielsweise in eine der rechten Spalten. Dort geben Sie die Händler zeilenweise ein.

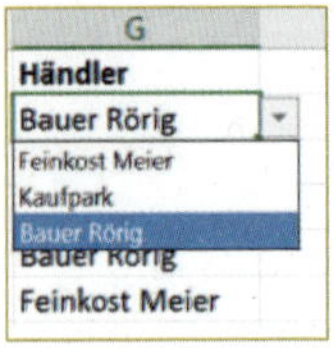

2 Dann klicken Sie in der Menüleiste auf *Daten*, in der sich nun öffnenden Symbolleiste auf *Datenüberprüfung*. Im Feld *Zulassen* klicken Sie auf *Liste*, um eine Auswahlliste zu erzeugen.

3 Klicken Sie in das Feld *Quelle*, und markieren Sie in der Tabelle die Zellen, in denen die Händler stehen. Wie bei einer Formel kopieren Sie die Zelle jetzt für alle Zutaten.

Wenn Sie in eine der Zellen klicken, bekommen Sie ein kleines Dreieck angezeigt und können durch Anklicken die Liste mit den Händlern öffnen und den Händler für die Zutat durch Anklicken auswählen. Das geht deutlich schneller, als diesen manuell einzutippen.

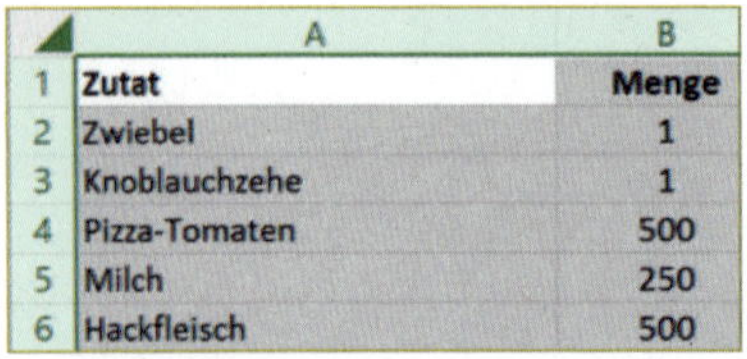

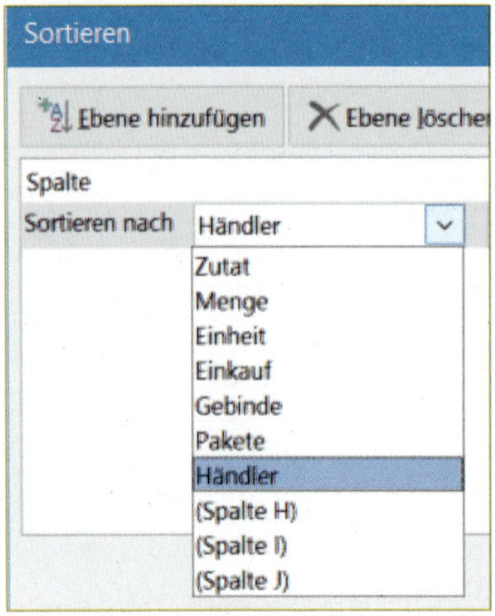

Übersichtlichkeit in Excel: Spalten sortieren

Um dem Einkaufenden eine übersichtliche Einkaufsliste bereitzustellen, können Sie noch einige kleine visuelle Anpassungen vornehmen. Zuallererst sortieren Sie die Liste nach den Händlern.

1 Klicken Sie dazu in das Feld zwischen den Spalten- und Zeilenbezeichnungen, um die gesamte Tabelle zu markieren.

2 Klicken Sie nun in der Menüleiste auf *Daten*, im Anschluss auf das Symbol *Sortieren*. Überprüfen Sie, ob links in dem sich öffnenden Dialog ein Häkchen neben *Daten haben Überschriften* gesetzt ist. So dies nicht der Fall ist, setzen Sie eins.

3 Unter *Sortieren* nach wählen Sie *Händler* aus und klicken auf *OK*. Schon ist die Einkaufsliste nach Händlern sortiert.

Übersichtlichkeit in Excel:
Spalten und Zeilen aus- und wieder einblenden

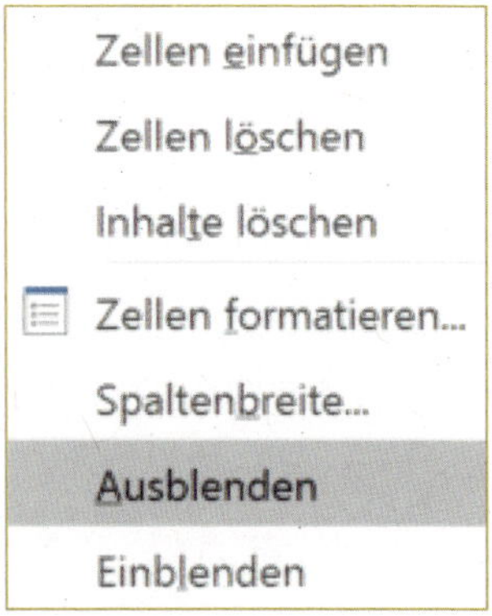

Die Einkaufsliste enthält nun noch eine Vielzahl an Spalten, die nur zur Berechnung der zu kaufenden Päckchen nötig waren und den Einkaufenden eher verwirren als helfen.

Sie könnten Sie diese Spalten löschen, doch gibt es einen eleganteren Weg: Blenden Sie sie einfach aus, sodass sie nicht mehr sichtbar, aber trotzdem noch vorhanden sind, falls Sie an der Einkaufsliste noch etwas ändern müssen. Mit Zeilen funktioniert es genauso.

1 Markieren Sie dazu in der Tabelle mit der Maus die Spalten (oder Zeilen) Menge, Einheit, Einkauf und Gebinde, indem Sie mit der Maus auf die Bezeichnung der ersten Spalte (also das *B*) klicken, die linke Maustaste gedrückt halten und dann die Maus nach rechts bis zur letzten zu markierenden Spalte (hier also *E*) ziehen und die Maustaste dort loslassen.

2 Klicken Sie mit der rechten Maustaste in den blau markierten Bereich und wählen Sie *Ausblenden*.

Um die ausgeblendeten Spalten (oder Zeilen) wieder einzublenden, markieren Sie die Spalte links und die rechts – bzw. die Zeile über und unter – des ausgeblendeten Bereichs (sichtbar am Sprung in der Zählung, hier: von *A* zu *F*). Drücken Sie wieder die rechte Maustaste und klicken Sie auf *Einblenden*.

	A	F	G
1	**Zutat**	**Pakete**	**Händler**
2	Zwiebel	1	Bauer Rörig
3	Knoblauchzehe	1	Bauer Rörig
4	Pizza-Tomaten	6	Bauer Rörig
5	Milch	2	Bauer Rörig
6	Hackfleisch	5	Feinkost Meier
7	Tomatenmark	3	Feinkost Meier
8	Lasagneplatten	3	Feinkost Meier
9	Mozzarella	3	Feinkost Meier
10	Öl	1	Kaufpark
11	ital. Kräuter	1	Kaufpark
12	frisch geriebener Parmesan	2	Kaufpark
13	Butter	1	Kaufpark
14	Mehl	1	Kaufpark

25. Formeln und Diagramme in Excel verwenden

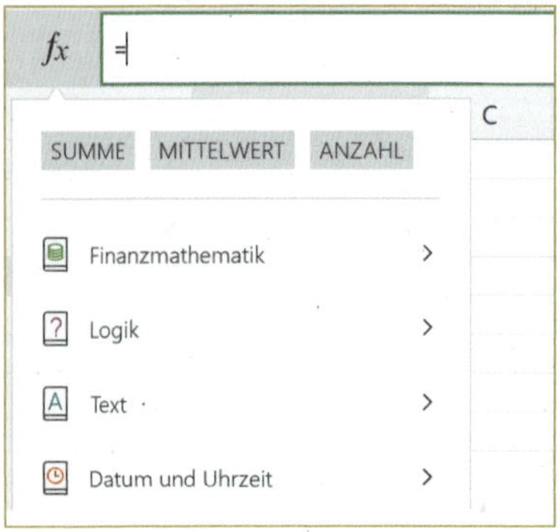

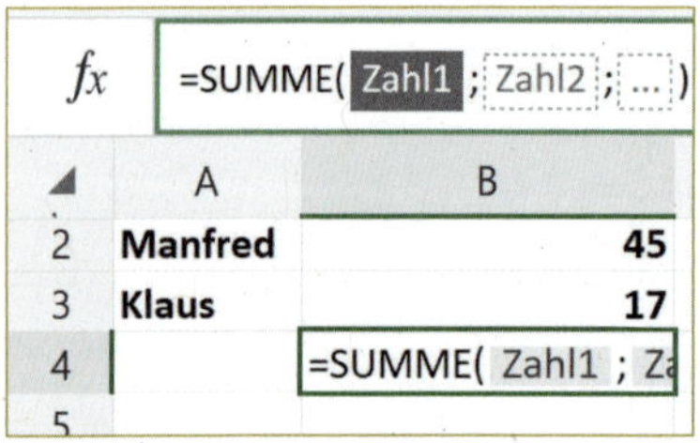

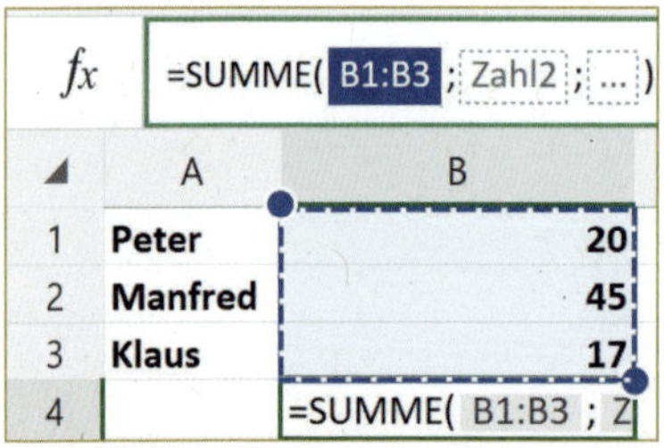

Die alleinige Dateneingabe in tabellarischer Form unterfordert Excel komplett und wäre auch mit Word problemlos zu leisten. Die besondere Leistungsfähigkeit kommt durch die Möglichkeiten, die die umfangreiche Formelsammlung zur Auswertung der eingegebenen Daten bietet.

Nehmen Sie folgendes Beispiel: Ihre Freunde und Sie haben einen umfangreichen Kniffel-Abend hinter sich und dabei eine ordentliche Strichliste geführt, wer wie oft gewonnen hat. Aber wie viele Spiele haben Sie insgesamt gespielt? Statt nun die müden grauen Zellen zu bemühen, machen Sie Folgendes:

Klicken Sie dann auf die Zelle unter den Spielzahlen, anschließend auf das *fx* unter der Symbolleiste. Dort finden Sie nun die gebräuchlichsten Formeln direkt oben am Rand des sich öffnenden Fensters, hier können Sie die Summe direkt anklicken.

Nun ist die Summe eine Formel, die auf mehrere Zellen wirkt, daher müssen Sie in einem zweiten Schritt die zu summierenden Zellen wie gewohnt mit Maus oder Finger markieren. Schließen Sie diesen Vorgang durch einen Klick auf *das grüne Häkchen* ab und staunen Sie:

Wie von Zauberhand hat Excel die Summe ausgerechnet. Und es kommt noch besser: Ändern

Sie einen der Werte in der Tabelle, ändert sich die Summe automatisch!

Veranschaulichen von Daten mit Diagrammen

Der Mensch ist visuell veranlagt: Ein Bild sagt mehr als 1000 Worte. Wer schon einmal mit Zahlenreihen gearbeitet hat und diese präsentieren musste, der kennt die Herausforderung: Das Auditorium ist meist interessiert, aber wenig aufnahmefähig und natürlich auch nicht so tief im Thema wie der Vortragende. Da fällt es nicht nur nach der Mittagspause schwer, sich zu konzentrieren, und es ist wenig zielführend, trockene Zahlenreihen zu präsentieren.
Charmante Lösung: die Aufbereitung der Zahlen in grafischer Form, auch Diagramm oder Chart genannt. Excel erlaubt es, die eingegebenen Daten auf verschiedene Arten grafisch darzustellen.

Einfügen eines Diagramms in Excel

Nachdem die zu visualisierenden Daten in Excel eingegeben wurden, ist das Einfügen des Diagramms im Handumdrehen erledigt:

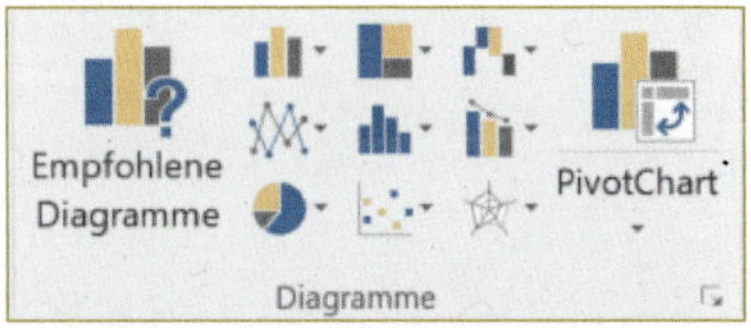

1 Markieren Sie erst mit der Maus die Zellen (inklusive der Überschriften), die in das Diagramm eingefügt werden sollen. Durch einen Klick in die Menüleiste auf *Einfügen* erhalten Sie dann eine große Symbolleiste mit verschiedenen Diagrammtypen.

2 Um alle in Excel verfügbaren Diagrammtypen zu sehen, klicken Sie nicht auf eines der Symbole, sondern auf den keinen Pfeil unten rechts unter

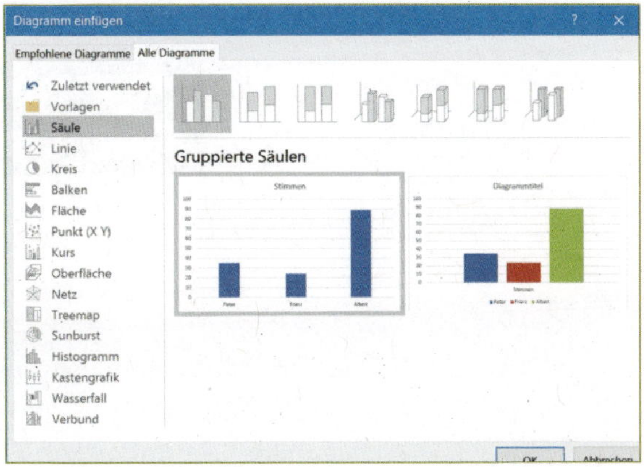

den Symbolen. Klicken Sie dann auf die Registerkarte *Alle Diagramme*.

3 Auf der linken Seite sehen Sie eine Gruppierung der Diagrammtypen in Kategorien wie beispielsweise *Linie*, *Kreis*, *Säule*.

4 Wenn Sie eine der Kategorien anklicken, werden Ihnen auf der linken Seite die darin enthaltenen Diagrammtypen angezeigt. Suchen Sie sich denjenigen aus, der am besten zu Ihren Daten passt: Bei einer Wahl etwa muss das Ergebnis auf 100 Prozent aufgehen, weshalb sich ein Kreis- oder Tortendiagramm gut eignet. Spielsiege sind Häufigkeiten und lassen sich dagegen optisch gut als Säulen darstellen. Wenn Sie sich für eine Form entschieden haben, klicken Sie auf *OK*.

Verschieben des Diagramms

Das Diagramm wird jetzt mitten in das aktuelle Tabellenblatt eingefügt. Das kann im einen oder anderen Fall nicht gewünscht sein, denn das Diagramm ist ein eigenes Objekt, das die (Daten-)Zellen in der Tabelle überdeckt.

1 Um das Diagramm zu bearbeiten, klicken Sie es einmal an, dann erhalten Sie oben in der Menüleiste einen neuen übergeordneten Eintrag *Diagrammtools*. Klicken Sie darin auf *Entwurf*, dann rechts auf das Symbol *Diagramm verschieben*.

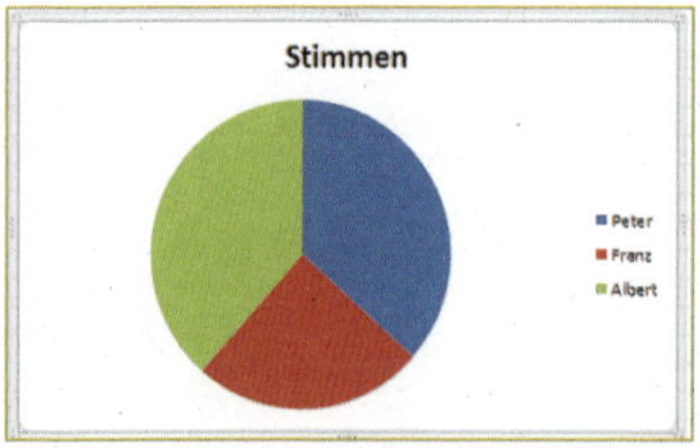

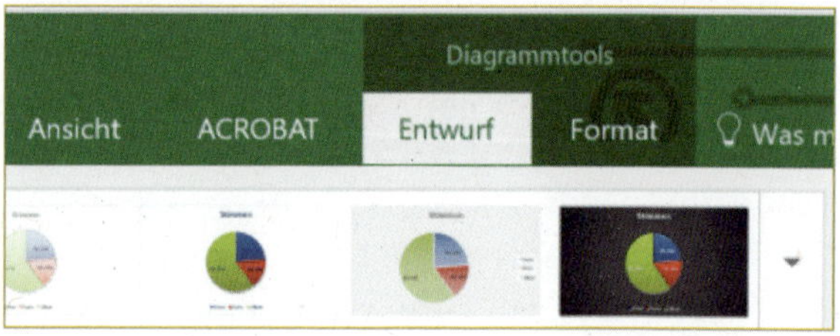

2 Hier können Sie nun festlegen, ob das Diagramm in ein anderes Tabellenblatt verschoben werden soll oder gar ein eigenes, neues Tabellenblatt bekommen soll.

Formatieren des Diagramms

Zugegeben: Ein gerade eingefügtes Diagramm ist wie ein Neubau. Im Idealfall sieht es schon schmuck aus, aber so richtig wie gewünscht wirkt es noch nicht. Excel bietet dazu eine Vielzahl an Formatierungsmöglichkeiten:

Klicken Sie das Diagramm wieder einmal mit der Maus an, um die zusätzlichen Menüpunkte zu bekommen. Unter *Format* können Sie oben links dann in einem kleinen Auswahlfeld die einzelnen Elemente des Diagramms (wie den Diagrammbereich, die Datenbeschriftungen etc.) auswählen und dann durch einen Klick auf *Auswahl formatieren* ihrem Aussehen nach verändern.

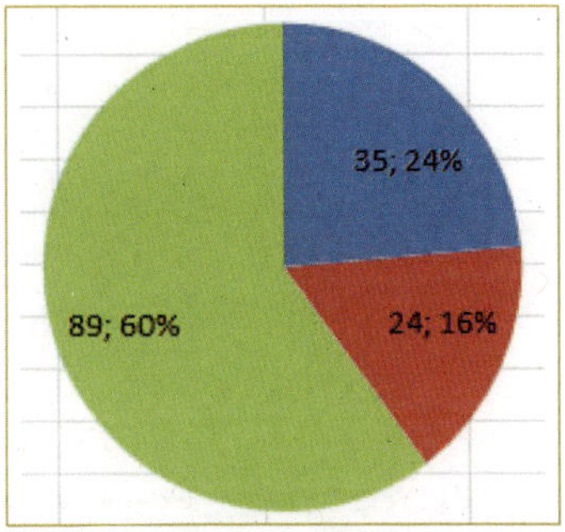

Neben der rein visuellen Veränderung – die ja immer von den Vorlieben des Betrachters abhängt – kommt der Darstellung der Werte eine wichtige Bedeutung zu: Standardmäßig wird die erste Spalte (bei der Wahltabelle die Namen der Wahlbewerber) in die Legende überführt, die zweite Spalte (die Stimmen) als Wert dargestellt – dargestellt im Sinne von „Größe des Kuchenstücks" oder „Höhe des Balkens", aber eben ohne Zahlenwerte. Oder aber die bei einer Wahl so wichtigen Prozentwerte.

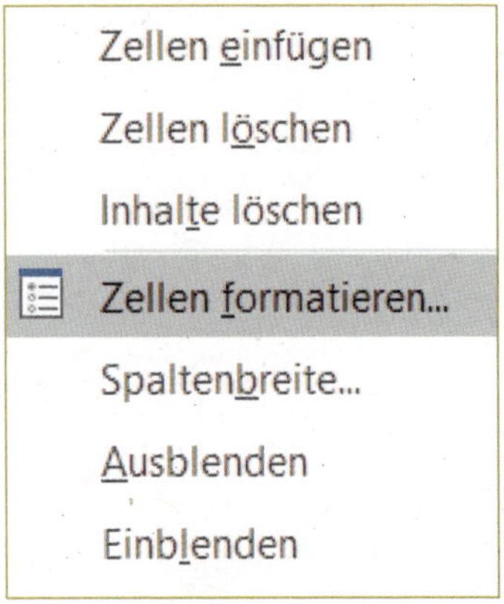

Excel bietet auch diese als Layoutanpassung an: Klicken Sie in der Menüleiste auf *Format*, dann auf *Datenbeschriftungen*.

In der sich nun öffnenden Liste finden Sie die gängigsten Optionen für die Beschriftungen der Datenfelder. Unter *Beschriftungsoptionen* können Sie eine beliebige Kombination aus Wert, Prozentsatz, Namen und weiteren Informationen wählen, die für jedes Tortenstück angezeigt werden.

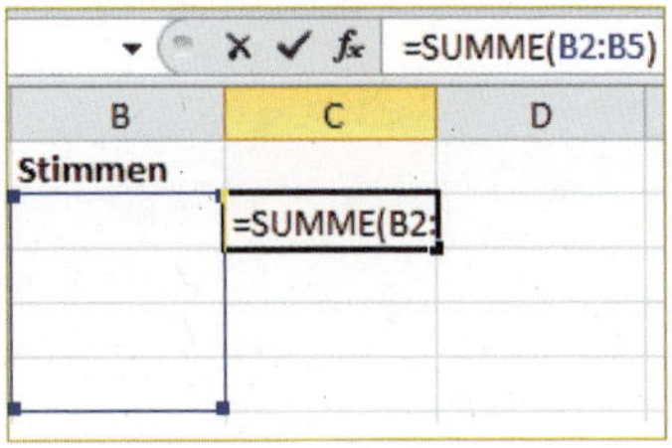

Die Gestaltungsmöglichkeiten sind schier unbegrenzt: Wenn Sie vom Standardaussehen abweichen wollen, probieren Sie einfach die diversen Einstellungen aus und entscheiden Sie nach dem entsprechenden Ergebnis, ob die für Sie optimale Darstellung der Daten gefunden ist.

26. Dokumentvorlagen in Excel verwenden

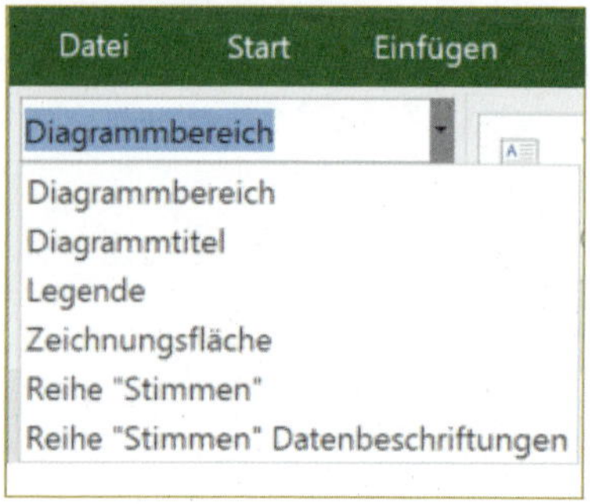

Ob Wahl oder Turnier – formelle Auswertungen sind meist wiederkehrende Angelegenheiten. Wenn Sie schon nicht mit Stift und Papier arbeiten, sondern in Excel, warum sollten Sie dann jedes Mal die Teilnehmer und die Formeln neu eintragen?
Sie können die Tabelle mit den Auswertungen des letzten Turniers für das nächste Mal als Vorlage in Excel abspeichern und weiterverwenden.

Dokumentenvorlage erstellen

1 Da Sie eine Vorlage und keinen Spielstand oder Wahlergebnis abspeichern wollen, sollten Sie die erstellte und mit Daten gefüllte Tabelle vorher leeren. Außerdem müssen Sie sowohl die Formeln auf den maximal möglichen Bereich ausweiten als auch alle Zellen bereits im Vorfeld richtig formatieren.

2 Markieren Sie die Zellen, in denen später die Daten stehen sollen, mit der Maus, drücken Sie die rechte Maustaste und wählen Sie *Zellen formatieren*. Im sich nun öffnenden Dialog können Sie beispielsweise *Zahl* für die Spalte mit den Siegen oder *Text* für die mit den Namen auswählen.

3 In den Zellen mit den Formeln kontrollieren Sie, dass beispielsweise für die Zahlen nicht nur die ersten drei Zeilen, die für das Beispiel verwendet wurden, enthalten sind, sondern möglichst alle Zellen, die bei der Anwendung der Vorlage maximal verwendet werden könnten. Dazu klicken Sie in die Zelle der Formel, dann oben in die Bearbeitungszeile. Nun sehen Sie die aktuell in der Formel enthaltenen Zellen in der Tabelle mit einem farbigen Rahmen markiert.

4 Klicken sie nun mit der Maus auf die Ecke dieses Rahmens und halten Sie die linke Maustaste gedrückt. Ziehen Sie die Maus mit gedrückter linker Maustaste so weit, dass alle Zellen, die von der Formel verarbeitet werden sollen, markiert sind. Lassen Sie die Maustaste danach los und drücken die Eingabetaste.

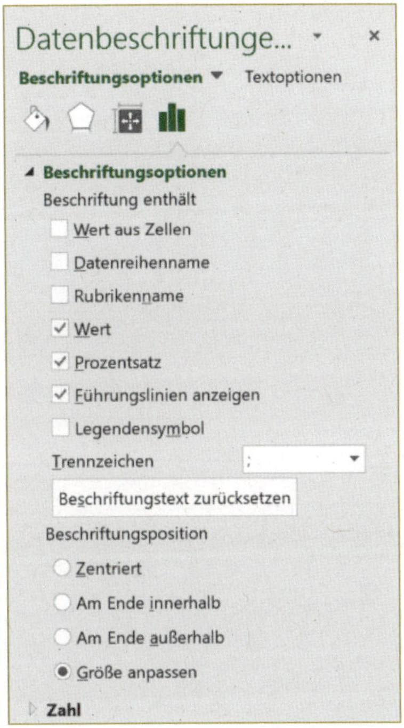

Dokumentenvorlage speichern

Das Speichern eines Office-Dokuments als Vorlage funktioniert in Excel genauso wie in PowerPoint oder Word. Gehen Sie auf *Datei* > *Speichern unter ...* und geben Sie den Dateinamen ein. Bei Auswahl des Dateityps wählen Sie *Excel-Vorlage* (**.xltx*) und speichern die Vorlage ab.

Präsentieren mit PowerPoint

Um Diagramme zu erstellen, ist Excel hervorragend geeignet. Allerdings eignet es sich nicht zur Präsentation von Informationen – denn ein Vortrag sollte nicht nur aus Zahlen und Diagrammen bestehen, sondern auch aus Texten und anderen Stilmitteln. Hier glänzt PowerPoint. Neben Diagrammen können Sie natürlich auch die Fotos Ihres letzten Urlaubs präsentieren. Richtig exportiert, lassen sich die Folien sogar ohne PowerPoint abspielen.

Folien, Formate, Übergänge – die Grundlagen in PowerPoint

Öffnen Sie PowerPoint und Sie sehen bereits die erste Folie Ihrer neuen Präsentation geöffnet. Folgen Sie der Aufforderung und klicken Sie in das Feld, um einen Titel und Untertitel einzugeben. In der oberen Menüleiste finden Sie – wie von Word bekannt – die klassischen Formatierungsoptionen fett, kursiv, farbig und mehr.

In der linken Spalte sehen Sie die verschiedenen Folien Ihrer Präsentation im Überblick: derzeit nur eine. Klicken Sie sie mit der linken Maustaste an und drücken Sie [Enter].

Eine neue Folie erscheint. Neu sind die blassen Symbole auf ihr. Wenn Sie über ihnen den Mauspfeil schweben lassen, erscheint eine Erklärung: So können Sie Bilder, Diagramme und mehr in PowerPoint einbinden.

Der Reiter *Übergänge* regelt die Wechsel zwischen den Folien: Die nächste Folie kann schlicht auftauchen, sich aus- und einblenden, wischen und vieles mehr. Der Effekt wird immer auf die in der linken Spalte markierte Folie angewandt. Der Reiter *Animationen* regelt eine ähnliche Effektvielfalt für die (jeweils auf der großen Folie markierten) Schrift-, Bild- oder Diagrammeffekte.

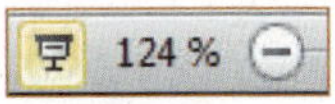

Die Taste *F5* startet Ihre Präsentation an der derzeitigen Stelle, das Leinwand-Symbol startet sie vom Beginn. So können Sie jederzeit prüfen, ob alles so aussieht, wie es aussehen soll. Achten Sie bei den

Effekten in Ihrer Präsentation allgemein auf die Verhältnismäßigkeit. Sie kann durch einige, gezielt eingesetzte Effekte aufgewertet werden, wirkt aber bei zu vielen Spielereien schnell überfrachtet.

27. Die eigene Präsentation: Erinnerungen im Fotobuch festhalten

Früher haben die (fehlenden) technischen Möglichkeiten das Leben manchmal auch einfacher gemacht: Fotos aufzunehmen etwa war deutlich teurer und eingeschränkter: Der klassische Film bot meist maximal 36 Aufnahmen Platz, dann musste er gewechselt werden – und das Entwickeln der Bilder und die Abzüge kosteten Geld. In der Folge hat man deutlich zurückhaltender fotografiert. Heutzutage ist das anders: Speicherkarten sind billig und wiederverwendbar, nehmen Tausende Bilder auf, und ausgedruckt wird nur noch das Bild, was nach intensiver Auswahl und Bearbeitung als passend gilt. Die Folge: Sie machen im Urlaub unzählige Bilder, die nachher durchgesehen werden müssen, und irgendwie wollen Sie die besten dann auch noch stolz herumzeigen.

Anlegen eines leeren Fotoalbums

Für diesen Zweck bietet sich eher PowerPoint als Word an, denn hier geht es vor allem darum, die Bilder richtig zu präsentieren und anzuordnen. PowerPoint ist objektorientiert: Auch in einer normalen Präsentation finden sich diverse Elemente wie Diagramme, Bilder, Texte, die sich nicht am Textlauf orientieren (wie es bei Word der Fall ist), sondern eben frei auf dem Blatt angeordnet werden können und sollen.

Im Gegensatz zu älteren Office-Versionen haben Microsoft Office 2016 wie auch Office 365 keine integrierte Funktionalität für das Erstellen von Fotoalben mehr. Das macht aber nichts: Öffnen Sie PowerPoint, klicken Sie auf *Datei* > *Neu*, gehen Sie auf das Suchfeld und suchen Sie nach „Fotoalbum". In den Web-Apps gehen Sie in PowerPoint, scrollen nach unten und klicken auf *Weitere Vorlagen anzeigen*.

Sie finden dort nun verschiedene Designs von Fotoalben, aus denen Sie sich das für Ihre Zwecke und Vorstellungen geeignete Format aussuchen und öffnen. Alternativ können Sie natürlich Ihre Bilder auch in eine leere Präsentation einfügen und die Beschriftungen und Kommentare manuell einfügen – die Vorlagen machen Ihnen das aber deutlich einfacher. In der linken Spalte Ihrer neuen Fotoalbum-Präsentation haben Sie eine Übersicht der verschiedenen Seiten Ihres Fotoalbums, die letzten Endes nichts weiter ist als Folien der Präsentation.

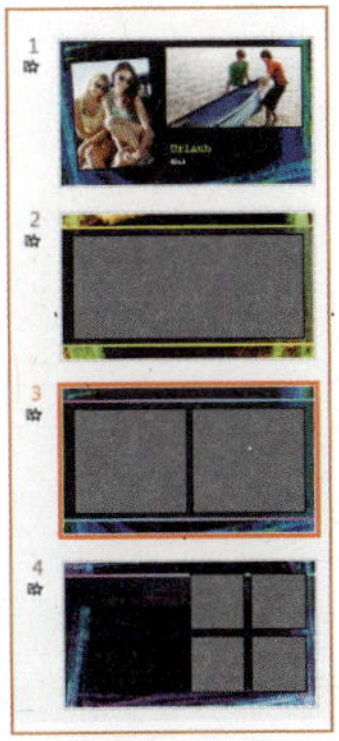

Für den ersten Überblick klicken Sie einmal durch die unterschiedlichen Folientypen hindurch: Einige haben nur Platz für Bilder, andere vorbereitete Textbereiche, in denen Sie noch kurze Beschreibungen zu den Bildern oder Überschriften unterbringen können.

Folien einfügen, verschieben, löschen

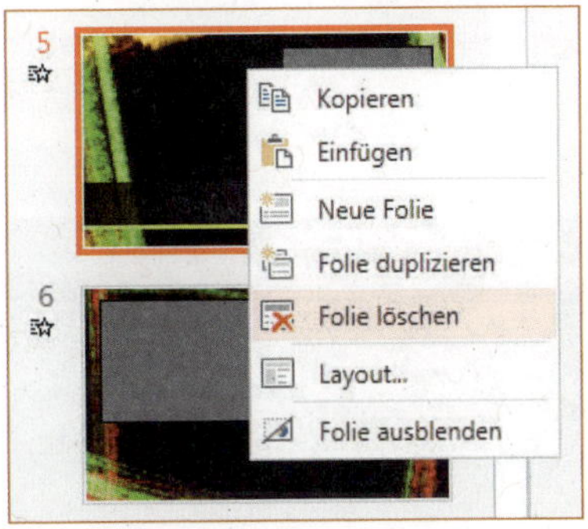

Einige der vorbereiteten Folien werden Sie als passend erachten, andere vielleicht überhaupt nicht.

Letztere müssen Sie natürlich nicht verwenden: Klicken Sie einfach mit der rechten Maustaste links in der Übersicht auf die Folie, die Sie entfernen möchten, und wählen *Folie löschen*.

Ebenso können Sie Folien, die Ihnen gut gefallen und die Sie gern häufiger verwenden möchten,

in der Übersicht durch Drücken der rechten Maustaste und Anklicken von *Kopieren* duplizieren und an eine beliebige Stelle in der Präsentation auf demselben Weg einfügen.

Einfügen von Bildern in Folien

Klicken Sie doppelt in den grauen Kasten, in dessen Mitte sich ein Foto-Symbol befindet. Suchen Sie das Bild wie gewohnt aus einem Festplattenordner heraus wählen Sie es an – es wird in den zur Verfügung stehenden Rahmen eingefügt.
Die „Fotorahmen", die sich um das Bild auf der Folie befinden, sind nicht festgelegt: Klicken Sie das Bild an, und Sie finden einen neuen Menüpunkt *Bildtools/Format*. Hier verstecken sich verschiedenste Bildformatvorlagen, die den Bildern eine andere Aussage verleihen: mit Schatten, unterschiedlichen Rahmen, dreidimensional etc. Probieren Sie diese einfach aus!
Unter diesem neuen Menüpunkt finden Sie auch viele Bearbeitungsmöglichkeiten für Bilder. Auch diese lassen sich am besten bewerten, wenn Sie sie schlicht ausprobieren. Jede Änderung können Sie durch gleichzeitiges Drücken von *[Strg]* und *[z]* wieder rückgängig machen.

Einfügen von Text in Folien

Um eine Überschrift oder einen freien Text einzugeben, klicken Sie in eines der Textfelder und tippen auf der Tastatur beliebig los: Wie bei einem normalen Textfeld können Sie hier Ihre Anmerkungen eingeben, umbrechen, Schriftart sowie -größe ändern und vieles mehr.

Bearbeiten des Fotoalbum-Designs

1 Nun haben Sie bereits die Seiten ausgesucht, die Sie verwenden möchten, die Bilder und Texte eingefügt und einiges mehr. Im Normalfall reicht das schon, um eine sprechende und interessante Zusammenfassung Ihres Urlaubs zu erstellen. Wenn Ihnen die äußere Form (wie beispielsweise die Hintergrundbilder) nicht gefällt, können Sie diese in der PowerPoint-Desktop-App verändern. Sind Sie gerade in der Web-App, klicken Sie darin auf *In PowerPoint bearbeiten*.

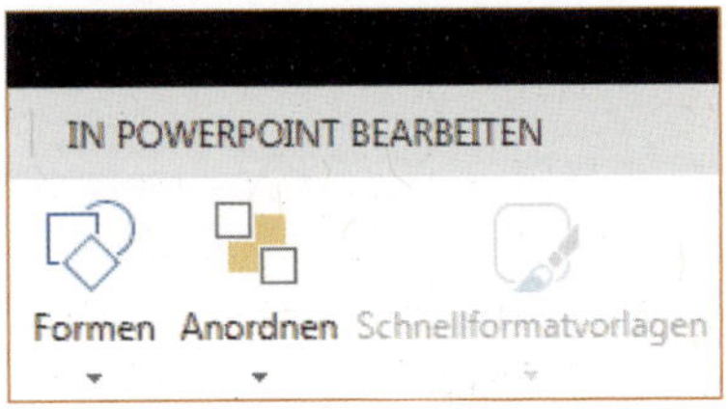

2 Klicken Sie dann auf *Ansicht* > *Folienmaster*, um in die Einstellungen für die einzelnen Folientypen zu gelangen. Der Folienmaster ist allgemein bei PowerPoint so etwas wie die Formatvorlage, die es für jeden der Folientypen einer Präsentation gibt.

3 Wichtig ist an dieser Stelle, dass Sie nicht auf *Designs* klicken, denn das würde den Charakter der Präsentation vom Fotoalbum weg zu einer normalen Präsentation ändern (und Ihnen damit unter anderem die Foto-Platzhalter und Textfelder nehmen). Stattdessen klicken Sie auf *Hintergrundformate* > *Hintergrund formatieren*.

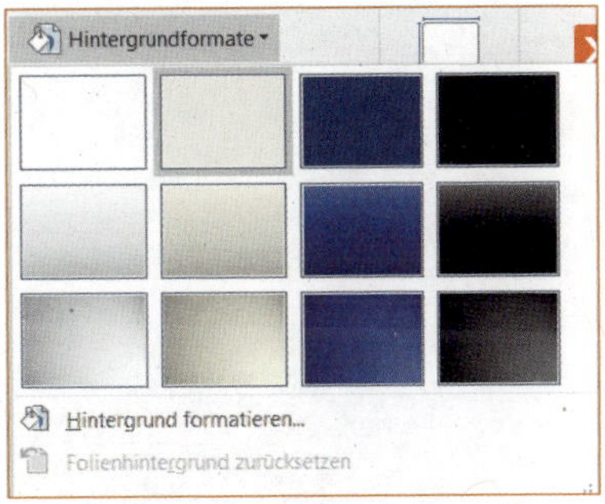

4 Unter *Füllung* können Sie auswählen, ob der Hintergrund beispielsweise aus einer einfarbigen Füllung oder einem Farbverlauf bestehen soll, indem Sie die entsprechenden Optionen anklicken.

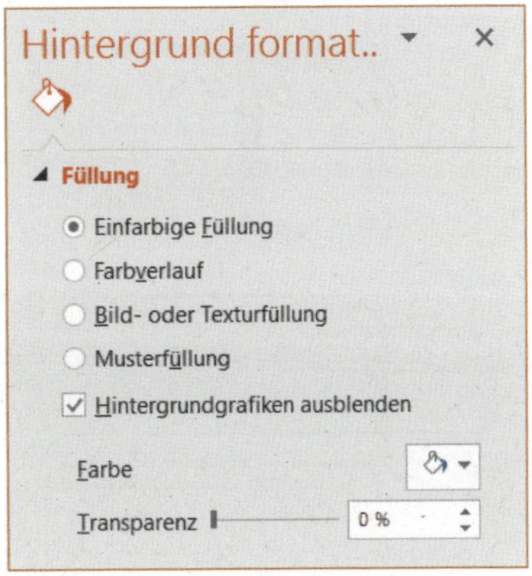

5 Ebenso können Sie durch einen Klick auf *Textur* aus verschiedenen Mustern für den Hintergrund wählen und sogar durch einen Klick auf *Datei* ein Hintergrundbild von der Festplatte einfügen. Auch hier sind Sie vollkommen frei; eines sollten Sie aber beachten: In einem Fotoalbum sind die Fotos die Stars. Je unruhiger Sie den Hintergrund der Seiten des Fotoalbums gestalten, desto mehr lenkt dieser von den eigentlichen Bildern ab.

Natürlich können Sie das Fotoalbum nach der Fertigstellung zu Hause auf Fotopapier ausdrucken und so Ihren Freunden und Bekannten zur Verfügung stellen. Bequemer ist das Ganze natürlich, wenn Sie das elektronisch erledigen (siehe „29. Eine Präsentation geht um die Welt", S. 177).

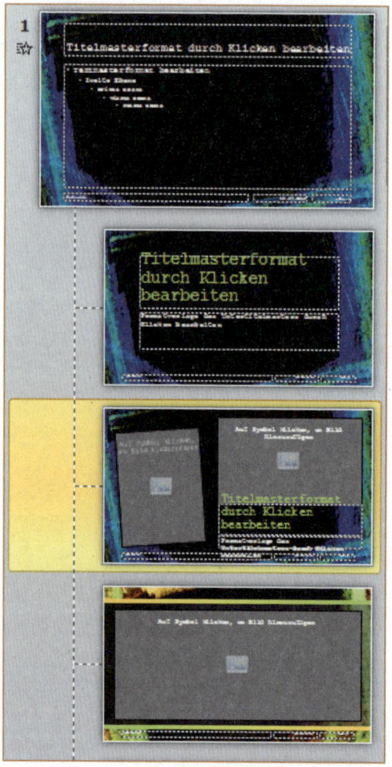

Erstellen eines eigenen Designs

Die vorgefertigten Designs für Fotoalben sind per se schon recht schön, beinhalten aber natürlich auch eine Menge an Folien, die für Ihre Anwendung vielleicht nicht infrage kommen. Und die eine oder andere wird verwendbar sein, doch die Position des Bilderrahmens oder des Textfeldes passt vielleicht nicht. Das müssen Sie so gar nicht hinnehmen, sondern können die einzelnen Folienlayouts selbst anpassen.

Einmal mehr führt der Weg über den Folienmaster. Klicken Sie dazu auf *Ansicht* > *Folienmaster*, um in die Einstellungen für die einzelnen Folientypen zu gelangen. In der Übersicht auf der linken Seite des Bildschirms können Sie die einzelnen Folienlayouts ansehen und durch Anklicken öffnen.

Um nachher nur diejenigen Folientypen zur Verfügung zu haben, die Sie auch benötigen, klicken Sie mit der rechten Maustaste auf den zu löschenden Folientyp und wählen dann *Layout löschen*. Das entsprechende Layout wird aus der Liste entfernt und steht nicht mehr zur Verfügung.

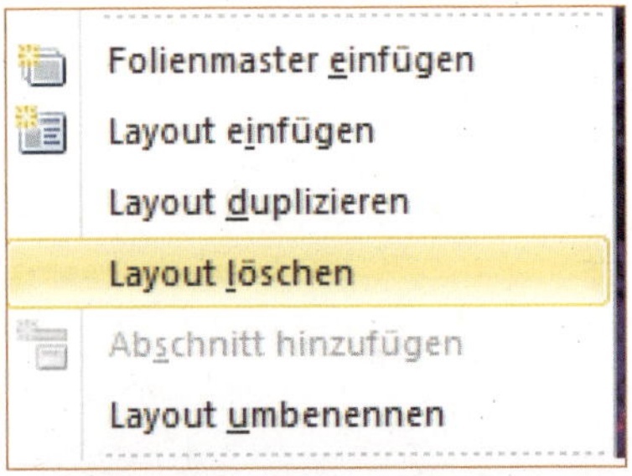

Jedes einzelne Element eines Folienlayouts, also die Textfelder, Bilderrahmen, Überschriften etc., können Sie anklicken, bis der Markierungsrahmen darum erscheint, und mit der Maus verschieben. Um die Größe eines Elementes zu ändern, bewegen Sie den Mauszeiger auf einen der kleinen weißen Kreise in den Ecken, dann halten Sie die linke Maustaste gedrückt und bewegen die Maus in die Richtung, in der das Element vergrößert bzw. verkleinert werden soll. Stimmt die Größe, lassen Sie die linke Maustaste einfach los.

Haben Sie das Design im Vergleich zur ursprünglichen Vorlage stark verändert und wollen es auch von der Folienbeschriftung her vom Rest abheben, klicken Sie mit der rechten Maustaste in die zugehörige Minifolie links am Bildschirmrand und wählen *Layout umbenennen* aus. Geben Sie dem Layout einen neuen Namen, beispielsweise „normales Fotoblatt".

Wenn Sie nun in Ihre Präsentation eine neue Folie einfügen möchten, klicken Sie wie gehabt auf *Neue Folie*. Ihr neues Folienlayout finden Sie nun unter dem von Ihnen vergebenen Namen in der Liste der zur Verfügung stehenden Layouts.

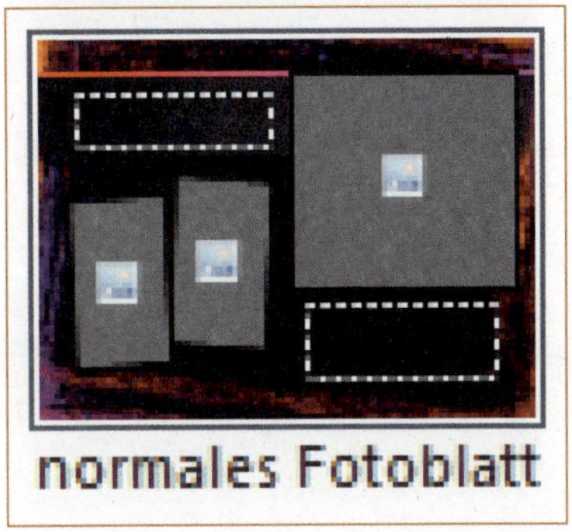

28. Diagramme in PowerPoint

Um ein Diagramm in PowerPoint zu zeigen, mag der erste Gedanke sein, dieses einfach als Bild bzw. Screenshot in PowerPoint einzufügen. Prinzipiell ist das keine schlechte Idee. Kommen aber im Laufe der Erstellung der Präsentation noch Zahlenwerte hinzu, ändern sich die Quelldaten und somit auch das Diagramm. Je häufiger das passiert, desto mehr unnötigen Aufwand bedeutet das erneute Übertragen der angepassten Diagramm-Grafik in PowerPoint.

Unnötig, weil die Office-Programme, zu denen PowerPoint wie auch Excel gehören, die Verknüpfung von Daten erlauben. Öffnen Sie die PowerPoint-Präsentation, in die das Diagramm eingefügt werden soll. Markieren Sie in Excel das Diagramm, das Sie übertragen möchten, drücken Sie die rechte Maustaste und klicken Sie auf *Kopieren*.

In PowerPoint können Sie nun durch Drücken der rechten Maustaste das Menü zum Einfügen aufrufen, das allerdings ein wenig anders aussieht, als bisher gewohnt.

Die ersten beiden Optionen (deren Funktion Sie angezeigt bekommen, wenn Sie den Mauszeiger ohne zu klicken über die Symbole schieben) betten die Arbeitsmappe in die PowerPoint-Präsentation ein. Die Zahlenwerte nach dem Einfügen werden dann aber nicht mehr aus Excel gezogen, sondern aus der Kopie in PowerPoint.

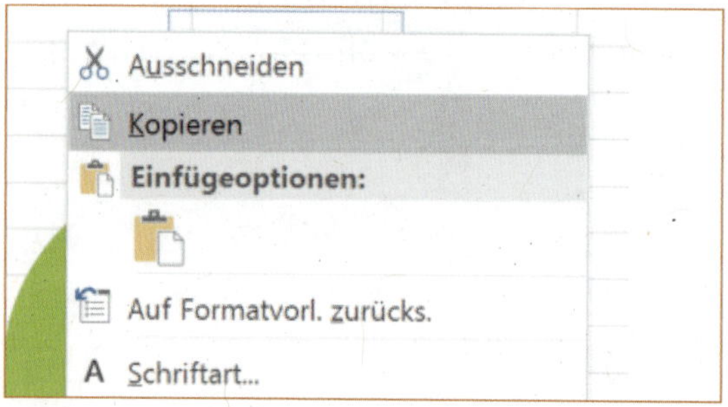

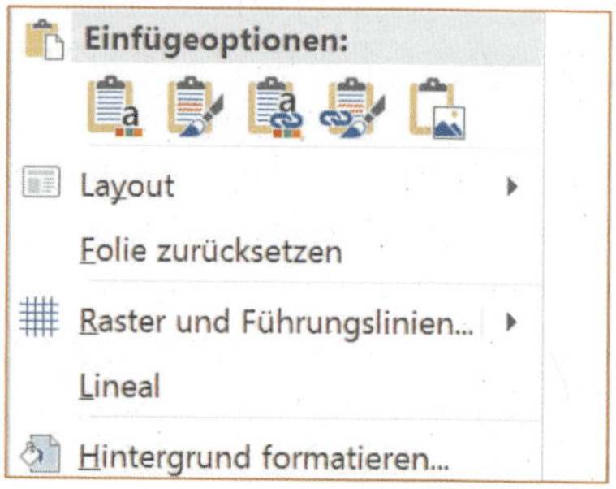

Sinnvoller ist es, eine der beiden Optionen rechts daneben zu verwenden, die den Text *... Daten verknüpfen* enthalten. Damit merkt sich PowerPoint die Arbeitsmappe, in der sich die Daten befinden, und aktualisiert die Grafik, wenn in der Excel-Tabelle ein Wert geändert wird. So wird sichergestellt, dass das Diagramm in der Präsentation immer den Daten in der Tabelle entspricht.

29. Eine Präsentation geht um die Welt

PowerPoint ist meist der Standard, wenn es um die Präsentation von Informationen geht. Wie alle Office-Programme verwendet das Programm ein Format, dass auch Open-Office-Pakete verstehen und lesen können. Was aber, wenn Sie eine Präsentation elektronisch an Empfänger übermitteln wollen und gar nicht so genau wissen, welche Software und Ausstattung diesem zur Verfügung stehen? PowerPoint ist hier sehr flexibel, wenn es darum geht, die Präsentation auf den Weg rund um den Globus zu schicken.

Versenden der Präsentation als Datei

Der sicherlich einfachste Weg des Versands einer Präsentation besteht im Versand als E-Mail. Dazu klicken Sie direkt in PowerPoint auf *Datei* > *Freigeben* > *E-Mail* > *Als Anlage senden*. Dies ist allerdings nur zu empfehlen, wenn Sie sicher sind, dass der Empfänger PowerPoint oder ein anderes Programm besitzt, das die PPTX-Dateien öffnen kann. Diese potenzielle Schwierigkeit hat auch Microsoft erkannt und bietet neben dem Versand der

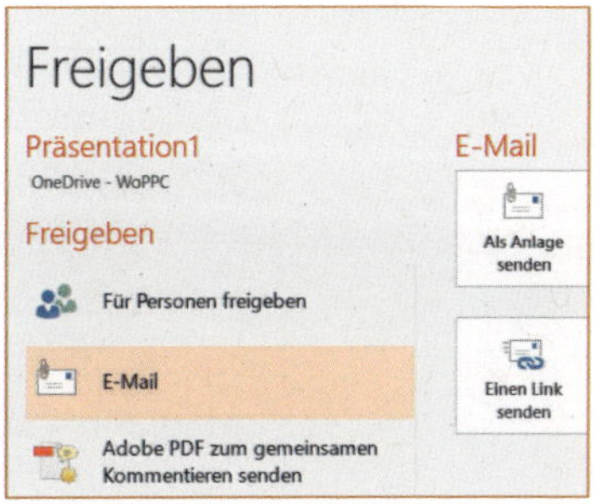

Präsentation im eigenen Format auch die Möglichkeit, das verbreitete PDF-Format (für das das kostenlose Leseprogramm unter http://www.adobe.com heruntergeladen werden kann) oder das direkt von Windows unterstützte XPS-Format zu verwenden.

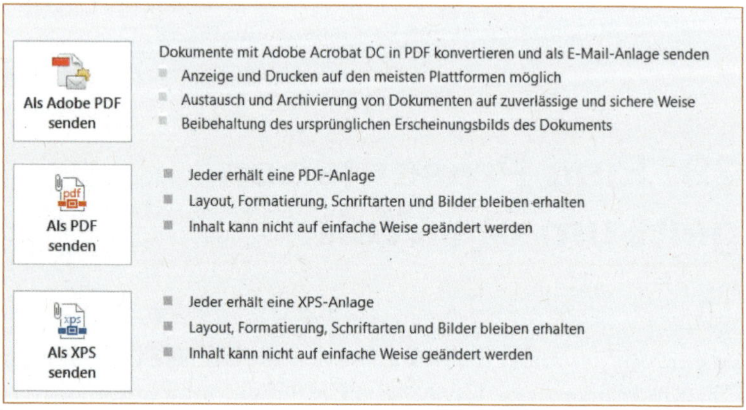

Eines sollten Sie aber dabei beachten: Bei einer PDF-Datei werden natürlich keine Elemente mit versendet, die in die ursprüngliche Präsentation eingebettet waren, wie beispielsweise Videos und andere Mediendateien. Das geht nur, wenn Sie die Präsentation komplett als Archiv versenden (siehe „Pack and Go: Präsentation als Selbstläufer“, S. 180).

Online-Vorführung der Präsentation

Manchmal geht es gar nicht darum, eine Präsentation physisch als Dokument zu verschicken, sondern sie zu zeigen, auch wenn die Betrachter sich gar nicht an einem Ort befinden.
Das ist aufgrund der Microsoft-Dienste und -Server ohne großen Aufwand möglich: „PowerPoint Broadcast“ nennt sich die Funktion, die Sie dafür im Programm nutzen können. Einzige Voraussetzung: Sie selbst als Vorführender haben ein Microsoft-Konto, und

sowohl Ihnen als auch den Betrachtern steht ein Rechner mit Internetzugang zur Verfügung.

1 Klicken Sie bei geöffneter Präsentation in PowerPoint auf *Datei* > *Freigeben* > *Online vorführen*. Wenn Sie möchten, dass die Betrachter auch eine Kopie Ihrer Präsentation herunterladen können, setzen Sie ein Häkchen neben *Remotebetrachtern das Herunterladen der Präsentation ermöglichen*.

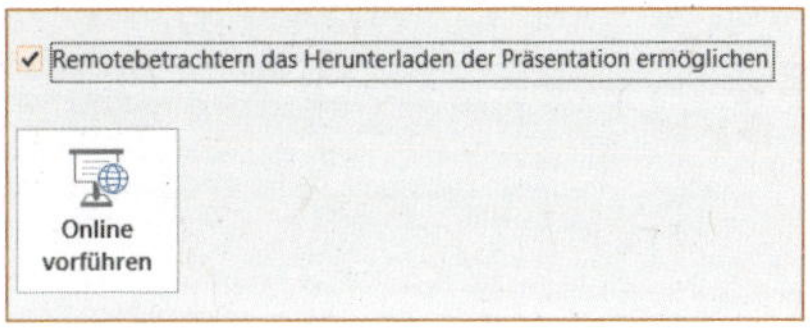

2 Klicken Sie im Anschluss auf die kleine Schaltfläche *Online vorführen*. Im sich öffnenden Fenster klicken Sie auf *Übertragung starten*. Bei der ersten Verwendung dieses Dienstes werden Sie aufgefordert, Ihre Zugangsdaten für Ihr Microsoft-Konto einzugeben. Wenn Sie dies noch nicht getan haben (oder „nur" ein Office 365-Business-Abo besitzen), finden Sie in „1. Microsoft-Konto und Geschäftskonto einrichten", S. 15 die Beschreibung, wie Sie eines anlegen können.

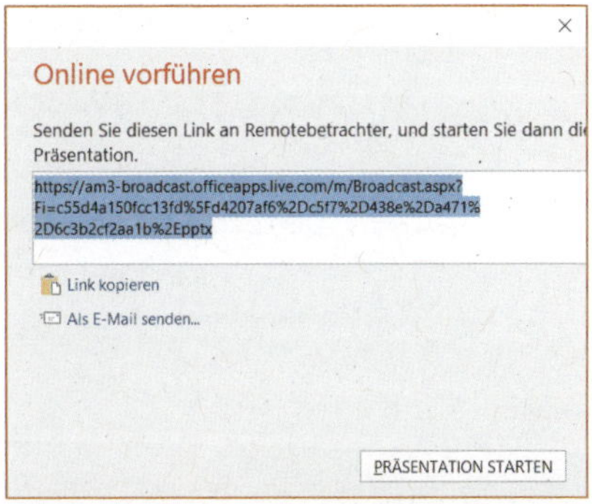

3 PowerPoint generiert nun einen Link im Internet, über den die Betrachter die Präsentation erreichen können. Klicken Sie auf *Link kopieren*, um diesen in die Zwischenablage zu kopieren und gegebenenfalls selbst als E-Mail zu verschicken. Alternativ können Sie auch auf *Als E-Mail senden* klicken, dann öffnet sich eine neue, leere E-Mail in Ihrem Standard-E-Mail-Programm und Sie müssen nur noch die Empfänger auswählen.

4 Nachdem Sie den Zugangslink verschickt haben und sinnvollerweise eine Rückmeldung haben, dass die Teilnehmer ihn erhalten haben und gespannt warten, können Sie auf *Bildschirmpräsentation starten* klicken.

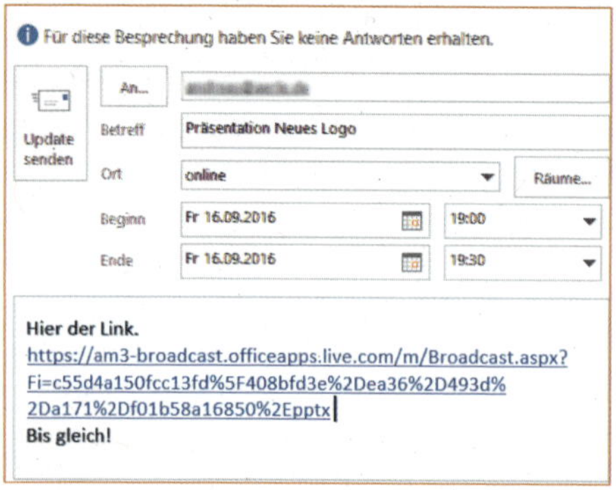

Für die Teilnehmer wird der Internet-Browser dann zu einem virtuellen Monitor: Diese sehen, was Sie sehen, jeder Folienwechsel wird angezeigt und auch Zugriff auf die von Ihnen gegebenenfalls freigegebenen Notizen ist möglich.
Wenn Sie das Ganze ganz geschickt machen möchten: Schicken Sie den Teilnehmern erst einen Termin zur Präsentation, indem Sie darauf hinweisen, dass der Link zur Präsentation kurz vorher kommt. Diesen Termin öffnen Sie dann in Outlook, fügen den Link ein und klicken dann auf *Aktualisieren*.

Pack and Go: Präsentation als Selbstläufer

Wenn die Präsentation nicht per E-Mail versendet werden soll, Sie aber Dateien wie beispielsweise Videos eingebettet haben, dann ist vielleicht das Verpacken in ein großes Paket, das alle Dateien, die in der Präsentation benötigt und genutzt werden, eine Alternative.

1 Klicken Sie in PowerPoint dazu auf *Datei* > *Exportieren* > *Bildschirmpräsentation für CD verpacken* und abschließend auf *Verpacken für CD*.

2 Hier können Sie nun auswählen, ob Sie direkt über Windows eine CD brennen lassen möchten oder die Dateien nur in ein Verzeichnis kopieren lassen möchten. Die CD ist mittlerweile als Datenträger nicht mehr ganz so verbreitet, insofern ist es gegebenenfalls sinnvoll, die Dateien in ein Verzeichnis zu kopieren, um Sie dann später auf einen USB-Stick zu kopieren. Klicken Sie dazu auf *In Ordner kopieren*, wenn die Präsentation später auf einem USB-Stick gespeichert werden soll, dann können Sie

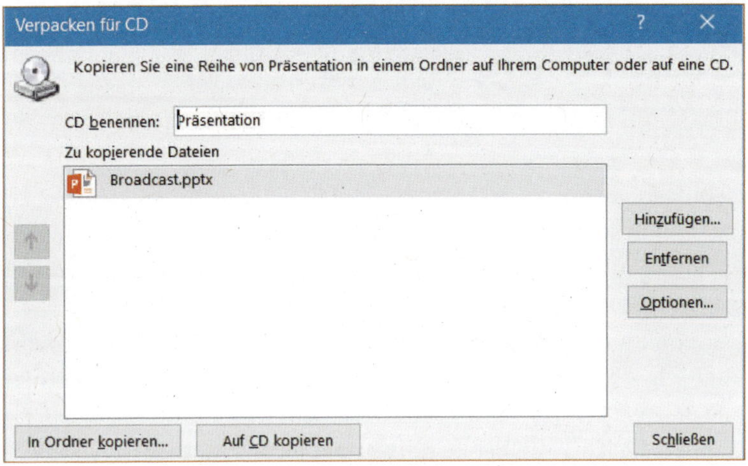

diesen schon jetzt als Ziel auswählen. Alternativ steht Ihnen natürlich frei, einen beliebigen Ordner auf der Festplatte auszuwählen.

3 Benennen Sie den Ordner, in den die Dateien gespeichert werden sollen, dann klicken Sie auf *OK*. Die so gespeicherte Präsentation mit all ihren Inhalten können Sie dann beliebig auf einem Datenträger weiterversenden.

Bleibt die Frage, wie der Empfänger sie öffnen kann, wenn er kein PowerPoint hat? Wenn dieser im Verzeichnis „PresentationPackage" die Datei *PresentationPackage.html* doppelt anklickt, startet der Internetbrowser und zeigt eine Seite an, in der man rechts auf *Download Viewer* klicken kann. Tut der Empfänger das, wird die jeweils aktuelle Version des kostenlosen PowerPoint-Anzeigeprogramms heruntergeladen.

30. Erstellen einer faltbaren Geburtstagskarte

Geburtstage kommen jährlich – und dann meist überraschend. So fällt Ihnen siedend heiß ein, dass Sie ja noch eine Karte brauchen. Für morgen. Es ist Sonntag und kein Verkäufer hat Mitleid, öffnet seinen Kiosk und verkauft Ihnen eine Grußkarte.
Nennen Sie Word oder PowerPoint Ihr Eigen, brauchen Sie nicht länger in der Bastelschublade wühlen. Denn damit stehen Ihnen alle Mittel zur Verfügung, um eine wunderschöne, persönliche Geburtstagskarte selbst zu entwerfen. Einmal angefertigt, stellen Sie bestimmt bald fest, dass es viel individueller sein kann, eine auf den Bedachten zugeschnittene Karte selbst zu kreieren, statt sie von der Stange zu kaufen.

Die Wahl des richtigen Papierformats in PowerPoint

Welches der beiden Programme Sie für die Erstellung der Karte verwenden, ist vollkommen gleich. Viele Grußkarten werden aber in PowerPoint erstellt, weil es einfach schneller geht und PowerPoint die Positionierung von Bildern und anderen Elementen, die eine solche Karte aufpeppen, leichter erlaubt.
Allerdings ist PowerPoint natürlich darauf ausgelegt, eine Bildschirmpräsentation zu erstellen – und ein Bildschirm hat eben ein leicht anderes Format als ein A4-Blatt, auf das Sie die Karte später ausdrucken werden.

1 Um es anzupassen, klicken Sie in PowerPoint in der Menüleiste auf *Entwurf* > *Anpassen*, dann auf das Symbol für *Foliengröße*, dann auf *Benutzerdefiniert*.

2 Wählen Sie in der Auswahlliste *A4* aus, um das Standardformat für Druckerpapier zu verwenden.

3 Nun müssen Sie sich entscheiden, ob Sie die Karte lieber im Hoch- oder im Querformat erstellen möchten.

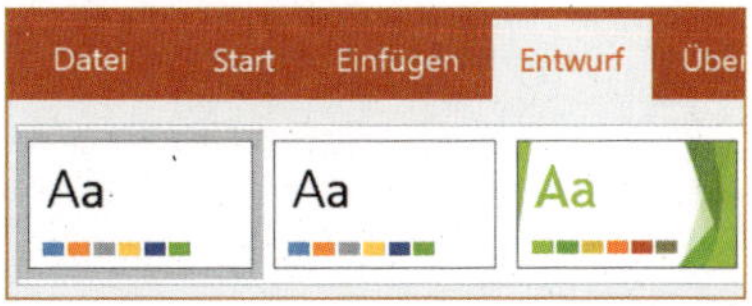

Hier gibt es keine Empfehlung: Sie werden bereits jetzt grob im Kopf haben, wie die Karte aussehen soll, und entsprechend wählen Sie die Ausrichtung des Papiers. Dem Drucker ist das vollkommen egal, er dreht sich die Inhalte so, wie er sie braucht.

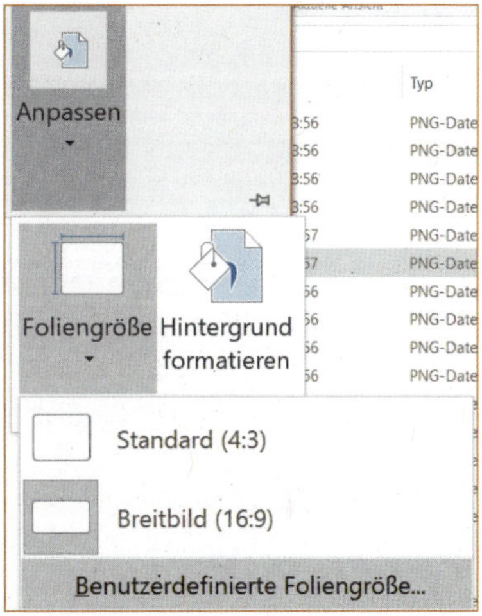

Erstellen einer Grußkarte in PowerPoint

Nun haben Sie eine quasi leere Seite vor Augen, die es mit Inhalt zu füllen gilt. Allerdings hat diese noch einige Platzhalter, die Ihnen bei der Erstellung einer Präsentation helfen sollen, im Moment aber eher stören. Um diese zu entfernen, drücken Sie auf der Tastatur gleichzeitig [*Strg*] und [*a*], um alle Elemente der Seite zu markieren, dann die Taste [*Entf*], um sie zu löschen.

Der Zauber der Gestaltung einer Glückwunschkarte liegt darin, die richtigen Elemente in die leere Karte einzufügen. Da wird es Sie nicht verwundern, dass Sie nun auf *Einfügen* in der Menüleiste klicken müssen.

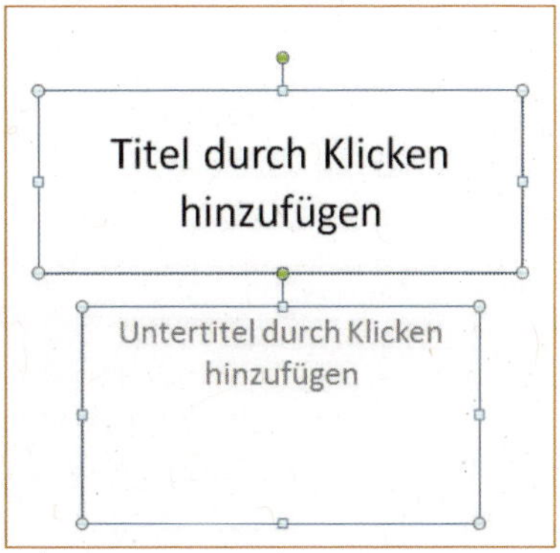

1 Beginnen Sie mit der Überschrift: Das „Herzlichen Glückwunsch" sollte prominent und leuchtend oben auf der Seite stehen. Dafür bietet sich die sogenannte WordArt an, eine sehr umfangreiche Überschriftengestaltung. Klicken Sie in der Symbolleiste auf *WordArt* und wählen Sie erst einmal grob das gewünschte Aussehen der Überschrift aus.

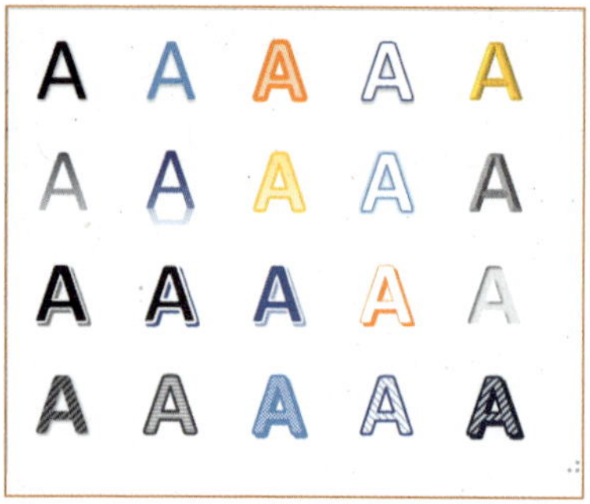

2 Ein Textkasten mit dem Inhalt „Hier steht Ihr Text" erscheint. Klicken Sie mit der Maus hinein, nun sehen Sie eine kleine Positionsmarkierung (den sogenannten Cursor), den Sie mit der Maus oder den Pfeiltasten bewegen können. Schreiben Sie einfach Ihren Wunschtext hinein, etwa „Herzlichen Glückwunsch".

3 Wenn der Text in der Breite zu raumgreifend wird, können Sie durch gleichzeitiges Drücken der [*Umschalttaste*] und der [*Eingabe*]-Taste in eine neue Zeile wechseln.

Weitere Gestaltungsmöglichkeiten

▶ **Größe des WordArt-Felds ändern:** Klicken Sie es an und schieben Sie seine Grenzen auseinander oder zusammen, indem Sie es mit der Maus an einer der Kugeln in der Umrandung anfassen. Halten Sie dabei die [*Umschalttaste*] gedrückt, verschieben sich Höhe und Breite proportional. Halten Sie [*Strg*] gedrückt, verschieben sich alle Kantenlängen proportional zum Zentrum.

▶ **Position des WordArt-Felds anpassen:** Bewegen Sie die Maus genau auf die Randlinie, bis die Anzeige des Mauszeigers in ein Kreuz mit Pfeilspitzen an jedem Ende wechselt. Halten Sie die linke Maustaste gedrückt und ziehen Sie so das Textfeld dorthin, wo Sie es haben möchten.

▶ **Winkel des Feldes anpassen:** Ein angeklicktes WordArt-Feld hat einen im Kreis laufenden Pfeil. Fassen Sie ihn mit der linken Maustaste an und bewegen Sie den Pfeil nach links oder rechts, um das Feld zu kippen.

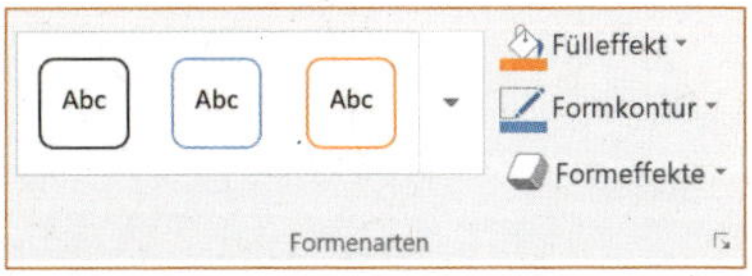

- **Schatten und Farben anpassen:** Markieren Sie ein WordArt-Feld. Oben in der Menüleiste finden Sie einen neuen Eintrag *Format*. Klicken Sie diesen an, können Sie das Aussehen Ihrer Überschrift an vielen Stellen verändern.
- **Farben anpassen:** Unter *Textfüllung* können Sie die Farbe der Buchstaben, unter *Textkontur* die Farbe der feinen Linie um die Buchstaben aus einer Palette auswählen oder ganz frei bestimmen. Wenn Sie mehrere farbige Elemente auf der Seite planen, empfiehlt es sich, die Farbe aus der Palette auszuwählen und sich die Position der Farbe zu merken (beispielsweise erste Zeile, dritte Spalte). Auf diese Weise können Sie dieselbe Farbe für alle Elemente wählen und vermeiden Farben, die sich beißen.

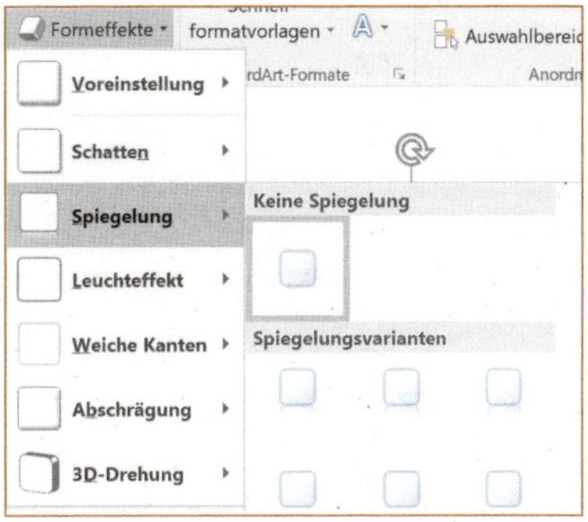

- **Schatten, 3D und weitere Effekte:** Unter *Fülleffekt*, *Formkontur* und *Formeffekte* können Sie eine Vielzahl von Effekten auswählen: Die Art und Richtung der Schatten hinter den Buchstaben, 3D-Ausrichtung, Spiegelungen, Leuchten und vieles mehr. Probieren Sie einfach aus, was Ihrer Vorstellung am ehesten entspricht!

Nachdem Sie nun einige Zeit damit verbracht haben, Ihre Überschrift (die schließlich als Erstes ins Auge fällt) aufzupolieren, soll es im nächsten Schritt an den Inhalt gehen: Ein wenig hübscher Text zur angemessenen Gratulation ist immerhin keineswegs zu verachten!

Um Text einzugeben, klicken Sie unter *Einfügen* auf das *Symbol für Textfeld*. Bewegen Sie nun den Mauszeiger auf den oberen linken Bereich,

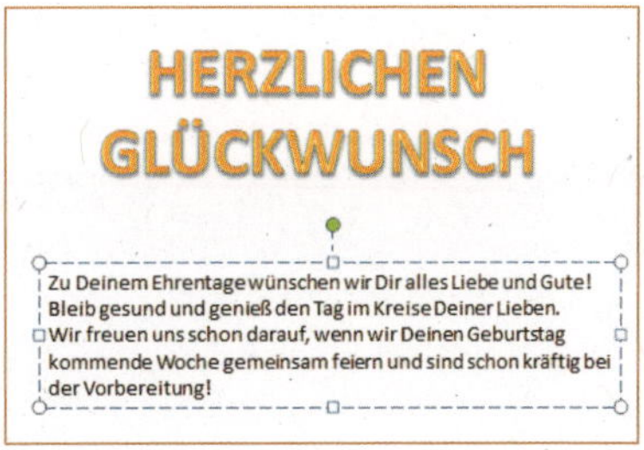

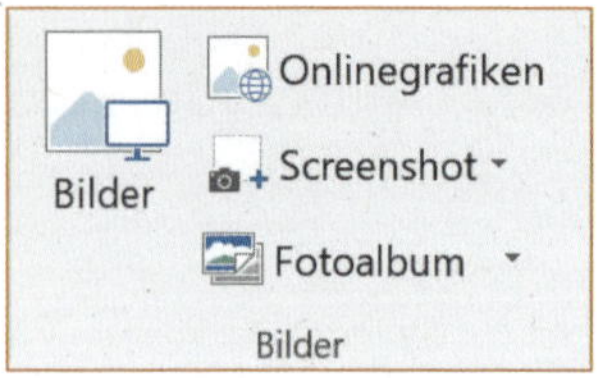

in den Sie den Text eingeben möchten, drücken und halten Sie die linke Maustaste und bewegen Sie den Mauszeiger an die untere rechte Ecke des gewünschten Bereiches. In diesen Rahmen können Sie nun über die Tastatur Text eingeben.

Bilder einfügen und anpassen

Damit die Karte in ihrer Optik nicht allzu spartanisch ausfällt, können Sie unter *Einfügen* > *Bilder* ein Bild von Ihrer Festplatte einfügen.
Sie können stattdessen aber auch *Onlinegrafiken* wählen, um vorgefertigte Bilder einzufügen.
Suchen Sie nach einem Symbol ohne konkrete Bildidee, geben Sie im Suchfeld-Fenster den Begriff ein, etwa „Kleeblatt“ oder „Glück“, und klicken Sie auf *OK*. In der Ergebnisliste finden Sie eine Vielzahl von Bildern. Durch Doppelklicken auf das oder die passenden Bilder fügen Sie sie in die bestehende Karte ein.
Bilder können in der Größe und im Winkel angepasst werden wie WordArt-Felder. Zum Kippen haben sie nicht den im Kreis laufenden Pfeil, sondern einen grünen Punkt.

Erstellen einer Faltkarte

Die gerade erstellte Karte in PowerPoint hat den Vorteil, dass sie Ihnen viel Platz für Inhalt bietet. Selbstverständlich ist das Format damit auch größer als bei einer gekauften Grußkarte.
Möchten Sie nun eine Faltkarte erstellen, ist das beinahe genauso einfach, allerdings müssen Sie sich ein wenig auf den Kopf stellen – sowohl geistig als auch von der Ausrichtung der Elemente her.

1 Stellen Sie sich das A4-Blatt einfach viergeteilt wie in der Abbildung vor. Wenn Sie diese Karte nun einmal von oben nach unten, dann von links nach rechts falten, kommen Sie auf das klassische Faltkartenformat.

2 Abschnitt (*1*) bildet dann die Vorderseite außen, Abschnitt (*2*) die Rückseite außen, Abschnitt (*3*) die Innenseite links und Abschnitt (*4*) die Innenseite rechts.

3 Füllen Sie die einzelnen Teile der Karte nun mit Inhalt (oder verschieben und verkleinern Sie den bereits auf die ganzseitige Karte positionierten Inhalt entsprechend.

4 Aufgrund der horizontalen Faltung müssen Sie noch eine Kleinigkeit beachten: die Abschnitte (*1*) und (*2*) müssen auf dem Kopf stehen. Auch das ist aber leicht getan, zudem sich dort meist nur einzelne Elemente finden. Markieren Sie diese, indem Sie mit der Maus einen Rahmen darum ziehen.

5 Sie haben nun wieder einen kleinen, grünen Punkt am oberen Rand des Markierungsrahmens. Bewegen Sie den Mauszeiger hinein, halten Sie die linke Maustaste gedrückt und bewegen Sie die Maus, um die Elemente auf den Kopf zu drehen. Positionieren Sie sie gegebenenfalls neu, indem Sie sie mit der Maus verschieben.

Voilà! Fertig ist die Faltkarte. Drucken Sie sie aus, unterschreiben Sie sie per Hand und schon ist der erste Schritt zum glücklichen Geburtstagskind geschafft.

Hilfe

Stichwortverzeichnis

A

B

C

D

E

F

G

I

K, L

M, N

O

P

Q, R

S

T

V

W

X, Z

Andreas Erle ist Autor zahlreicher Bücher, Zeitschriften- und Online-Artikel rund um die Themen Smartphone und mobiles Internet, zu denen er auch eine umfangreiche Webseite betreibt.
Im Buchprogramm der Stiftung Warentest sind von ihm bereits die Ratgeber „Windows 10" sowie „Windows 10 Mobile" erschienen.

Stiftung Warentest
Lützowplatz 11–13
10785 Berlin
Telefon 0 30/26 31–0
Fax 0 30/26 31–25 25
www.test.de
email@stiftung-warentest.de

USt-IdNr.: DE136725570

Vorstand: Hubertus Primus
Weitere Mitglieder der Geschäftsleitung:
Dr. Holger Brackemann, Daniel Gläser

Programmleitung: Niclas Dewitz

Autor: Andreas Erle
Projektleitung: Johannes Tretau
Lektorat: Magnus Enxing
Mitarbeit: Karsten Treber

Korrektorat: Hartmut Schönfuß
Titelentwurf: Sylvia Heisler
Grafik, Satz: Silvia Pohling, Berlin
Screenshots: Andreas Erle
Bildnachweis: shutterstock (Umschlag Vorderseite); avenue images, thinkstock (Umschlag Rückseite)

Produktion: Vera Göring
Verlagsherstellung: Rita Brosius (Ltg.), Susanne Beeh
Litho: tiff.any, Berlin
Druck: Rasch Druckerei und Verlag GmbH & Co. KG, Bramsche

ISBN: 978-3-86851-235-9

Wir haben für dieses Buch 100 % Recyclingpapier und mineralölfreie Druckfarben verwendet. Stiftung Warentest druckt ausschließlich in Deutschland, weil hier hohe Umweltstandards gelten und kurze Transportwege für geringe CO_2-Emissionen sorgen. Auch die Weiterverarbeitung erfolgt ausschließlich in Deutschland.